扬州大学出版基金资助

营销学范式变迁研究

RESEARCH ON THE SHIFT OF MARKETING PARADIGMS

刘宇伟 著

中国社会科学出版社

图书在版编目（CIP）数据

营销学范式变迁研究/刘宇伟著 . —北京：中国社会科学出版社，
2012.3

ISBN 978 - 7 - 5161 - 0529 - 0

Ⅰ.①营…　Ⅱ.①刘…　Ⅲ.①市场营销学—研究　Ⅳ.①F713.50

中国版本图书馆 CIP 数据核字（2012）第 016712 号

责任编辑　刘　艳　雁声
责任校对　王雪梅
封面设计　大鹏设计
技术编辑　戴　宽

出版发行	中国社会科学出版社	出版人	赵剑英	
社　址	北京鼓楼西大街甲 158 号	邮　编	100720	
电　话	010 - 84039570（编辑）	64058741（宣传）	64070619（网站）	
	010 - 64030272（批发）	64046282（团购）	84029450（零售）	
网　址	http://www.csspw.cn（中文域名:中国社科网）			
经　销	新华书店			
印　刷	北京市大兴区新魏印刷厂	装　订	廊坊市广阳区广增装订厂	
版　次	2012 年 3 月第 1 版	印　次	2012 年 3 月第 1 次印刷	
开　本	710×1000　1/16			
印　张	16			
字　数	245 千字			
定　价	48.00 元			

序

　　商品销售、广告等具体的经营活动古已有之。然而 20 世纪初营销学诞生之前人们只是以一种非正式的、自己认为最佳的方式从事经营活动，没有人真正研究过不同的经营方式效率如何。随着市场边界的日益扩大以及专业化程度的提升，各类组织也变得更大、更复杂，营销学诞生以来有效的营销几乎成为高市场份额带来高利润的同义词。

　　时至今日这个"发表或灭亡"（Publish or Perish）盛行的时代，不少人热衷于最新的营销知识，鄙夷过去的思想和理论，认为昨天的解决方式对于明天的问题并无实际价值，或视它们为陈旧和过时，或因为并不了解而拒绝它们。然而，过去的营销实践之中保留着历史对明天的教训，一系列的营销事件和思想把昨天、今天和明天联结成一条连续的河流，今天的营销问题在本质上与以往的相同：他们力图解决资源在顾客、企业和社会之间的配置，他们力图努力解决一个古老的问题，即以相对稀少的资源实现各个利益相关者的目标，他们都力图发展有关人类交换行为及动机的哲学和理论。

　　中国近现代向西方学习有一个渐进的过程，即由器物—制度—思想：洋务运动是器物层面，主要学习科学技术；戊戌变法和辛亥革命的突出之处是向西方学习制度层面；新文化运动则是思想层面。今日中国的发展同样离不开学习和吸收先进国家的文明成果。中国的政府管理者、消费者和营销者为"食品安全"、"企业家的道德血液"、"捉摸不定的消费者心思"、"品牌竞争力"、"营销渠道"等问题而寝食不安时，恐怕未曾料到几十年甚至一百年前这些问题同样困扰着美国的社会各界。因此我们实在有必要静下心来，细细品味美国的营销理论发展历史，从其中的器物、制度和思想中汲取有价值的成果，实现"洋为中用"。

刘宇伟在扬州大学从事营销学的教学和研究工作，1999 年考入上海财经大学企业管理专业（市场营销方向）学习，在博士论文选题中，我建议他从营销学理论、社会发展和中国问题相结合的视角，来研究营销学理论的发展历史。2002 年博士研究生毕业后，他在论文基础上进一步扩展研究，加入一些新的研究进展，形成这本《营销学范式变迁研究》书稿。通读此书稿，我认为它具有以下特点：

1. 研究视角独特。关于营销学理论和思想的发展历史，有美国学者巴特尔斯（Robert Bartels，1965）概括为六个阶段，即发现时期、概念形成时期、统一合并时期、发展时期、再评价时期和概念再形成时期；而英国学者佩恩（Adrian Payne，1993）认为 20 世纪 50、60、70、80 年代分别是消费品营销、产业营销、非营利组织和社会营销、服务营销理论的时代，90 年代关注顾客满意、全球营销和直接营销，21 世纪开启在线一对一营销的时代。更有学者提出营销学理论从产品主导发展到服务主导、从市场主导到利益相关者主导。此书稿从库恩（Thomas S. Kuhn）的范式变迁思想中得到启迪，以研究出发点和研究方法为界定范式的标准，研究营销理论的发展，这是一个新的尝试，得出的结论也与众不同，或许能为营销学发展研究增添一份新意。

2. 研究框架富有逻辑性。营销活动并无既定的答案，其中的所做所思都受到处于主流地位的经济、社会和政治价值及文化体系的影响，而且这些环境力量又是不断变化的，营销学研究在一定环境假设基础上提出相对一般的概念和原理。基于这种认识，此书稿对营销学理论的发展做了梳理和总结，描述营销从最初非正式的时代直到当今的演变，概括营销学范式变迁各个重要时期的趋势及运动，说明环境力量对理论发展所产生的影响，表明营销活动随着经济、社会和政治价值及体系的更迭而变化，营销理论则是以往历史力量的产物，它们导向当前并揭开未来的序幕，有助于理解营销学的现状和未来，正所谓"鉴古知来"。

3. 具有一定文献价值。营销学的各类文献浩如烟海，从中找出有历史价值的文献并进行分析总结，实属不易。此书稿透过历史的长焦镜，更全面、更公正地审视营销学历史的重要资料，追溯各个阶段人们认为有效的营销学理论，探讨营销学理论如何随着实践的发展和技术的变革而演变的过程，所汇集的众多重要文献资料对诸多我们已经看似熟悉的理论提供了新的注解和阐释，也为后续的可能探索做了必要的文献准备。

当然必须承认，历史是当代人的注解，是某一历史长河为其自身需要而对过去的挑选与重新叙述。从范式变迁的视角来研究营销学理论的发展，难免根据这个预设的变迁过程来归纳和整理相应的营销理论。此外，书稿如果能在对营销理论的发展过程作较充分讨论的同时，增加对其的评析；在对美国 20 世纪 90 年代以前的营销理论发展作翔实的描述的同时，加强对此后的营销理论的发展以及中国营销理论发展的介绍，将在结构上更加均衡。希望作者能够在现有研究的基础上围绕这一主题，充分吸收同行的研究成果，进行更深入、持之以恒的研究，并期待更多同道人的加入。

值此书稿出版之际，作为作者的博士研究生导师，应作者之邀欣然为序。

陈启杰
上海财经大学研究生部主任、
国际工商管理学院教授、博士生导师

目　录

第 一 章

导　　论

第一节　问题的提出

回顾营销理论在中国发展的历史，学者们（郭国庆，1995；王方华，1998；纪宝成，1998）一般概括为导入、传播、应用与发展等阶段。此间，中外学者的共同努力促进了现代营销理论在中国的发展，各高校普遍设立了营销学专业，培养了大批营销专业人才；在各地普遍建立营销社会团体的基础上，成立了中国高等院校市场学研究会和中国市场学会；已出版数以百计的营销学教材，形成了一股普及、推广现代营销的激流。

在营销实践方面，跨国公司在中国市场上的成功实践为中国企业的营销起了示范作用，如宝洁公司的"无缝隙营销"、麦当劳的连锁经营等，海尔、联想等一批中国企业在学习、实践、竞争中的杰出表现已受到各方人士的关注。

在营销学理论研究方面，中国的营销学界开始与世界接轨，出版了大量的最新的美国营销学原版著作，翻译出版了最具影响的代表作，如麦肯锡的《基础营销学》、科特勒的《营销管理：分析、规划和控制》、恩尼斯等的《营销学经典：权威论文集》等。中国学者开始系统性和创造性地探讨营销理论，如王方华等（1998）的《新概念营销》丛书、刘凤军（2000）的《品牌运营论》、黄瑾（2000）的《市场占有论》等，这些学术专著提出许多具有前瞻性的学术观点，受到企业界与学术界的高度重视，标志着中国的营销理论研究已经进入一个新阶段。

　　然而，纵观中国的营销实践和营销理论研究，必须承认，我们仍然处于学习、引进、消化和吸收国外先进的营销实践和理论的水平，介绍理论现状的文章较多，深入阐释理论发展历史的研究较少；应用研究较多，原创性研究较少；规范研究较多，结合中国实际的实证研究较少，这些不足都亟待改进。

　　本次研究从范式变迁的角度，分析美国营销学理论发展的历史，即研究产生营销学、推动营销学范式变迁的社会、经济、政治和文化环境，阐释营销学范式变迁的历程，粗略地勾画营销学发展的一个侧面，并结合中国改革开放后的社会、经济和文化环境及企业实践，探讨营销学理论在中国的发展。在第一章第二节中，我将概要地回顾营销学历史研究的文献，以明了从范式角度研究营销学理论发展的必要性及其意义，而后给出本次研究论述的总体安排。

第二节　营销思想研究的回顾与反思

一　巴特尔斯的营销思想史——"八阶段论"

　　1962 年美国营销学者罗伯特·巴特尔斯出版了《营销思想的发展》一书，1965 年他将营销学理论研究发展史概括为六个阶段，即发现时期、概念形成时期、统一合并时期、发展时期、再评价时期和概念再形成时期。1976 年，巴特尔斯在《营销思想史》一书（即《营销思想的发展》的修订版）中增添了划分和社会化两个阶段[①]。1988 年《营销思想史》（第三版）问世，补充了许多最新进展。

（一）发现时期（20 世纪初的 10 年）

　　此间承担大学分销课程的教员们认识到流通领域存在的各种问题，并在教学中加以解释和分析，如商业制度、组织、商品（特别是农产

---

　　① Bartels, Robert, *The History of Marketing Thought*, Second Edition, Columbus, Ohio: Grid Inc., 1976, pp. 10 – 19.

品）销售方式、定价、分销、广告等，可以认为这是萌芽。多数教员曾接受经济学教育，在讲授分销课程过程中，经常借用经济学理论，因而独立的营销学概念尚未形成。

（二）概念形成时期（20世纪10年代）

随着产业的不断发展，批发商、零售商及其他流通业者逐渐壮大，而消费者对流通过程的疑惑却不断增加，同时新兴的广告术和推销术推动了流通业的发展，所有这些需要学术界对疑惑加以解释，对经验加以推广。出现了商品研究、机构研究和职能研究三种研究方法，营销学概念开始形成。

（三）统一合并时期（20世纪20年代）

20世纪20年代是美国经济高速发展的时期，此间生产能力迅速发展，新产品不断涌现，城市人口急剧增加，批发店、百货店、零售连锁店日益发达。在营销学界，除了有关广告、推销的论著，还出版发行了有关销售管理、信用、批发等书籍。为促进营销思想的统一，不少营销学家开始将各专门学科和研究方法的成果加以综合，并形成较为系统的营销学原理。

（四）发展时期（20世纪30年代）

经过20世纪30年代的"大萧条"，在营销学研究上，学者们开始重视营销调研，并向消费心理研究和营销定量化研究发展。由于在这期间营销受社会环境的影响较大，所以，不少营销学家发表了论述新经济政策与营销关系的文章。已出版的营销学原理经过不断改订、增订，在理论体系上有了明显发展，在有关消费者分析的部分章节里，加进了经济学之外其他有关学科（如社会学、心理学等）的理论内容。

（五）再评价时期（20世纪40年代）

由于战争的影响，美国营销学理论研究与发展几度中断。第二次世界大战结束后营销学界在对原有理论体系进行再评价的基础上，进一步促进了营销学研究的新发展。主要表现在：（1）更加强调营销管理；

（2）强调从消费者立场出发，把营销当作整体来考察；（3）在原有理论体系基础上，加进营销规划、营销预测、营销预算及其他营销职能。这是对原有研究成果的再评价，也强调了营销学理论体系的科学性。

（六）概念再形成时期（20 世纪 50 年代）

这是营销学概念的重新形成时期。这一时期的主要特征是：（1）营销问题的分析更加精密化、明确化；（2）广泛吸收其他社会科学领域的概念、范畴，进一步充实营销学理论体系；（3）注重经营决策研究，注重量的分析。此间有许多重要论文发表，对营销学理论体系的发展、完善起到了整合作用。这些论文的显著特点是：强调营销活动必须适应消费需求变化；强调目标营销和营销信息的重要性；强调营销系统的战略作用。

（七）划分（20 世纪 60 年代）

这是营销学理论体系全面扩展时期。营销学已从原来的总论性、归纳性、概括性研究，转变为区分不同研究对象、确定具体研究内容的划分性研究，开始分化出许多子学科，如工业营销学、农业营销学、商业营销学、国际营销学等。营销学理论体系由以阐述基本原理、介绍性为主的"营销综合论"，向专门性、深入性营销学理论体系发展。

（八）社会化时期（20 世纪 70 年代）

进入 20 世纪 70 年代，随着全社会对社会问题的关注，营销学界越来越重视对社会因素的研究。营销学理论体系中，引进了许多社会学概念，此间发表的许多论文，都围绕企业的社会行为、社会责任、社会环境等问题，在此基础上，营销学界开始出现了社会营销（Social Marketing 或 Societal Marketing）等新概念。

二　谢斯等营销学学派研究

1988 年杰格迪什·N. 谢斯、戴维·M. 加德纳和丹尼斯·E. 加勒特出版《营销学理论：演进和评价》一书，它保存了营销学丰富的遗产，对不同的营销学派进行分类，提供了一个全面的有用的元理论分析框架，分别评价 12 个营销学派，提出了一系列有助于发展营销学一般理论的概念和公理。[①]

（一）营销学派的分类

他们对营销学派的分类，产生了对不同学派原创性的聚合。他们分别以经济的对非经济和互动的对非互动的为标准划分营销学派，前者强调经济学和经济价值与心理的、社会的和行为的对比，后者强调单向关系（一方对对方从事某事）与互动关系（购买者和销售者以双向关系执行营销职能）的对比。经济的非互动的营销学派有商品学派、职能学派和区域学派；经济的互动的营销学派有机构学派、实用主义学派和管理学派，非经济的非互动的营销学派有购买者行为学派、积极行动者学派和宏观营销学派，非经济的互动的营销学派有组织动态学派、系统学派和社会交换学派。

（二）对各营销学派文献的保存

在论述经济的非互动的学派时，他们认为，商品学派和职能学派对营销学已经产生并仍然产生实质性影响，它们有理由保持进一步的发展。由于其研究对象的有限性（因此有人认为它不能成为一个学派），区域学派有时被忽视，但是他们相当重视这一学派。在论述经济的互动的学派中，他们在对机构学派的回顾中介绍了许多学者的贡献，包括韦尔德、巴特勒、布雷耶、麦卡蒙、马伦及巴克林等，虽然该学派得到了较高的评分，但是仍被认为缺乏易测性和经验支持。对基于奥尔德森研究成果的实用主义学派，他们认为很难界定奥尔德森的理论成就，但应认可该学派的丰富性和对营销理论的实质性贡献。管理学派在所有六个元理论的标准上得分都很高，他们注意到，虽然该学派有许多独一无二的贡献，但是将营销实践作为重点，对理论的贡献却很少，这是一种讽刺。

---

① Jagdish N. Sheth, David M. Gardner, Dennis E. Garrett, *Marketing Theory*: *Evolution and E-valuation*, John Wiley & Sons, Inc., 1988.

在讨论非互动—非经济学派时，他们强调了购买者行为学派对营销学科的贡献，该学派为营销学科增加令人尊敬的成分，因此得到他们的称赞。宏观营销学派重点强调环境变量，而积极行动者学派主要围绕营销对环境产生的影响。这两个学派虽然已作出了主要贡献，它们在营销学科发展潜力巨大，但至今尚未完全实现。他们注意到，消费者保护的兴趣已经减退，但是国际竞争已成为活动的中心。在研究互动—非经济学派中，他们展示了组织动态学派、系统学派和社会交换学派的文献。虽然缺乏对组织动态学派的整合，但是对该学派的总结仍然是成功的，对该学派的批评集中在操作性界定和经验检验。系统学派是社会系统、生物系统和信息系统观点的集合，也是数学和模拟系统建模的应用，由于在该学派的贡献者之间缺乏一致性，也缺乏一个强有力的领导者，因而阻碍了该学派的充分发展。虽然社会交换观点能否代表一个学派可能遭到质疑，但大量的文章已影响了营销学者的思想，更重要的是，也影响了营销学科的边界。虽然对这些文章存有争议，但它们对发展营销的综合理论大有帮助。

（三）对各营销学派的评价

他们从不同的营销理论贡献者那里采集了六个元理论标准，分别对上述学派进行了评价，即结构与详述性相结合的语法（组织性），可测试性与经验支持相结合的语义（现实性），以及丰富性和简洁性相结合的语用（适当性）。为超越相对主义和逻辑实证主义之间的鸿沟，他们对这六个标准进行了简化，分别用这些标准按照 10 分制评价了 12 个学派，为进一步的研究和辩论提供基础。

（四）关于综合的营销学理论

他们为营销学的一般理论贡献了一些概念和公理。虽然该书未能提出新的概念和公理，但结尾一章提供了几个很好的报告和建议，他们为如何综合 12 个学派中有价值的成分，提出了机遇和挑战。对于一些陈旧的学派，不仅仅视之为历史，而且以其对营销理论的现代贡献为背景对其进行了评价，营销学者应该从那些被忽略的学派中筛选和提取"珍珠"，甚至可以使现在被忽视的学派重新焕发勃勃生机。最理想的是，这些恢复工作也与不同学派融合而成为综合理论。

总之，他们简洁而广泛地回顾了 21 世纪营销思想的演进。我们需要营销理论，因为营销学向前发展并产生理论时，我们必须理解知识的根源和基础。今天，绝大多数学者被迫退缩到各自狭小的研究领域时，该书无疑像一缕清风，更像营销学"森林的全景"。

三 布卢姆的营销知识发展研究

1987 年保罗·N. 布卢姆出版了《营销知识的发展：MSI 的经验》一书，讨论营销知识的发展和传播问题，描述营销科学研究所（MSI）的历史和贡献，阐明 MSI 所资助的知识创造、传播和使用情况。[①]

（一）关于 MSI 的历史和贡献

MSI 是少数几个能够为营销学科提供研究帮助的机构。布卢姆阐明增进营销学科知识的方法，MSI 在此方面有影响的活动有：（1）资助关键的、启发性的研究（如巴泽尔早期对于 PIMS 数据库的一些研究或格林对测量的研究）；（2）愿意为支持新观点和新兴学者而承担风险；（3）将研究活动导向被忽视的或者被遗忘的领域（如丘吉尔、福特和沃克对销售队伍管理和绩效的研究）；（4）推进原本无法发生的合作研究；（5）MSI 为实践者提供了影响学术研究方向的一种方法；（6）MSI 通过会议、工作室和工作稿等形式为实践者学习新观点提供了途径。

（二）MSI 资助的主要研究领域及其演变

布卢姆用大部分篇幅讨论自 1961 年 MSI 成立以来营销学的进展和 MSI 所资助的研究项目，主要包括以下八个方面：

1. 战略营销管理。在 20 世纪 70 年代早期，MSI 发起并管理了"战略与绩效"（PIMS）项目，事实证明这项研究对营销和战略管理都非常重要。他们回顾 PIMS 项目的背景和取得的研究成果，并评述了 MSI 支

---

① Paul N. Bloom, *Knowledge Development in Marketing: the MSI Experience*, Lexington: Lexington Books, 1987.

持的其他营销战略项目（生命周期研究、整合规划研究、经验曲线和防御战略），这些项目在一定程度上都建立在 PIMS 的成果基础上。其次，他们还评论 MSI 重视的两个更加集中的战略课题：（1）产品—市场边界的决定；（2）新产品的导入。少数 MSI 项目涉及大企业营销职能的组织和管理。

2. 产业营销。20 世纪 60 年代中期开始，对产业营销研究主要集中在管理营销规划、工业产品营销与消费者产品营销的差异、购买者、购买代理商或者"购买中心"的购买决定、角色张力、动机、领导和绩效评价、组织购买行为和销售管理、产业定价、产业分销渠道和产业沟通等。MSI 与产业营销的重要研究活动有着密切联系，它资助一些组织购买行为模型的早期研究，设计解释产业购买行为的几项研究，此外，它还资助几个有关市场细分和产业营销管理其他方面的研究项目（产业市场细分、人员推销和销售管理）。

3. 服务营销。1969 年科特勒和利维的论文"扩大营销概念的范围"，鼓励在新环境中使用营销学概念，特别在非营利的、社会事业和政治组织中。随着营销学术界兴趣范围的扩大，对盈利和非营利的服务组织关注程度日益上升，美国营销学会列举了在 1975—1985 年间关于服务营销的 1262 篇文献。此方面 MSI 资助的许多研究项目可以归入"什么使服务营销与众不同"这一类别。MSI 也赞助了其他方面的研究，如消费者对介入服务生产过程的反应、消费者形成对服务的认识。赞助项目都涉及如何形成和执行有效的服务营销战略。

4. 消费者行为。20 世纪 60 年代营销学界开始向行为科学寻求帮助理解消费者行为的理论和方法，许多研究开始检验个性、认知失调、感知风险、创新扩散、人际影响、家庭决策和态度等概念，20 世纪 60 年代后期几位学者提出了消费者行为的综合模型，20 世纪七八十年代出现了诸如信息处理、决策和选择、特征和消费者社会化等广泛的研究项目。消费者行为在 MSI 资助项目中一直占据较大比重。这些研究项目探索消费者行为的许多方面，主要问题涉及三个重叠的领域：（1）消费者社会化；（2）态度理论；（3）消费者信息处理。

5. 广告和大众传播。20 世纪 70 年代前，广告研究受到传播领域研究传统的影响，分析广告代言人、信息内容及分发渠道等所产生的效

果，分析听众的人口统计、态度和个性等制约广告效果的方式。20 世
纪 70 年代后通过开发模拟和分析模型，供管理者处理媒体选择、广告
预算等问题，研究人员用回归和计量经济学方法，量化广告与销售量的
关系，对态度变化、信息处理、消费者介入的研究持续增长，已开发了
新的实验方法和测量工具（如脑波和眼睛运动监视），改进统计检验方
法（如时间序列、结构方程）。MSI 资助项目涉及广告许多方面，包括
广告如何影响消费者的思想、态度和行为，介入、重复、信息内容和其
他因素如何调节广告效果等。

6. 销售促进和分销渠道。销售促进研究倾向于定量性，20 世纪 60
年代出现了商店审计为基础的计量经济学模型，并运用多种建模和估计
技巧。为理解销售促进如何影响购买，运用了商店审计、小组座谈和超
级市场扫描等方法。分销渠道研究集中在描述批发和零售机构，学者们
更多地倾向于使用观察和实验研究，学者们以理论导向为主已经研究依
存性、权力、冲突、合作和渠道关系动力等方面。MSI 赞助的项目有：
（1）使用档案资料，模拟销售促进的效果；（2）运用实验，研究销售
促进的短期效果；（3）提供并检验销售促进效果的行为理论；（4）预
测未来零售环境；（5）渠道管理和渠道关系研究。

7. 研究方法论与模型建立。营销学者从相关学科借用了许多工具
和方法，如非计量多维排列、随机模型、因果模型和决策微分模型、线
性规划等，用以检验营销问题，并在研究过程中改进和提升了这些工
具。MSI 已资助四个领域的主要研究努力：（1）态度和偏好的测量与排
列；（2）研究设计和资料收集方法；（3）定量模型与分析；（4）模型
应用与研究，并资助向营销学科引进非计量多维排列技术和对随机模型
和模拟的研究努力，定期帮助针对营销问题检验其他数量模型和分析技
术的努力。

8. 营销与公共政策。学者们持续地描述、解释、分析和批评反托
拉斯、消费者保护和其他政策。20 世纪 70 年代以后，关于公共政策问
题的文献大量涌现，这些文献都基于经验研究，他们很多开始研究诸如
矫正性广告效果的衡量、广告对儿童的影响、向消费者提供更加有用的
比较产品的信息等课题。并从产业组织经济学、人类信息处理过程、儿
童发展和评价研究等方面吸收理论和方法。20 世纪 80 年代后随着政府

强调放松规制，研究人员转向研究更加基础性的课题，如消费者社会化和消费者信息处理过程。

四　郭国庆的营销理论发展——"五阶段论"

郭国庆认为美国营销学理论研究大致经历了萌芽、职能研究、形成和巩固、营销管理导向、分化和扩展五个阶段。[①]

（一）萌芽时期（1900—1920 年）

为适应 20 世纪初美国经济发展的需要，在美国几所大学开设了名为"分销学"的课程，但学者们同时意识到这门学科所涉及的内容与"分销"有很大的差异，需要有一个新名称来称呼他们所讲授的课程，拉尔夫·S. 巴特勒率先采用 Marketing 一词。"营销"这一名称被广泛接受，它不仅成了课程的名称，也成了许多书的书名。其间出现了几位营销研究的先驱，最著名的有阿奇·肖、拉尔夫·S. 巴特勒、约翰·B. 斯威尼和 L. D. H. 韦尔德。此时的营销学研究以传统经济学为依据，是经济学在流通领域的应用，诞生了 Marketing 这一新的词汇，并开始了一个全新的研究领域，所以，这一时期可称为营销理论的萌芽时期。

（二）职能研究时期（1921—1945 年）

经过 20 世纪 20 年代快速发展和 30 年代的大萧条，美国经济发生了结构性变化，因而引起学术界和企业界开始研究营销理论，这一时期以营销职能研究为突出特点。1932 年，弗雷德·E. 克拉克和韦尔德在其合著中指出，营销主要目标是使产品从种植者那里顺利地转移到使用者手中。这一过程包括 3 个重要而相互有关的内容：集中、平衡、分散。该过程包含 7 种营销职能：集中、储存、融资、承担风险、标准化、销售和运输。拉尔夫·S. 亚历山大、F. M. 瑟菲斯、R. F. 埃尔德和奥尔德森在《营销学》（1940）一书中继续强调职能研究，指出：

---

① 郭国庆：《市场营销管理》，中国人民大学出版社 1995 年版，第 15—28 页。

"营销包括在商品离开农田或机器以后转移到用户手中这一过程中所发生的每项活动。"他们列举了全国营销教师协会定义委员会在 1934 年提出的各种职能:"(1)商品化;(2)购买;(3)销售;(4)标准化和分级;(5)风险管理;(6)集中;(7)融资;(8)运输以及管理;(9)储存。"弗雷德·E.克拉克和彼得·克拉克(1942)将功能归纳为三类:交换职能——销售(创造需求)和收集(购买);物流职能——运输和储存;辅助职能——融资、风险承担、市场信息沟通和标准化等,增加了销售和市场信息沟通职能,可见,人们已经开始认识并重视营销调研。

(三)形成和巩固时期(1946—1955 年)

第二次世界大战后资本主义经济的市场竞争日趋激烈,为适应新的变化,营销学者除了继续从经济学中汲取养料外,还开始转向社会科学的其他领域寻觅灵感。罗兰·S.文、埃德瓦尔德·T.格雷瑟和里夫斯·考克斯合著的《美国经济中的营销》(1952)反映了经济学对营销思想的影响,他们详细论述了营销如何进行资源配置,如何影响个人收入的分配,以及哪些因素影响人们的需求和购买等。H.H.梅纳德和西奥多·N.贝克曼合著的《营销学原理》(1952)将营销定义为"影响商品交换或商品所有权转移以及为商品物流服务的一切必要的企业活动",提出了研究营销的五种方法:产品研究法、机构研究法、历史研究法、成本次研究法、职能研究法,他们还指出,营销学已从描述性方法过渡到分析性方法。营销理论在这一时期开始形成,营销已被明确为是满足人类需要的行为,营销研究也在现实经济生活中受到了越来越广泛的重视,甚至连营销的社会效益也开始受到人们的重视。

(四)营销管理导向时期(1956—1965 年)

随着经济的平稳发展,美国国内生产和生活方式发生了巨大变化,营销理论研究也开始迈向一个新的里程,即营销管理导向阶段。其间对营销思想做出卓越贡献的代表人物有 W.奥尔德森、约翰·A.霍华德、E.J.麦肯锡、乔治·S.唐宁和菲利普·科特勒等学者。奥尔德森在

《营销行为和经理行动》（1957）中认为，营销的效能就在于促进有利于双方的买卖。霍华德的《营销管理：分析和决策》（1957）一书主张从营销管理的角度论述营销理论和应用。麦肯锡在《基础营销》（1960）一书中对营销的定义："营销就是指将商品和服务从生产者转移到消费者或用户所进行的企业活动，以满足顾客需要和实现企业的各种目标"，并据此提出了著名的4Ps组合理论。

经过营销学者的不断探索，营销学逐渐从经济学中独立出来，又吸收了行为科学、管理科学、心理学、社会学等学科的若干理论，营销理论逐渐成熟。唐宁（1971）首次提出了系统研究法，认为营销是企业活动的总体系统，有外部大系统和内部子系统，并指出营销并非仅仅是某种职能，它是一个物质、信息和能量的交换贯串始终的过程。科特勒认为营销管理就是通过创造、建立和保持与目标市场之间的有益交换和联系，以实现组织的各种目标而进行的分析、计划、执行和控制过程，这一观点扩大了营销学的研究和应用领域。

（五）分化和扩展时期（1981 年至今）

20 世纪 80 年代后营销领域出现了大量新概念，营销学科呈现分化的趋势。拉维·辛格和菲利普·科特勒（1981）对"营销战"这一概念以及军事理论在营销战中的应用进行了研究，克里斯蒂娜·格罗鲁斯（1984）发表了论述"内部营销"的论文，西奥多·莱维特（1983）研究了"全球营销"问题，主张国际营销产品标准化。芭芭拉·B.杰克逊（1985）提出了"关系营销"、"协商推销"等新观点，科特勒（1986）首倡"大营销"概念，提出了企业如何打进被保护市场的问题。以数据库资料为基础的"直接营销"也是引人注目的一个新问题。20 世纪 90 年代定制营销、网络营销、整合营销传播、绿色营销、政治营销、营销决策支持系统、营销专家系统、顾客关系管理等新的理论与实践开始引起学术界和企业界的关注。

五　评析

上述不同学者从不同角度通过考察营销学思想的背景、概念及其主要代表人物的学术影响，描述了营销学思想从最初非正式的时代直到今天的演变，对营销学思想的发展的基本观点，同异互见。无论是"八阶段"还是"五阶段"，无论从机构的角度还是从学派的角度，他们都不同程度地阐释了营销学思想的历史进程。

显然，"八阶段论"详尽地描述历史进程，显示营销学理论发展的连续性，但仅仅对历史进程的描述是远远不够的，我们应该从历史演变中提炼出有价值的规律用以指导今后的理论发展和实践活动。"五阶段论"所采用的划分标准略显混乱，以 MSI 为研究中心的知识发展论，虽然也对营销学理论发展进行了概括，但未能全面地阐释营销学知识的积累，而描述 MSI 的特定项目，直至最后一章他们才作了一些综合分析，此前，读者试图了解 MSI 的活动，但常有飘忽不定的感觉。学派论强调了学派间的差异，而两维分类不足以澄清营销学思想和历史，按照两维划分形成的单元并不是相互独立的，有些学派被武断地放进一个单元，而事实上它们也许部分地与其他单元重叠，且评价各个学派的元理论标准值得商榷。所以，应该采纳、借鉴多种研究方法的长处，以使分析更具兼容性和说服力。笔者认为，以库恩的范式理论为指导，总结营销学理论发展的历史进程，既符合科学发展的一般模式，也符合营销学理论发展的现实，对营销学范式变迁的分析可以构成营销学理论发展的具体分析基础和展开环节。

第三节　研究的理论意义

1962 年库恩在《科学革命的结构》一书中系统地阐释了他关于"科学发展的一般模式"的思想，具体归结为：前科学→常规科学→危机→革命→新的常规科学→……"范式"是该思想的核心概念。范式论的许多观点极具启发性，许多学科由此找到了新的研究切入点，对营销学也同样如此。

库恩指出，科学革命实际上是范式的变迁，很多学派之争其实仅仅是源于范式不同，人们的理论视野被拓宽。笔者认为，以范式理论为指导，研究营销学范式变迁，可以更好地把握营销学理论发展的脉络和发展中国的营销理论体系，其具体的意义主要表现在三个方面。

一 "多元化"理论视角有助于促进不同范式之间的相互理解与融合

范式论作为科学哲学史上一场深刻的思想革命，其最重要的意义就在于突破了逻辑经验主义的思想禁锢，确立了"多元化"的理论视角。库恩告诉人们，"各个学派之间的不同，不在于各派的方法上有这样或那样的缺陷，而在于它们看待世界和运用科学的不同方式之间的不可比性"。

在营销学中，长期存在着科学主义与人文主义两种文化的对立与冲突。科学营销学以实证主义为哲学基础，人文营销学则以现象学为依托。在营销科学观上，科学营销学试图以自然科学的模式塑造营销学；而人文营销学则强调营销现象不同于自然现象的特点，反对盲目仿效自然科学研究营销学。在研究对象上，科学营销学认为营销学应以"可以被客观观察、可以为实验所证实"作为确定研究对象的标准，甚至因此放弃对营销的研究，转而研究行为；人文营销学则认为应以整体的人为对象，重点研究人类特有的主观性、创造性及自我实现等问题。在研究方法上，科学营销学将广泛运用于自然科学的实证科学方法作为营销学研究的唯一有效的方法，强调客观性原则和量化研究；人文营销学则更倾向于使用理解和解释的方法。在两种文化的冲突中，科学营销学一直占据主导地位，但是人文营销学对主流营销学的挑战愈演愈烈，学术界一直找不到一种解决二者冲突的有效方式。

范式论为缓解营销学中两种文化的对立提供了一种新思路。从范式论角度看，营销学中的两种文化之间不是简单的"是与非"、"对与错"的关系。作为两种不同的营销学研究范式，它们之间在理论与方法上的对立或争执，其实是源于更深层次上的世界观、人性观等营销学信念的不同。科学营销学认为人类的社会生活、人类的历史以及营销现象具有客观性；社会规律、营销规律与自然规律具有质的同一性。而人文营销学则认为社会生活、人类历史、营销现象是主观的，是有人的意识能动地参与而生成的。

库恩认为，科学家们所认识的世界并不是客观外在的世界，而是主观约定的世界，其内容是由科学家们的共同信念决定的。不同范式意味着不同信念，同时也意味着不同的知觉立场，在一种范式下被看作"鸟"的刺激，在另一种范式下，却可能被看成"羚羊"。不同的范式仅仅是科学家集团出于不同的信念对世界做出的不同解释，因此，它们之间就没有真假之分或真理、谬误可言。科学营销学和人文营销学分别以不同的世界观、人性观为基础，确立各自的科学观和方法论，进而建立起各自的一套营销学理论体系。它们是两种完全不同地看待问题的方式，因而具有"不可比性"。由范式论引发的这种认识显然有利于消解营销学中科学与人文之间的对立，促进两种研究取向之间的相互尊重、理解与合作。

文化对立和学派门户之争阻碍了营销学发展，但如果我们把不同营销学流派视为不同的营销学研究范式，那么，我们上述对科学营销学与人文营销学之间关系的分析同样适用于营销学不同流派之间的关系，从这种意义上说，库恩的范式论对缓解营销学不同学派之间的纷争同样具有积极意义，也只有在不同学派之间相互尊重、取长补短的基础上，才能促进当代营销学逐步走向融合。

二　库恩的人性观对营销学的意义：人是理性与非理性的统一

科学应该是理性的事业，然而库恩凸现的却是科学家们非理性的一面。

人是理性与非理性的复合。在营销学研究和营销过程中，既存在着理性的思维、判断能力，又存在着非理性的意志、情感、欲望、冲动等成分。但长期以来，营销学在处理人的理性与非理性的关系方面一直存在问题，表现为将理性与非理性理解为一种对立的关系，要么单纯强调理性，认为人追求利益最大化，否定非理性；要么反过来强调非理性，否定理性。这实际上是复杂问题的简单化。库恩对身处科学发展历程中的科学家的分析，一方面强化了我们对非理性主义倾向的认同，另一方面启发我们思考：如何在理性与非理性统一的人性观基础上，构建营销学的体系。

三 研究西方营销学发展史有助于中国学者提出自己的营销理论

经过30多年的发展，中国已涌现出一批营销卓越的企业，已造就了一批知名的营销专家学者，这些专家学者的研究为发展中国的营销学理论研究提供了丰富的内容和良好的理论基础。中国的营销实践需要理论突破，中国的营销理论研究已具备理论突破的可能性，在现有的水平上有所提高，是中国营销学者的责任。

然而发展有中国特色的营销理论研究任重而道远，因为营销学在中国发展的时间有限，学术研究缺乏积累，完整的有中国特色的营销理论体系尚未建立起来。笔者认为，中国学者要使理论研究有所突破，对营销学界有所贡献，必须开展对西方营销理论发展史的研究，深入了解某一概念或理论提出的历史背景及学术界围绕这些概念或理论展开的争辩，使该理论经受"达尔文适者生存的考验"，并不断加以完善，这对于中国学者提出自己的概念和理论，具有重要的借鉴作用和指导意义。笔者以范式变迁理论作为研究西方营销理论发展史的方法论基础，分析推动营销学范式变迁的历史力量，援引大量营销学历史文献，诠释营销学理论发展的历史，为学者们的进一步研究作出自己的贡献。

第四节 本次研究的创新与结构

经过近100年的发展，营销学已产生巨大的社会经济影响，也获得了相当的科学地位。一般将营销学的发展历史划分为四个时期，即萌芽时期、应用时期、发展时期和变革时期。笔者选择范式变迁的视角，以研究出发点和研究方法为界定范式的标准，研究营销理论的发展，这是一个新的尝试，得出的结论也与众不同，或许能够为营销学发展研究增添一份新意。

笔者依据中国社会经济发展状况，特别是市场态势的变化，将营销学理论在中国的发展划分为导入和传播（1979—1989 年）、初步应用（1990—1996 年）和理论发展（1997 年至今），它是与众不同的概括。根据营销范式变迁理论，笔者分析了中国学者对营销理论研究的范式变迁，认为绿色营销研究和营销道德研究标志着中国营销理论的范式变迁。

本书研究的主体是研究美国的营销学范式变迁，共由八章组成。

第一章是导论，包括引言、文献综述、研究意义和结构安排。

第二章是范式与营销学范式变迁，笔者将界定营销学范式及营销学范式变迁等概念，提出一系列可供探讨性的观点：营销学理论是以往历史力量的产物，它的发展受到不同时期占主流地位的文化、经济、社会和政治价值体系的影响，历史力量推动营销学理论按照范式变迁的轨迹发展，即营销学前科学阶段的学说纷争→以营销者为中心、以经济学研究方法为主的营销学范式→范式变迁→以购买者和社会为中心、以社会学和心理学研究方法为主的营销学范式→营销学范式的分化发展与综合趋势→……并对这些观点进行概要的分析。

第三章是营销学前科学时期的理论研究，探讨营销学产生的历史背景，并引用经典文献，着重阐述商品研究、机构研究、职能研究和商圈研究的理论纷争。

第四章从战后美国社会、经济和政治环境研究开始，探讨管理营销研究的产生及它对营销学研究的整合，并对管理营销研究进行简评，以利于把握营销学的发展脉络。

第五章是营销学范式的变迁，笔者回顾美国 20 世纪六七十年代风起云涌的群众运动及其对营销实践和理论的批判，揭示营销学范式变迁的历史力量，全面地阐释了购买者行为研究、宏观营销研究和保护消费者研究的主要观点，并对营销学范式变迁进行了简评。

第六章是营销学范式的分化和综合趋势，介绍美国社会价值观在 20 世纪 80 年代的变化及经济结构调整的基本情况，重点回顾和分析营销者主导的营销学范式（包括战略营销、关系营销和全球营销、营销组合等方面）以及消费者和社会主导的营销学范式的研究新进展，突出强调有学者以系统观点为指导、以交换或市场行为为营销学的核心概念而提出的营销学综合理论，并扼要地评论营销学范式的分化和综合趋势。

第七章是营销理论在中国，笔者回顾营销理论在中国历经导入和传播、应用及发展等阶段的进程，论述绿色营销和营销道德研究所代表的中国营销理论研究的范式变迁。顺应 21 世纪社会经济的需要，总结影响未来营销学发展的十个重点研究趋势，即大营销、全球营销、合作营销、战略联盟、绿色营销、关系营销、服务营销、网络营销、整合营销、营销道德，并对中国深入开展营销理论研究提出了建议。

第八章是结论，历史力量的变迁和多种学科的发展，共同推动了营销学范式的变迁。

第二章

范式与营销学范式变迁

　　范式理论与营销学的结合是营销理论研究的一个新领域。为了使范式理论的科学性与营销学理论的实用性有机的结合，在研究思路上，联系范式理论，本章概述营销学领域理论发展的轨迹，以范式理论为指导，探讨营销学范式的变迁。

第一节　范式的内涵与功能

一　作为一个系统的"范式"

　　托马斯·库恩在《科学革命的结构》（1962）中提出了一个引人深思的概念：范式（Paradigm）。该词原意是词形的变化规则，由此可以引申出模式、模型、范例等意。范式的广义解释是指某个时代人类共有的对事物的见解、思维方式及思维框架的总称。库恩借用范式一词并加以改造，意在重新审视科学理论大发展，阐释科学理论发展的本质和规律性。库恩认为，理论不是在相同的思维框架内连续发展的，而是在不断地改变思维框架的前提下向前发展的，对此，库恩称之为范式变迁。①

　　"范式"可以在不同层次上归结为 3 种类型：（1）观念范式，即一套根据特有的价值观念和标准所形成的关于外部世界的哲学信念，包括宇宙的本质是什么，它们如何相互作用，外部世界以何种形式与人的感

---

① 　T. S. 库恩：《科学革命的结构》，上海科技出版社 1980 年版，第 8 页。

官联结等；（2）规则范式，即在观念范式基础上衍生出来的一套概念、定律、定理、规则、学习方法、仪器设备的使用规则和程序等规则系统，它们构成了范式的特点思想和内容；（3）操作范式，即一些公认的或具体的科学成就、经典著作、工具仪器、已解决的难题以及未解决但已明确了解决途径的问题，它们是认识世界的具体途径。这3种类型的范式间不是平行孤立的，它们相互嵌套，形成一个有层次的系统，该系统的承担者就是"科学共同体"。其中观念范式是核心，规则范式是中层结构，而操作范式是联结外部自然的"外围"。在"范式"的这种嵌套式结构中，观念范式最稳定，不易发生变化。一旦观念范式发生变化，则整个"范式"系统便发生一次"格式塔转换"。

二 库恩的范式变迁理论概述

库恩认为，归纳主义者看不见科学史中非积累的发展阶段，即科学革命的阶段；证伪主义者则忽视了科学中受传统束缚的常规活动，却用那仅仅间断出现的破坏传统的活动即科学革命来代替整个的科学活动。为了克服这两种进步观的片面性，库恩对哥白尼革命和20世纪物理学史做了细致的研究，创立了关于科学发展的"科学革命论"模式，即前科学（原始时期）—常规科学—危机—科学革命—新常规科学……①

库恩认为，在前科学时期，一门科学尚未形成范式，其特征是，研究者对所从事的学科的基本理论没有达成共识，各种学说争论不休。经过一个长时期的激烈论争，逐渐地，有一学说被同行们所公认，这时便形成了范式。范式的形成标志着该门学科已形成了系统的完整的学说体系，标志着科学发展进入了常规科学时期和一个统一的稳定的持续发展时期。这个阶段的特征是，研究者根据范式所提供的基本理论、基本观点和方法以及基本框架解决科研中的难题，解释实践中的有关现象。同时，又通过解决这些难题，进一步补充和完善范式。这一阶段，学者们对该门学科的基本理论问题和观点一般不存在怀疑和争论，而只争论和

① T. S. 库恩：《科学革命的结构》，上海科技出版社1980年版，第73页。

修正自己对范式的理解。因而这一阶段又被称为是一个科学累进发展的时期。在常规科学发展阶段的后期，实践与范式不一致的反常现象不断增加，原有范式未被利用的逻辑空间越来越小，可供研究者调整自己观点的余地变得越来越狭窄，原有范式已很难解释实践中出现的一些新问题，人们开始对原有范式丧失信心，于是便出现了范式危机。在这里，范式危机是指特定学科领域内的一般研究人员在日益增多的"反常"现象面前不再接受原来共同掌握的信息、价值标准、假设和定理的现象。范式危机的出现蕴涵着科学革命的到来。在范式危机时期，人们在怀疑原有范式的同时，也在开始寻求新的基本理论和基本方法；寻求建立新的科学逻辑系统。在经过一个较长时间的各种学派的论争之后，一种新的理论学说，最终被大多数研究者所认同，进而取代旧范式，成为新的范式。这个过程就是科学革命。从发展的观点看，范式危机是引起科学革命的原因，而科学革命必然导致范式的转移。科学革命的结果是扬弃了旧的范式，产生了新的范式。新范式的产生标志着科学发展进入新常规科学的时期。科学研究在新范式的指导下继续累进式的发展，直到新一轮范式危机和科学革命的发生。科学的发展就是这样呈周期性的向前发展。

三　范式的方法论功能

范式是一个不确定的概念，但又是规范和指导其成员思想行为的准则，是科学共同体所共有的全部规定，是逻辑上不能再分的功能单位，在科学发展中具有非同一般的功能。

第一，范式是科学的划界标准和开展科学活动的基础。究竟什么是科学？科学研究的基础和出发点是什么？库恩冲破"科学始于观察"的古典经验论，指出科学之所以成为科学就在于范式的形成。他把科学发展分为"前科学"、"常规科学"、"科学革命"三个基本阶段，认为历史上每一个研究领域在成为一门真正的科学之前，都经历了"从前科学到科学"的过渡。从前科学到科学转变的标志是科学研究者获得一种共同的范式："他们已获得一种证明有可能指导整个集体进行研究的范式。除了事后认识到这种好处，很难另外找到什么标准可以明确宣布某一领域成为一门科学。"在库恩看来，范式是科学发展状况的测量器和指示器，是科学工作者在某一学科中所具有的共同信念或者思维模式，是活生生的行动指南，是一定领域内进行科学研究的纲领。范式不仅规定了该领域内科学工作者共同的基本理论、基本观点和基本方法，而且为他们提供了共同的理论模式和解决问题的框架。这就为科学步入常规状态奠定了基础。

第二，范式是确定科学认识主体的整合机制。在前科学时期，科学工作者由于研究同一题材的方式、信念、世界观和使用的仪器设备等不同，形成了各种各样的观点。只有在某一学科出现了占统治地位的范式时，各种对立的观点才渐趋一致，科学的发展才有可能。这主要在于范式能够把一些坚定的拥护者吸引到一起并为他们留下各种有待解决的问题，使某一科学领域的研究方向与研究方法得以确立，其特定的认识主体——科学共同体也在范式的凝聚下得以诞生。科学共同体作为科学认识主体的共同体是一个社会集团，具有主观能动性，是科学发展的推动力，它拥有作为共同体的范式，依靠范式的指导，科学共同体承担起科学事业发展的历史重任，推进科学不断前进。

第三，范式是科学理论自我完善的手段和工具。科学理论的发展，首先表现为渐进性的量变，即不断修订原有的理论，使原有理论日益充实和完善。由于范式对科学工作者的心理或知觉有定向作用，这种定向在一定程度上限制了科学工作的范围，使科学研究日趋深入和细致。库恩指出："正是这些因为信仰范式而产生的限制，对科学的发展却成为不可或缺的。由于集中注意狭小范围中比较深奥的问题，范式会迫使科学家仔细而深入地研究自然界的某一部分，否则就不能想象。"[①] 这就是说，范式扩大了与自然界的接触点，而这种接触是通过范式的精确化来实现的，即"制造精致的设备，发展深奥的词汇和技能，精炼概念使之愈益减少同它们通常的常识原型的相似性"。如果没有范式的指导作用，也不可能有效地补充和丰富科学理论。

随着科学理论的连续性累积，知识演变达到一定程度后会面临许多长期不能解决的"反常"问题而陷入困境。所谓反常，实质上是超出

---

① 库恩：《必要的张力》，福建人民出版社 1981 年版，序言，第 XII 页。

范式使用范围的新的事实的发现，是科学理论进入一种局部的质变状态。在科学理论的局部质变中，范式又是一种吸收新事实、同化和顺应反常的机制。范式的同化、顺应作用会增强原有理论的弹性和韧性，拓展眼界，使科学工作者以新的眼光看待周围的世界和自己的工作，推动科学朝着精确化的方向发展。这样，通过范式的调整，旧的理论并未抛弃，新的事实也成了科学的事实。

第四，范式是科学革命的内在动力。库恩关于科学革命的基本思想是：科学革命不是累积性的，从旧范式到新范式，不是后者补充、发展或者包容前者，而是旧范式让位于新范式。"拒斥一个范式的决定总是同时也就是接受另一个范式的决定。"库恩认为，这是科学革命的本质所在和必然性所系。当常规科学长期解释不了应当解决的难题时，危机就出现了。这时，原范式理论的规则宣告失败，需要寻求新的范式。库恩指出："这种对于改变既有的习见的概念意义的需要，乃是……革命冲击的中心。……这最终的概念变革同样是对一个以往确立的范式的决定性破坏。我们甚至可能把这看作是科学中革命性重新定向的原型……科学革命是科学家借以看待世界的概念网络的一种更迭。"① 爱因斯坦相对论革命的胜利，就在于爱因斯坦敢于打破牛顿的经典理论，重新界定了时间、空间和场等概念，建立起有限无边的宇宙模型，实现了物理学上的一场巨大的革命——相对论革命。库恩指出，"范式的变化导致科学的世界图景的变化，即科学家世界观的改变，而对细节的看法则从属于这幅图景"。因此范式更迭导致世界观的改变，科学革命随着新范式的胜利而告终，科学也在这一过程中不断进步。

总之，库恩的范式作为一种整体框架，对科学研究和科学发展有非常重要的作用。范式不仅具有认识功能，而且还具有纲领性功能。而在非常研究和科学革命中，范式起着决定性的作用。库恩就是在这种意义上把范式作为科学革命学说的核心和基础，把科学的发展从静态知识拓展为科学共同体的活动，勾画出了一幅丰富多彩的科学革命图景。

---

① 库恩：《必要的张力》，福建人民出版社 1981 年版，第 291 页。

第二节 社会科学范式的特征

社会科学的范式不同于自然科学的范式，自然科学的范式基于人对物质世界运动规律的观察，而社会科学的范式则是基于人对人类社会经济实践规律的观察，是人们对实践活动的理论认识。当实践发展时，原有范式所研究的对象和问题也将随之变化，如果不能解释或不能全面解释实践变化，就可能产生范式危机，要求理论创新。由此可见，实践发展带来的范式危机是正常的，符合社会科学认识的规律。人类社会的实践不断发展，范式不断变迁，人们对实践的认识不断深化。① 这一点无论对于经济学和营销学都是适用的。社会科学范式除了具有范式的一般特征以外，从社会科学研究的共性上分析，还具有以下三个方面的特征：

一 环境的依存性

社会科学范式作为对社会客观事物的综合描述和科学抽象，离不开所处的社会经济环境。社会科学作为一种对人的存在、人类彼此之间的结构关系、人类存在的精神力量以及人类所创造的社会政治经济文化制度和科技制度进行理性反思的科学，理所当然地是随着社会政治经济文化的发展演变而不断发展的。由此，社会科学研究者的理论视野、思想方法等都应当随之而不断发展和调整，只有这样，社会科学才能体现出其本身的学术活力及与社会发展的适应性。

从营销学的角度考察，范式对环境的依存性表现在营销过程的变化之中。因为社会经济环境的变化必然导致企业组织形式的变化，而企业组织变化又会引起营销实践发生变化，营销实践的变化最终将导致营销学研究的目的、内容、方法也发生变化，这一系列的变化必将促成一种新范式的诞生。环境变化包括宏观环境和微观环境，宏观环境主要有经

---

① ［美］肯尼斯·D. 贝利：《现代社会研究方法》，许真译，上海人民出版社 1986 年版。

济环境、政治法律、社会文化、自然、科学技术等；微观环境主要有
市场竞争（如法规约束、全球化战略、消费者需求等）、经营战略
（如适时制、全面质量管理、预算管理、计算机控制生产等）、信息加
工技术的变化（如经济计量、营销信息传递、加工及分析）。而组织
结构的变化主要指组织设计（如竞争战略、横向管理、集团化经营、
跨国经营、信息网络、产销一体化等）。与此相应，企业在营销管理
实践中采用了相应的对策。以上环境变化与组织结构的变化必然要求
营销采取与之相适应的营销实践，营销实践的变化最终要求新的营销
学范式。

二　学科的交融性

社会科学视野是一种多学科渗透和融合的学术视野，现代知识和信
息时代的知识特征是：知识交叉、信息爆炸、传播迅速、日新月异，构
成了一个在学科上融合渗透、在时空上交叉蔓延的立体化、全球化知识
语境。随着社会和文化知识的发展、人类生存环境的重大变化以及人类
对自我生存意识的深化，社会科学与自然科学的视界日益走向融合，更
多的自然科学家开始认同社会科学的重要性，社会科学家也逐渐放弃对
绝对理念的追寻，日益表现出对自然的尊重，人文科学的发展同时受到
社会科学和自然科学的重视。社会科学范式交融性的特征显示一个融合
社会科学、自然科学和人文科学的时代即将出现。通过不同学科之间的
交流与合作，社会科学可以达到取长补短、相互提高的目的。

以营销学为例，它作为一门边缘学科，20世纪初营销学从经济学
中独立出来，主要以经济学范式为指导，侧重分析经济效益，一方面促
进了营销学的研究与发展，但另一方面社会经济环境的发展需要营销学
从新的视角审视营销实践，一大批学者从哲学、社会学、心理学、管理
学、人类学和文化学等相关学科汲取相关学科的合理成分，借用了大量
的概念和理论，并结合营销学的特点，开始了一个全新的研究，促进新
的营销学研究范式的形成。同时他们还大量使用数学、统计学、计算科
学等概念、理论和研究方法，产生了丰富的理论研究和经验研究成果，
为相关学科的发展提供了有益的帮助，在促进中共同提高，在发展中相

互竞争，形成了学科间的相互交融、取长补短、共同发展的态势。

三　命题的现实性

以往社会科学中的一些传统的研究范式和传统的命题日益走向式微，这就意味着社会科学的研究需要进行时代性的转型。过去社会科学所关注的是一些普遍主义的东西，企图以绝对、普遍的理论框架来指导自己的经验研究。实际上，社会科学研究中的普遍主义的真理性和有效性都是极为有限的。传统社会科学中具有权威性的许多经典命题不再是经典命题，那种囊括宇宙、贯通历史、解释一切也决定一切的真理意识不再成为社会科学的主要目标。当代社会科学的发展越来越显示，社会科学应该从普遍主义的理念转向人所生存于其间的社会现实和个体化的人类存在，应该更加关注社会现实本身的多样性和丰富性。所以，社会科学研究在当今的发展更向具体实在的社会现实开放，实践性社会政治经济文化现实始终是社会科学发展的重要基点，多一点现实的关注，多一点实践的眼光，更能使社会科学充满发展的活力。同时，重视本土化社会政治经济文化现实的研究，社会科学一方面应具有世界性全球性的思想眼光和知识视界，另一方面也应当立足于本地区的政治经济文化的发展。

第三节　营销学范式变迁

笔者认为，库恩的范式变迁理论揭示了科学发展的一般规律，对于各门学科的研究者从整体上把握各自学科的发展规律有重要意义。库恩的范式论对研究各门学科的发展规律，具有普遍的适应性。

一　营销学范式变迁与营销学理论的发展

库恩的范式变迁理论对营销学范式变迁研究具有重要的影响。与库恩所界定的范式概念的一般含义相一致，笔者认为，营销学范式是指研究人员对该学科所研究的基本问题共同掌握的信念、基本理论、基本观点和基本方法的理论体系，是人们思考和认识营销活动、营销关系的理论模式或框架。可以说，营销学范式是几代营销学人不断努力探索的结果。尽管学术界纷争频繁，但在使用营销学特有的概念、范畴、方法研究和分析市场行为（如需要、产品、价值等方面）都是共同的。

诚然，营销学范式的变迁与发展是以经济学的发展与变化为基础的。然而，营销学者在运用经济学的过程中往往又是主动的、积极的，它通过广泛吸收、借鉴相关学科的优秀成果不断地发展自己。比如，在研究方法方面，伴随实证方法的形成，营销研究工作者积极转变思路，并结合营销学本身特点，在营销理论研究中很好地将实证方法与规范方法有机地统一起来。再比如，在营销理论内涵方面，随着社会学理论在营销学中的应用，营销学创造性地形成了符合自身特点的社会营销理论。此外，在营销学科体系建设方面，随着经济主体理论的应用，营销主体理论发展变得更加迅速，国家营销、企业营销、私人营销之间的内在联系更加清晰，营销学科发展正呈现逐渐推进的势头。

笔者认为，营销学范式的变迁通常由以下步骤组成：（1）前科学时期的各种学说纷争，逐渐形成了一个营销学主导范式，并在此范式前提下，对原有研究活动进行创新和发展；（2）依据知识扩张的需要，修整、完善主导性范式，并不断扩大这种主导性范式的内涵和外延；（3）社会经济的发展使现有范式在解释和论证营销现象方面困难，营销学范式面临变革的新形势；（4）开始寻求一种新的营销学范式，并由新的营销学范式逐渐成为主导范式，即实施范式变迁。

回顾营销学理论的发展，笔者认为，以营销者或消费者以及社会为出发点，以经济的或社会心理的研究方法为视角，概括营销学范式的变迁：营销学前科学阶段的学说纷争→以营销者为中心、以经济学研究方法为主的营销学范式→范式变迁→以购买者和社会为中心、以社会学和心理学研究方法为主的营销学范式→营销学范式的分化发展与综合趋势→……所谓经济的视角，就是从营销者或购买者的角度，强调的是实现营销目标的经济动机，大部分营销学早期文献竭力主张经济的观点，认为营销行动者受经济价值的驱使。从这一点出发，营销体系的目标是通过生产者、渠道成员满足消费者的需要，消费者则高效尽力地实现自身利益最大化。基于经济观点的营销理论着重研究经济变量，如生产和分销效率、投入和产出的价格、消费者收入水平。

而社会心理的视角基于对影响营销行动者的社会的和心理因素的分析，并认为经济分析并不足以解释生产者和消费者的行为。因此可见如下变化：（1）假定生产者为生存和长期稳定而努力，而不是为了短期利润最大化；（2）渠道结构是力量、冲突和渠道规范相互作用的结果，而不是经济效益推动力的结果；（3）消费者行为是复杂的心理动机和普遍的社会压力的结果，而不是简单地使用有限收入满足无限需要。

二 营销学前科学阶段的学说纷争

营销学从经济学中分离出来时，借用了许多经济学的观点和方法，它以规范的归纳研究为主要研究方法，形成了商品研究、职能研究、机构研究等学说，它们之间相互竞争，推动营销学范式的最终产生。

1. 商品研究主要分析产品的物理特征及其分类体系。营销学在1900年左右开始产生，在此萌芽阶段，一些早期学者逐步形成了商品研究的基础，其逻辑体系非常简单：既然营销学关注的是商品从生产者到消费者的运动，那么营销学就应该着重研究交易对象，即产品。由于营销学主要由农业经济学和农产品营销学发展而来，即使其研究对象是制造包装商品而不是农产品，这种观点也逐渐被认为是商品研究。

今天反思以产品为重点的研究，能够理解它如此吸引早期学者的原因，因为先进学科都基于广泛的分类体系，若将商品划分为几个合理的类别，那么营销学将在获得科学遗产方面迈出一大步。同时，他们认为，若能产生和进一步发展商品分类体系，那么许多商品彼此间非常接近，可以将它们集合为一个相似的类别，则可运用相同的营销程序和技巧，营销学者能够告诉实践者应该如何销售产品。

2. 职能研究分析营销交易所需的活动。商品研究基于产品或交换对象，选择研究分类体系，而职能研究则分析营销交易所需的活动，两个早期研究范式的立场形成鲜明的对照，商品研究基于营销的"什么"因素，而职能研究基于"如何"营销的因素。然而职能研究的主要问题是学者们不能就营销职能标准达成共识，因此，职能研究未能引起营销学术界的重视，但企业中营销部门正是按照职能范围和专长来组织的，大学营销系的学术课程也反映了职能研究的影响。

3. 机构研究主要分析营销过程中的组织。从农业区域移居城市的消费者抱怨中间商未能带来相应价值，反而增加了太多成本，因此几位营销学者决定评价从事运输和转移商品（从生产者到消费者）的组织及其职能与效率，确定它们对营销的贡献，从此机构研究开始着力研究渠道系统的结构及其演进。分析执行职能（使商品从生产者流向消费者）的组织，对营销学的发展也大有裨益。

4. 商圈研究学者视营销为一种经济活动，设计这种活动，可以跨越买卖之间的地理或空间距离。交易的商品和促进交易的活动都值得研究，但他们更加重视买卖之间实体分离的问题。

三　营销学范式的形成

从上述内容可以看出，商品研究、职能研究和机构研究分别对营销的对象（产品）、活动、主体和空间进行了研究，但到底营销学作为一门独立的学科，其出发点是什么？营销学研究对象是什么？应该采用何种研究方法？早期学者从各自的研究领域出发，归纳了各自主张，提出了相互竞争的理论，而没有做出全面的回答。直到第二次世界大战后，以营销者为出发点、以经济学研究方法为主的管理研究应运而生，它以营销实践为研究对象，并对商品研究、职能研究和机构研究进行了很好的归纳和总结，提出了营销观念、"营销近视症"、营销组合、产品生命周期、市场细分等概念，集规范的归纳研究大成。乔尔·迪安、约翰·霍华德、温德尔·史密斯、尼尔·鲍顿、威廉·拉泽、西奥多·莱维特、菲利普·科特勒等学者共同努力，形成了过程导向的营销学，构成了营销学的主导范式。

四　营销学范式变迁

从 20 世纪 60 年代开始，美国社会经济环境发生了一系列的显著变化，促使营销学范式由营销者主导向消费者和社会主导方向发展，同时，营销学的研究方法也由过去规范的归纳研究向实证研究发展，最终形成了新的营销学范式。

随着美国政治、经济和社会结构的转变，美国人的价值观和意识形态也发生了变化，同时各种社会问题日渐突出，民权运动、妇女解放运动、环境保护运动、反文化运动、消费者权益保护运动等社会运动风起云涌，促使人们反思进而批判现成的价值观、文化、生产方式和生活方式。在这个批判和反省的年代，工商业受到集中的批判，营销和广告被认为给贪婪的物质主义添砖加瓦，并欺骗和剥削了公众，许多人认为工商业是越南战争的共谋，营销学科经历了一场身份危机。营销学的主要学者指出了营销学遭遇深刻的变化，并在深刻反省营销学理论和营销实践后，主张重点研究营销中消费者和社会因素（如效率、消费者安全、社会公正和环境等），分析对营销产生的社会、行为或心理影响及社会经济环境对营销产生的影响，即由营销者主导向消费者和社会主导方向发展。

与此同时，经验统计分析方法和其他自然科学研究原理被引入营销学研究之后，使得营销学研究变得日益精密而复杂化，传统的三段式（命题＋论证＝结论）研究因其过于简单已在研究中渐渐难以奏效，规范研究失去了向心力，实证研究逐渐取得了研究的领导地位，实证研究模式是：（1）观察与分析；（2）定性与定量描述；（3）概括；（4）分析（运用数理方法和演绎法）；（5）解释和建立模型（运用一系列假设、原则，把会计理论术语和实际中的概念结合起来，加以具体化）；（6）验证与修正（实证方法、逻辑检验）。

经过一番激烈的争论，许多学者们为适应社会经济环境变化的需要，重点研究营销中消费者和社会因素，分析对营销产生的社会、行为或心理影响及社会经济环境对营销产生的影响。所有这些研究代表了研究导向和方法的显著转变，构成了营销学范式的变迁，也导致了营销学理论在发展延续性方面的中断。

在新的营销学范式研究中仍然存在学说争论，具体表现为从不同的视角研究营销问题：

1. 购买者行为研究主要分析市场中的消费者。除人口统计信息所反映的情况（如有多少消费者、消费者是谁），购买者行为研究试图论述消费者市场行为的原因。而前述研究范式基本上全部研究生产者或销售者，因而它们形成鲜明的对照。购买者行为研究中主要学者认为，将购买者作为一个努力分配有限收入满足其无限需要的经济人，是不能令人满意的，并建议营销学者分析消费者的行为，努力探究决定消费者行为更复杂、更现实的原因。因此，这些学者开始从心理学、社会学等其他学科中借用概念，并在营销学中加以应用。令人遗憾的是，当其他研究对营销学产生极大兴趣之际，购买者行为研究开始与营销学失去了联系。

在购买者行为研究中，学者们开始运用行为科学的实证方法论，如观测小组会谈、实验检验，也开始应用与生理心理学相关的实验方法（包括感觉刺激、物质现实知觉过程），导致了瞳孔扩张、皮肤电流压力和其他测量消费者生理反应方法的应用。

2. 宏观营销研究分析营销活动和机构对整个社会产生的作用和影响及社会对营销活动和机构产生的作用和影响。从 20 世纪 60 年代开始，公共意见开始怀疑企业意图和活动，价格锁定、工业—军事综合体和垄断权力等短语在 20 世纪 60 年代引起了越来越多的注意。在"撒理豆迈"① 事件和有缺点汽车事件之后，宏观营销的出现是人们对商业活动在社会中的作用越发感兴趣的直接结果。

同时，宏观营销研究开始分析和理解社会需要和忧虑对营销产生的影响。以罗伯特·霍洛韦和乔治·菲斯克为代表的一些学者认为应更加重视环境和社会因素，强调对营销实践活动产生重大影响的不可控环境因素研究，是该研究最有价值的贡献。营销学者们不得不承认，营销活动不是在真空状态中进行的，而是要受到外部影响的。宏观营销研究的独到之处在于严肃科学地尝试理解营销在社会中的作用，并提供了一个理论框架，用以解释普通民众的消极认识。

3. 社会营销研究代表了与消费者福利和消费者满意有关问题的经验研究和理论思想。更明确地，它从个别消费者和特定产业或公司角度出发，而不是从营销者的角度出发，着重研究买卖之间的权利不平衡和个别企业在市场上的不法营销行为。现在已有一大批有关产品安全、消

---

① 撒理豆迈是一种镇静剂，某些妇女服用此药会生产畸形婴儿，特别是四肢发育不全。

费者满意/不满意、弱势消费者、产品处理对环境影响和区域社会责任等一系列的研究成果。

五　营销学范式的分化和综合趋势

20世纪80年代后期，有学者认为商品研究、职能研究、机构研究和管理研究形成的知识是有价值的遗产，也是内容丰富的思想资源，而营销思想中的这种不连续性导致了这些遗产和资源的丧失。也有学者坚持认为，购买者行为研究正在回归营销学。笔者认为，当前的营销学研究是两个方面的趋势并存，即分化和综合并存。所谓分化，就是沿着各自的研究方向不断继续发展，而综合则是以一定的观念、规则和方法论为指导，构建综合的、一般的营销学理论，形成一个综合的营销学范式。

20世纪90年代以来，对绿色营销、营销伦理等问题的研究方兴未艾，它反映了社会对环境和营销道德的关注，实际上是宏观营销研究和社会营销的继续。服务营销研究所运用的理论和方法，与商品研究的近似。关系营销、网络营销研究等正是目前最热门的课题，实际上是组织动态研究的进一步发展。整合营销传播、战略营销、定制营销、4C营销组合研究等都是管理研究的进一步发展。由于社会经济环境和企业竞争的变化，对上述问题的研究将沿着各自的发展方向继续深化。

但是，20世纪80年代有许多学者试图用系统哲学的观点和方法，综合营销学的研究，形成综合的营销学范式。系统哲学最显著的观点是：总体大于部分之和，如果不能保存理论研究的整体性，我们将失去重要的思想。与心理学和经济学不同，系统哲学在社会学和生态学中盛行，因而学者们从社会系统和生态系统观点中借用了许多理论，将交换作为营销理论和营销学范式的中心，使之成为与其他理论相联系的中枢，交换概念有望为这一学科提供一个清晰而紧凑的结构，但尚未实现。也许由于营销学向系统观点发展得太快，所以它对系统的理解比较松散和肤浅。

杰格迪什·N.谢斯、戴维·M.加德纳和丹尼斯·E.加勒特（1988）认为，营销学没有一个统一的营销理论，有的只是理论集合，每个理论都从一个独特的视角审视营销，因而也就没有统一的营销学范式。商品研究的科普兰分类体系、机构研究的"零售之轮"、管理研究中的4P$_s$理论、购买者行为研究中的可察觉风险等，在各自领域中的地位似乎不可动摇。笔者认为，即便如此，我们也能够依稀可见学者们为综合的营销学理论而付出的努力。例如，霍华德（1983）的企业营销理论在此方面大有可为，它将管理研究和购买者研究行为融为一体，基于产品生命周期的概念，因而是动态的，既融合了规范性方面，也融合了外部因素；既融合了营销的内生因素，也融合了企业组织之外的变量。

能否实现营销学的一般理论和综合的营销学范式？笔者的答案是肯定的。我们相信以下几个方面将有助于发展营销学的一般理论和综合的营销学范式：

1. 来自各种背景的学者构成营销学研究共同体，以系统哲学为指导，以经济学、社会学和心理学等相关学科为基础，在借鉴的基础上创新，运用经济学的、社会学的和心理学的分析方法，规范和实证相结合，定量与定性相统一，形成营销学范式的特定的思想和内容。

2. 营销学研究的是市场行为，而不只是营销者行为或者购买者行为；市场行为的基本分析单位是市场交易，是顾客与供应商之间相互作用的详细说明书。

3. 必须聚焦营销的动态性。通过理解和解释两个或两个以上主体之间市场交易发生的重复性，将营销的重点从营销等价与销售，转向关系营销的概念。

4. 必须包括对市场行为的约束因素。这些约束因素可能为购买者、供应商所有，也可能为环境因素和外部机构，如政府和其他社会利益相关者所有。

5. 营销的存在理由在于创造和分配价值。营销过程的目的是最终在两个或两个以上的主体之间创造"非零和"或双赢。

笔者认为，系统哲学和管理研究可以作为一般营销学理论研究和营销学范式的基石。因为这两种研究采用综合的观点，营销学确实应该包括环境、所有相关的行动者和非传统的要素，而且这两种观点能够融合前面所概括的关键性组成要素。

第三章

营销学前科学时期的理论研究

营销学理论是以往历史力量的产物，它的发展受到不同时期占主流地位的文化、经济、社会和政治价值体系的影响。20 世纪初美国由农业社会迅速向工业社会转变，美国已进入了一个新的时代。面对工业社会的新形势，生产者渴求新的理论解释生产领域出现的新情况，以便指导其经济实践；消费者需要理论解释误解、疑惑和不信任；分销系统需要新的价值创造理论、价格理论和管理理论及技术用以解释和指导分销实践。简言之，市场运行过程中产生的大量新问题促成营销思想的出现，决定营销学的产生。

第一节　美国社会的价值观

美国社会主流价值观是美国经济发展的重要促进因素，正如柯立芝总统说："美国人的事就是生意（The Business of American is Business）。"

价值观是社会生活的内在规范，亦即人们的是非标准和行为准则。它较为集中地透视出一个民族或一个社会的内在个性和整体文化风貌。要科学地认识一个国家或民族，就必须全面把握从政治、经济、思想文化诸方面所折射出的社会核心共识。

一　富兰克林和美国价值观的确立

钱德勒（1996）在《管理学历史与现状》一书中概括了本杰明·

富兰克林的生平和对美利坚合众国的精神贡献。富兰克林的事迹已在世界广为人知，他从一个身无分文的流浪汉起家，逝世时财产价值25万英镑。虽然只接受了两年的正规教育，他却获得了哈佛大学、耶鲁大学和牛津大学的荣誉学位，并是宾夕法尼亚大学的创立者。乔治·华盛顿和歌德的生活都受他的影响，他是当时及以后的美国人奋斗的偶像。无数的企业家都深受富兰克林的鼓舞。托马斯·梅隆就堪称典范，他是美国大繁荣的缔造者之一。他写道："阅读富兰克林的《自传》是我生命的转折点。"

马克斯·韦伯认为富兰克林正是前一个时代横扫西方的"资本主义精神"的化身。他写道：

> 这种贪婪哲学的特征好像是……一个人的首要任务就是使他的资本增值，它本身就是目的。这里所讲的不只是在这个世界上谋生的手段，更是一种特殊精神。违反这些规则不仅被认为是愚蠢的，而且是不负责任的。这就是问题的实质所在。它不只是经营秘诀，而是普遍适用的，社会风气如此。正是这一点吸引了我们。……而富兰克林所说的从伦理上来讲，是最大限度地使人生绚丽多彩。从这个特殊意义上来说，这里所说的资本主义精神的概念正是现代资本主义精神。

> 我们在这里用"资本主义精神"这个词所代表的意义，面对整个世界的反对力量，还必须披荆斩棘，以取得至高无上的权威。前面我们从富兰克林的话中引用的几段所表达的思想，受到民众的广泛欢迎。而如果在古代或中世纪，一定会被当作贪婪和不自尊而严加防范。实际上，在所有接触过或适应现代资本主义的人看来，它是非常好的。①

下文是取自富兰克林《自传》的著名篇章：

---

① Max Weber, *The Protestant and Spririt of Captialism*, New York：Scribner's, 1958, pp. 48 – 57.

　　我列出了那时笔者认为必需的或自己喜欢的 13 种品德，每个品德都有一个很短的描述，它们充分表达了我要表达的意思。这些品德及其描述如下：1. 节欲——食而不过，饮而不醉；2. 沉默——言必有益，杜绝闲聊；3. 条理——物归其位，事行其时；4. 决心——决意做应做之事，成功做决意之事；5. 节俭——花钱有益，绝不浪费；6. 勤奋——绝不浪费时间，总做有用之事，杜绝不必之行；7. 真诚——绝不恶意欺骗，公正无偏地思考，实事求是地讲话；8. 公正——绝不损害和拒绝应得之利益；9. 中庸——绝不走极端，克制自己的仇恨，即使对你的伤害值得你这样做；10. 清白——绝不容忍身体、衣服或习惯上的任何不洁；11. 稳重——不受琐事之扰，不惊突发之事；12. 贞操——除非为了健康和生育，不要性交，绝不因此而伤及自己或别人的安宁和声誉；13. 谦逊——仿效耶稣和苏格拉底。①

富兰克林被认为是美国的六个"缔造者"之一，笔者认为，不仅因为他是伟大的政治家、外交家和科学家，更为重要的是，他以其生活和著作缔造了美国的价值观，鼓舞了一代又一代的美国人民和企业家为富国强民而奋斗。

二　美国社会价值观的核心内容

　　一般而言，美国的价值观因其移民社会特性而表现得庞杂多样。然而，从影响的普遍性角度看，美国社会主流价值观至少包括个人主义、平等自由、节俭勤奋、乐观进取、自由竞争、容忍异己、尊重隐私权等方面，其中前四个方面是核心，因为它们最集中地诠释了美国生活方式的内核。②

　　个人主义一词是法国政治学家托克维尔在 19 世纪 30 年代谈到美国

---

① Benjamin Frankin, *The Autobiography of Benjamin Frankin*, NewYork：Collier, 1976, pp. 87 - 92.

② 吕广庆：《略论美国价值观及其变迁》，《江南学院学报》2000 年第 1 期。

民主时采用的字眼。他认为美国个人主义在不同历史时期，有不同的含义。如殖民地时代，强调反抗束缚、控制和压迫，追求个人自由；独立战争时期则倾向于"个人的自由平等和尊严"；西部开发时代，"按照自己的意愿生活的充分的自由和独立性"或如爱默生的"相信自己，依靠自己"以及索罗的"个人有权自己作决定"成为时代精神；19世纪末20世纪初的工业化和都市化时期，"自由竞争"和"政府不应干涉社会和经济生活"，以及20世纪二三十年代的胡佛和罗斯福的个人主义的"个人主义就是机会均等"，大力弘扬平等思想。尽管个人主义的概念和含义随着生活的发展而变化，但其核心内容始终如一：每个人都有权利和自由选择自己生活的道路，别人不能干涉和控制，个人的尊严和价值应受到他人的尊重。

平等自由是美国人夸耀于世界的民族特点。美国与欧洲和东方社会不一样，其平等观的含义不是指人们在财富、地位、待遇等处境方面的平等，而是指的是机会平等。同样，自由的概念也不同于欧洲，欧洲人把自由理解为愿意做什么就做什么，束缚就是不自由。美国则在强调人的自由权利的同时，反对无法无天的自由，主张在法律约束下的自由，即自由不等于无政府。19世纪上半叶，美国政治思想家卡尔·霍恩认为，平等不是绝对平均（leveling），平等意味着走在前面的人和落后的人之间存在一种保持领先和后进追赶先进的强烈愿望，从而极大地推动社会进步。"绝对平均"则意味着"强迫先进的退到后进的行列，或用政府干预的手段把后进的推到先进的行列，都会毁掉进步的动力，最终使进步的行列停滞不前"。至于《独立宣言》中的"人人生而平等"的名言，仅是指政治权利方面的平等。美国的自由就是：尊重他人权利，维护社会稳定。正如20世纪初美国最高法院法官霍姆斯所言，（言论自由）不能为在剧院里乱喊"着火了"，结果为造成一片混乱的人开脱责任。因此，服从法律是自由的前提。

作为美国新教传统中崇尚劳动的道德观，节俭勤奋是推动美国社会发展的巨大动力之一。韦伯在《新教伦理与资本主义精神》一书中，对此做了深刻的论述，认为崇尚节俭和勤奋的劳动观，大大激发了人们无止境地创造财富的"获取之欲望"，成为资本主义经济成长的精神刺激。节俭勤奋极大地影响着美国人的生活态度，林肯总统是美式英雄的典范，历史学家理查德·霍夫斯塔特称他是美国自立精神的卓越代表。而霍雷肖·阿尔杰的小说之所以在美国家喻户晓，就在于它生动地讲述了许多令一代美国人激动的白手起家英雄的"成功故事"，其主题思想总是相同的：一个出身贫寒卑微的男孩依靠诚实、勤劳和简朴，走上了富裕之路，赢得社会的尊重。

所谓乐观进取指的是人们对改善生活状况和未来前途满怀希望、信心十足和永不满足现状、不断探索奋勇开拓前进的人生态度。乐观自信是进取精神的河床，而进取一词在美国人心目中具有冒险和雄心的含义。所以，美国人可能是世界上最敢于、乐于冒风险和尝试新事物的民族。从历史和现实看，乐观和进取精神使美国人超越了阿巴拉契亚山，跨越了密西西比河，翻过了落基山，进抵了太平洋东海岸，跳上了工业化和城市化快车，第一个登上了月球，把边疆推向无垠的太空。正是乐观进取使永不知足的美国人将不断流动视为生活常态，从动中寻找机会和希望。动意味着无限的可能性。在美国经济史中，三分把握、七分冒险是带有普遍意义的企业经验，现在加州的硅谷、波士顿128号公路和北卡罗来纳三角园区的高科技产业，几乎都是风险资本奠定的基础。

第二节　营销学前科学时期的经济社会背景

1800年美国90%的人口以农业为主，到1900年则为33%，1929年为20%。从农业国向工业国的这一转变使美国在产品、服务业、国民收入和人民生活水平方面都处于世界领先地位，美国已进入了一个新的时代。这个新时代的经济、社会和政治力量相互影响并不断变化，决定了营销学的产生、方向和它的发展。

一　1900—1929年美国的发展与繁荣

19世纪末20世纪初，美国开始从自由资本主义向垄断资本主义过渡，社会经济环境发生了深刻变化。标准化、专业化程度日益提高，工农业生产飞速发展，人口急剧增长，个人收入上升，市场日益扩大，人们对市场的态度开始发生变化，这些因素促进了营销学的产生。

（一）农业经济的工业化、持续繁荣与停滞

19世纪末，棉花、玉米、小麦、畜牧产品、蔬果等主要农产品实现了区域专业化生产，随着标准产品、零部件和机械工具的发展，由于食品储存手段的现代化及电灯、自动织机的应用等因素，美国农业经济迅速向工业化转变，出现空前繁荣，并持续20年之久。与其他经济领域的价格和收入相比较，市场上的贸易条件对农业有利。农业总产值从1899年的30亿美元上升到1909年的50亿美元和1924年的60亿美元[①]，这是美国农业的"黄金时代"。

由于边疆的消失、土地供给的减少以及农产品市场的兴旺，美国农场的土地价格猛涨，从1910年的28.4亿美元增加到1920年的57亿美元以上，农场主为扩大再生产而获得的土地抵押贷款大量增加。但20世纪20年代市场发生波动时，高额的抵押贷款和盲目的扩大生产遭遇了很大的困难，甚至出现灾难性后果，因为战时和战后初期的需求导致农业生产过度，超出了实际的需求，同时美国对欧洲的农产品出口遇到澳大利亚和阿根廷等国的竞争，1922年农产品价格几乎降到战前的水平。在农产品价格下跌时，农民为保持总收入，往往增加产量，因而加重供过于求的状况，价格一跌再跌。农业不景气导致农场的贬值，农民的多年投资也随之贬值，这对农民来说是致命的打击，从此美国农业再也没有恢复。

（二）从作坊到工厂——制造业迅速发展

20世纪初，美国作坊式生产日益向工厂生产转化，大量的资本被投入扩大再生产，政府通过免费提供工厂场地、税收优惠等各种方式刺激工业生产。大规模生产带来日益增多的商品，生产者不再只是为当地市场提供产品，而是为全国市场甚至外国市场服务。1897—1929年，美国的制造业取得了惊人的发展。其中1897—1920年制造业的从业人

---

① 沙伊贝、瓦特、福克纳：《近百年美国经济史》，彭松建等译，中国社会科学出版社1983年版，第279页。

数几乎增加 1 倍，实际产出则翻了一番多。以名义货币价值计算，产值几乎增加 600%，工资增加 500%。工业增长速度两倍于人口增长速度，人均社会财富因此增加。制造业的生产指数从 1921 年的 100 增加到 1929 年的 188，人均国民产值从 1921 年的 375 美元（以 1913 年的美元币值）增加到 1929 年的 500 美元，美国劳动力每小时的产值增加了 28%。1919—1929 年间，全社会劳动生产率以年均 2% 的速度提高，而在制造业，则达到 5.6% 的惊人增长速度。

1897—1929 年美国经济发展的原因有以下四个方面：科学发明技术进步迅速地应用于生产，以化工业最为突出；移民的大量涌入和人口的自然增长扩大了劳动力大军，人口增长和收入的提高使需求迅速增加；生产过程中电力的普遍使用；装配线和批量生产技术得到广泛应用；泰罗的科学管理方法的普遍推广，使许多生产者无须扩大生产规模就可提高产出。此外，新兴工业对整个经济起到了巨大的带动作用，其中最重要的是汽车工业的兴起。①

电力的广泛应用使得几乎所有工业部门的技术都继续得到改进。装配线生产是 20 世纪前 20 年一项最著名的技术发明。20 世纪初高转速电机的问世，大大提高了机械制造业产品的精确度，标准化生产的水平大为提高。泰罗科学管理法全面分解了工人工作的各种流程，从而促进了装配线生产技术的改进和完善。电动工具的可移动性使装配线的每一部分都可以有独立操作的工具。1913 年亨利·福特进一步把静止的装配线变为流动的装配线，不再需要用人力将产品运至下一道工序，而直接按标准由电动传输带速度运送，生产效率因此提高，成本下降。

汽车业在经济繁荣中起着举足轻重的作用。1919 年美国拥有 600 万辆各类汽车，1920 年，26% 的美国家庭拥有汽车。10 年后，这个数字上升到 60%。1921 年，美国制造了 150 万辆载人客车，而登记在册的汽车已达 1050 万辆，1929 年分别上升到 450 万辆和 2670 万辆，其中 2300 万辆为小轿车，平均每 5 人一部汽车。1929 年世界使用的汽车 81% 是美国货。当时汽车工业的产值已占到整个美国制造业产值的

---

① 钱德勒、小艾尔弗雷德：《看得见的手——美国企业的管理革命》，重武译，商务印书馆 1997 年版。

13%，工人占整个制造业工人的 7%。汽车工业直接或间接地为 500 万人提供了就业机会，带动下游工业和上游工业的同步发展。私人汽车改变了很多人的生活方式，越来越多的家庭从市区搬到了郊外，创建一种新的社区生活。

　　没有广泛的市场需求，大规模生产不可能持久。这一时期，美国的城市化方兴未艾，人口的集中和收入的增加使社会的购买力旺盛，消费者愿意使用标准化的廉价产品，市场为从事大规模生产的制造业提供了繁荣发展的坚实基础。

（三）市场规模迅速扩大

　　交通运输、通信技术的迅速发展和人口的持续增长，促进了美国国内市场规模的扩大。

　　1. 铁路运输。1910 年全美国一级铁路里程约为 240000 公里。铁路加速社会人口和货物的流动，推动城市化进程，出现许多因铁路建设而兴起的铁路城市。19 世纪 90 年代初电车代替马拉街车，速度也大为提高，此后有轨电车和轻轨铁路在主要城市中迅速发展，并通向郊区，大大缩短城市与郊区的距离，方便了人们的工作和生活。

　　2. 汽车运输。汽车扩展了人们生活的空间距离，加快人口向郊区移动，打破乡村的封闭和隔离。特别是在 20 世纪 20 年代后，它刺激了其他工业（尤其是石油工业）的发展。它还创造了美国特有的汽车文化，使美国人成为一个生活在汽车轮子上的民族。

　　3. 水上运输。远距离、大吨位的大湖区的水上运输在价格上比铁路更有优势。1900 年时，从芝加哥到纽约的每蒲式耳的水上运费仅及铁路的一半。与大湖区水路不相连的运河和内河运输由于铁路的竞争而衰落，19 世纪最重要的伊利运河的运输吨位从 1880 年的 460 万吨减少到 1906 年的 240 万吨。

　　4. 通讯革命。通讯革命随着运输革命而来。19 世纪 50 年代广泛使用电报技术，此后发展日新月异，铁路和电报几乎一起横跨美国大陆。19 世纪 70 年代美国开始采用电话，电话加上电报通讯，直接适于普通家庭使用，1892 年美国全国的电话网已经从大西洋沿岸延伸到芝加哥，到 1916 年，贝尔系统所经营的电话线达 200 亿英里，每千人电话机从

1900 年的 18 台，增加到 1915 年的 104 台，贝尔的发明创造已经消灭了时间和空间的"距离"。

5. 人口规模与城市化。1800 年美国人口为 5308483 人，1900 年增长到 76212168 人。19 世纪末的人口是 19 世纪初的 14.36 倍。19 世纪美国人口的急速增长，不仅给美国提供大批工人，而且给这个国家提供广大的市场。市场对商品的需求，鼓励了资本投资，降低了生产和分配的费用。人口的增加与丰富的资源，使美国经济得到惊人的发展，顺利完成工业化。同时工业化、移民浪潮和通讯革命加快美国城市化进程，1870 年有 990 万人口居住在 663 个城市，城市人口占总人口的比重为 25%，1920 年有 5020 万人居住在 2722 个城市，城市人口占总人口比重为 50.9%。城市的大规模兴起，造成广泛的就业机会，吸引大批移民和农村人口向城市流动。据统计，1910 年全国 4200 万城市居民中约有 1100 万是 1880 年后由农村流入城市的。1860 年到 1890 年城市所增加的人口中，有 54% 以上是外来移民。东北部和中西部城市，由于就业机会多、容纳力强，外来移民占城市人口总数的 70% 以上，纽约市 5 个居民中有 4 个是外来移民或其后裔。到 20 世纪 20 年代末 30 年代初，人口在 10 万以上的城市已达 93 个，其中 100 万以上的特大城市已有 5 个，50 万—100 万有 8 个，25 万—50 万有 24 个。

6. 市场规模。20 世纪初，美国国内市场扩大到了历史上前所未有的程度。按人均收入计算，1859 年市场规模为 134 美元，1899 年为 185 美元，而到 1914 年则为 285 美元。外延性市场扩大意味着买卖双方不再像过去那样相互了解、彼此熟悉，扩大的市场给大规模生产带来机会，同时也引进新的竞争因素，信息、促销等变得越来越重要。

（四）分销系统发生深刻变化

1. 概况。由于铁路、通讯等基础设施在全国范围内基本形成，推动了美国国内统一市场的最终形成，国内商业比以往任何时候都更为活跃。据统计，1860 年美国国内商业总额为 36 亿美元左右，1900 年增至 200 亿美元。克莱夫·戴在其所著《美国商业史》一书中，对此估计更高，他认为"19 世纪末和 20 世纪初，美国的国内贸易大约等于对外贸易的 20 倍，它超过了世界各国对外贸易的总和"。1870 年，美国从事商业的职工约有 78.5 万人，占全国劳动力的 6%；1910 年，增至 340 万人，约占总劳动力的 9.3%。1919 年在商业部门就业的人数有 500 万人以上。1870—1910 年，服务行业就业的人数上升 337%，而整个就业的全部劳动力只上升 205%。①

分销系统还出现了许多新事物，如百货公司、联号商店、邮购商店、商标和大规模的广告等。随着经营规模的扩大和贩卖方法的改进，批发商的作用有下降的趋势。1929 年进行的一次市场调查表明，美国制造业生产的产品只有 1/3 通过独立经营的批发商销售，而其余 2/3 通过制造企业自己的商业组织直接出售给消费者或销售给独立经营的零售商店。

2. 价格。随着流通领域中人力和物力使用的增加，批发商和零售商也提高了商品价格。1869 年零售价格中流通费用所占的比重为 8.3%，1909 年上升为 37%。流通费用增加的主要原因不在于中间人或零售商的利润过高，而在于公众所需服务的增加，随着市场的扩大，运输费用随之增加，对商品进行预先包装和更多加工的趋向，也是流通费用增加的原因。

3. 贸易格局。由北向南（沿着密西西比河）和由东向西（西进拓殖）的贸易路线，曾经起到非常重要的作用，但随着完整的铁路网的发展，货物几乎转向任何方向运输，价值规律支配货流方向，哪里价廉物美，它就自然地成为发货的经济中心。例如，明尼阿波利斯崛起而成为全世界面粉业的最大中心，芝加哥、堪萨斯城、达拉斯等城市，因地理位置优越和铁路网四通八达而成为广大内陆地区的批发贸易中心。

4. 零售。大规模的零售贸易已逐步成为美国国民经济的一大因素。1900 年百货商店已盛行，邮购商店也开始建立并逐渐发展壮大。连锁商店扩展得更快，连锁商店的销售额迅速增加，萨费韦联号商店在 1922—1927 年，销售额从 1200 万美元增为 7600 万美元。零售服务开始发生变化，出现了由工厂预先包装好随时可出售的商品，如咖啡、麦片、淀粉、香料、食糖等。也正是在这一时期，出现开架出售、顾客自选的商店，顾客可现购自运，不必送货上门取款。服务方式和内容的改

① 林祖光主编：《国外商业》，中国财政经济出版社 1989 年版。

变，使零售价格的降低成为可能。

5. 销售体制。在销售体制方面也有更彻底的革新，以罗伦德·梅西（纽约）、约翰·沃纳梅克（费城）、马歇尔·菲尔德（芝加哥）为代表的著名零售商开始逐渐按照欧洲百货商店的经营方法经营百货商店，最显著的两项革新是采用明码标价的"一价制"和商品可以退换的"商品保证制"，顾客向该店购买的货物，不满意的可向任一连锁商店退换，这些革新获得了很大成就。

6. 商业信用。旨在节约流通费用、降低零售价格而改进销售服务方式的趋势，促使商业信用结构的变化。过去购买耐用品采用赊销方式，信用期限 2—3 年，赊销利息计入售价，现金购买可折扣优待。这样的赊销方式逐步让位于分期付款的赊销方式，即由零售商给予的信用向银行和金融公司转移。第一次世界大战前，只有可以使用一辈子的东西，如房屋，才用分期付款方式来购买；第一次世界大战后，什么东西都可按月付款，家具、汽车、收音机、电冰箱、洗衣机、钢琴、电唱机以至镶有传统小钻石的订婚戒指都可按照分期付款方式购买。据估计，20 世纪 20 年代末，分期付款的销售额约占全国零售销售总额的 15%。据《分期付款售货经济学》作者塞利格里所作的保守估计，1925 年以分期付款方式零售的商品总额为 49 亿美元。

7. 销售条件。一系列技术进步使销售条件明显改善，商品的运输、装卸、储藏、加工或推销变得更加方便。对销售过程革新产生较大影响的有：现金收入记录机、打字机、计算机、新颖的商品陈列法等，最重要的发明是冷藏设备，使商店销售易腐商品不再受季节限制，也使家庭主妇能储存易腐食品很久，到 1914 年，城市居民家庭近半数备有电冰箱。

8. 商标和广告。销售方面另一个深刻的变化是越来越强调商标，并广泛利用工厂的包装大力宣传其商标。19 世纪中叶，许多食品加工商和消费品制造商开始为其商品注册商标并做广告，20 世纪初用商标手段做广告和销售已经遍布整个零售商业。美国工商界支付的广告费用总额：1865 年大约 8 万美元，1904 年已超过 8 亿美元，1920 年，由于一些专门机构的发展，全部广告费用已增至大约 30 亿美元。

总之，1900—1929 年间，美国全国统一市场已经形成，为满足大规模生产和消费的需要，出现了大规模分销的多种形式，并不断创新，降低流通费用。广告业随着商标制的推广而得到发展，它的发展很好地配合与满足了生产、流通与消费的需要。

（五）社会、政治与价值观的变化

经济繁荣促进社会观念和人们价值观的变化和政治的相对稳定。商人成了社会的中心人物。人们把大商店看成是教堂，店员是牧师，而顾客的光临是一种礼拜形式。已婚妇女参加工作在20世纪20年代成为一种时尚，妇女晚婚、少生孩子、吸烟饮酒、短裙短发，经常参加男友社交场合，公开谈论性问题，并且比较愿意摆脱婚姻的束缚。这反映了人们社会价值观的变化。柯立芝政府执政时期大搞所谓"福利资本主义"，竭力通过娱乐活动、股票分配、集体健康与人寿保险计划等拉拢工人，缓和社会阶级矛盾，20世纪20年代是美国工人运动处于特别低潮时期，美国社会处于相对稳定时期。

二 20世纪30年代的大萧条及"罗斯福新政"

1. 大萧条。由于20世纪20年代的经济繁荣，纽约股市的股价节节攀升。然而1929年10月29日股票市场崩溃，50种主要股票价格下泻40%，冲垮了美国的金融机构，席卷各个经济部门，使整个经济濒临崩溃，衰退一直持续到20世纪30年代初。最早受冲击的是美国金融业，破产的银行从1929年的659家增至1930年的1352家，1933年破产加上停业整顿和改组的银行高达4004家，占银行总数的28.2%。同时工业企业开工率迅速下降，制造业开工率由1929年的约80%降到1932年的42%，处于慢性危机状态下的农业，一方面农业产量继续增加，另一方面销售条件急剧恶化，以致1929—1932年间农产品价格（批发价格）下跌54%。危机导致美国劳动者大量失业，生活极端困苦。仅登记在案的全国失业人数便从1929年的年平均155万人增至1933年的1283万人，失业率由3.2%上升到24.9%。危机和失业使工人的总收入在1929年至1933年间下降43%，到1932年，工人农民罢工罢市，抗议示威、骚乱暴动此起彼伏。1933年时至少还有25%的劳动力处于部分就业的状况。美国国民生产总值从 1929 年的 1031 亿美元下跌到 1933 年的 556 亿美元。即使剔除价格变化因素，美国实际产出也下降了 25%，直到 1937 年美国经济才恢复到 1929 年的水平。①

2. 凯恩斯理论对大萧条的解释。经济学家至今对大萧条的原因没有达成一致，但凯恩斯的理论得到较多的注意。在他看来，市场经济中最重要的因素是开支，开支分成消费开支和企业投资，消费开支一般比较稳定，企业的投资却不同，公司是否建立新工厂或更新设备，并不完全取决于当前收入，而是考虑未来的收入前景。如果企业对未来的预期良好，即使当前收入不高，它也可能投资扩大再生产。同样，即使目前的销售良好，但是如果预计未来情况不妙，它就可能减少投资。

凯恩斯认为，如果某一国民经济的开支不足以维持较高的就业或收入水平，就会导致萧条。20 世纪 30 年代的统计数据印证了这一理论，股灾导致企业界对未来失去信心，减少甚至是停止扩大生产的投资。在凯恩斯看来，当经济陷入低谷时，储蓄和投资一起减少，只要投资者对未来没有信心，即便利率降低，并存在大量的失业工人和开工不足的企业及设备，他们也不会进行投资，经济发展缺乏内在动力。因此凯恩斯理论的政策主张是，要摆脱危机、克服萧条，必须要靠外来的力量——政府干预，只有通过政府扩大开支，才能重新启动市场，挽救整个经济。1933 年富兰克林·罗斯福继任总统后实行"新政"改革，标志着国家干预的开始。

3. 罗斯福"新政"。1932 年罗斯福参加总统竞选时提出"新政"这一口号，一开始它并不具有很明确的内容，从它的实施情况来看，直接目的是救济、恢复和改革，救济和恢复是通过国家干预经济结束混乱状态，使美国从危机中摆脱出来。在取得某种初步成效后，罗斯福政府逐步"改革"金融制度、税收政策、农业政策、工业政策和劳工政策，全面干预经济，协调经济发展。所以，"新政"的实质就在于相当程度上摆脱了传统的"自由放任"政策，而实行国家直接干预经济。美国历史上，"新政"分为两个阶段，或称为两次"新政"：第一阶段是从 1933 年至 1934 年，第二阶段是从 1935 年至 1936 年。前者重点在于眼

① 冈德森：《美国经济史新编》，杨宇光等译，商务印书馆 1994 年版，第 629 页。

前问题，即解决燃眉之急，结束混乱状态，稳定人心；后者巩固和发展已取得的成就，并纠正最初的部分难以执行的做法。

"新政"首先从整顿银行金融业开始。罗斯福在就职后第三天，宣布所有银行停业整顿，几天后，又颁布《紧急银行法》（1933）。在一周半时间内，经过美国财政部的审查，分期、分批地使各银行重新开业，并责令联邦储备银行和复兴金融公司予以支持和帮助。另外还以《紧急银行法》为基础，制定《1935年银行法》，大大加强联邦储备体系的管理委员会。同时，还通过其他立法，规定证券交易委员会全权管理和监督全国的证券交易活动。

在金融领域取得的成就为罗斯福政府在其他领域推行"新政"创造了条件。农业中的"新政"主要是通过国家干预减少生产过剩，并增加农民收入。"新政"在工业中的主要措施是依靠工业内部力量，即依靠加强垄断，实行企业"合作"，以避免因危机加剧的竞争使经济的恶化更为严重。与此相联系的是加强劳资关系的调节，以稳定局面，为工业以至整个经济的复兴创造条件。政府在解决工人问题上，通过了为工人规定最低工资和最高工时的立法，并为工会实行集体合同提供了法律保证，对失业工人则通过开办公共工程和发放补贴的办法实行救济。"新政"在危机后期建立全国性社会保险制度，1935年，美国国会通过第一个《社会保险法》，到1939年，全国性的失业保险、养老金和对儿童、妇女、病残者的救济制度已初步形成。[1] 1937年初，美国推行的主要措施取得明显成效，工业生产从1933年后期回升，到1937年恢复到危机前的最高点。尽管它并未使美国摆脱1937—1938年新的经济危机，但这并不能否定"新政"对美国以及世界经济的重要意义。

三 从自由主义向国家干预——美国经济政策的转变

1929年大危机之前，在经济政策上占支配地位的是经济自由主义，它认为经济发展可以自行调节，这种自行调节，在商品的生产和销售、

---

[1] 冈德森：《美国经济史新编》，杨宇光等译，商务印书馆1994年版，第641页。

供给与需求之间便会形成某种均衡，从而使其保持长期运转。自由放任的社会经济政策适应了内战后美国社会、经济和价值观念发展的客观要求，促进了美国经济的迅速发展（详见本章第一节的分析）。然而，20世纪30年代的大萧条表明，经济内在机制已无法独立地"自行调节"以维持经济的运转，需诉诸经济外的力量，乞灵于国家直接的全面干预成为势所必然。富兰克林·罗斯福总统真正摆脱传统理论框架，主张实行"开明政治"，对经济加强管理，他的口号是："祖国要求行动起来，现在就行动起来"，以实践证明国家干预经济的必要性和可行性。1936年凯恩斯发表了他的《就业、利息和货币通论》，从理论上论证了资本主义国家干预经济的必要性和重大意义，从此，"国家干预经济"逐渐成为长期影响资本主义国家的一种宏观经济政策体系。

第三节　营销学前科学时期的理论研究

一　美国经济的新发展需要新理论

概括营销学前科学时期的社会经济背景，笔者认为，美国人民在新教伦理精神的指导下，普遍接受自由放任思想，认为每一个人都有通过自己勤奋劳动发家致富的机会。正是在这种思想的驱使下，无数个人追求自身利益的活动逐步汇成资本积聚的洪流，成为经济增长的源泉，工业革命、科学管理、市场扩大和分销创新是营销学产生的社会经济背景。

（一）大规模生产与大规模销售相协调是美国面临的新问题

19世纪末20世纪初，美国的工业革命解放了生产力，但是，在从作坊式生产向大生产发展的过程中，大量劳动力由农民或小生产者转变而来，劳资对立造成劳动积极性低下，科学技术水平和劳动生产率有待提高。而与工业化进程同步的农业人口城市化和移民浪潮，导致商品需求的增加。所以，一方面是较低的劳动生产率水平，另一方面是旺盛的商品需求，市场必然表现为供不应求，呈现卖方市场的格局，泰罗的科学管理原理正是在此背景下问世的。① 20 世纪初，许多美国企业推行泰罗的科学管理，加上科学技术的发展，使批量生产能力有了较大的提高，企业特别需要解决的是大规模生产与大规模销售相协调的问题。②

（二）生产者和消费者需要新理论

19 世纪 60 年代前，商品交易大多发生在非常熟悉的当地市场，生产者和消费者都有自信感和安全感。然而，随着市场的扩展和生产的发展，这一切都有所削弱或不复存在了，大量新产品涌入市场，在生产者与消费者之间介入中间商，市场上出现各种广告、促销活动。所有这些使得生产者有些困惑不解，他们渴求有一门新的学科或理论对此做出解释，以便有效地指导其经济生活实践。

许多消费者从美国的农业区域移出，并在迅速发展的城市中就业和居住。这些城市的新居民习惯于较短的直接营销渠道，在那里他们可以制作自己的食品或直接从生产者手中购买。但社会发展已时过境迁，商品需经过复杂的渠道才能到达城市居民手中。由于消费者不了解这种情况，他们认为支付给中间商农民的价格（采购价格）与零售价格相差甚远，他们购买商品（特别是农产品）支付给零售商的价格极不合理，因而需要理论解释误解、疑惑和不信任，重建消费者的信任。

（三）分销系统需要新理论

在古典经济学鼎盛时期，介于生产者和消费者之间的中间商被认为是不重要的。但是到了 20 世纪初，中间商的作用和社会地位发生明显变化。1909 年，美国 80% 工业产品和农产品通过零售商出售，中间商执行许多他们过去没有执行的重要职能，如分类、运输、储存、筹资和销售等，并在中间商之间有了进一步的分工，出现了规模庞大的百货商店、邮购商店和连锁商店，如马歇尔·菲尔德百货公司、西尔斯邮购公司和 A&P 茶叶连锁公司等，因此新的分销系统向传统的价值创造理论

---

① 陈启杰：《可持续发展与绿色营销研究》，博士学位论文，厦门大学，2001 年。
② 钱德勒、小艾尔弗雷德：《看得见的手——美国企业的管理革命》，重武译，商务印书馆 1997 年版，第 276 页。

提出了挑战，有关价格和定价行为的概念也必须根据定价中的新因素进行修正。古典经济学认为价格由生产要素成本构成，这个概念已不足以解释分销系统中出现的价格新现象，价格不仅是生产要素可计成本的总和，而且是一种管理现象，分销组织将价格作为一种实现其目标的手段，可以用低价渗透扩大销售，可以用高价提高利润，也可以按消费者的心理制定价格。正如大工厂需要一支专门的企业管理队伍一样，随着分销组织的规模扩大和分工深化，分销组织也需要管理人员，但是，管理工厂所要求的才能与管理分销组织所需要的相差甚远，而现有理论中尚无培养这方面人才所需要的技术、知识和理论思想。因此，分销系统需要新的价值创造理论、价格理论和管理理论及技术用以解释、指导分销实践。

在分销系统和市场运行过程中产生的大量新问题促成营销思想的出现。在科学管理的鼓舞下，一些有远见的经济学家开始考虑用科学方法研究有关的分销效率问题。① 最初产生的营销思想是人们在解决各种市场问题的过程中自发形成的，但它对美国社会经济产生重大影响，改变人们对社会、市场和消费的看法，形成人们新的价值观念和行为准则，为各类企业提供指导，为营销计划的制订提供依据，推动中间商社会地位的提高。商学院把反映营销思想的著作用作教科书，并予以理论化，进而使之成为一门独立学科即营销学。罗伯特·巴特尔斯（1962）指出："很少有一门学科使社会产生如此巨大的影响。"

二 前科学时期营销学的研究

最初在美国几所大学开设的有关营销的课程，当时较多地称为"分销学"，例如 1902 年密执安大学开设的课程名称为"美国分销管理行业"（Distributive and Regulative Industries of the United States），1906 年俄亥俄州立大学称这门课程为"产品分销"（The Distribution of Products）。尽管"分销学"的研究分别在美国几所大学（哈佛、威斯康星等）进行，而且学者们相互之间联系很少，但他们都意识到这门学科所涉及的

---

① 丹尼尔·A. 雷恩：《管理思想的演变》，中国社会科学出版社 2000 年版，第 274 页。

内容与"分销"有很大差异，一些营销学者开始寻找新的名称称呼他们所讲授的课程，于是便出现了"营销"（Marketing）这个名词。"营销"被广泛接受，不仅成为课程名称，还成为许多书的书名。拉尔夫·S. 巴特勒当时是美国威斯康星大学教授，他讲述了如何开始采用 Marketing 这个词的：

> 我查阅了当时可以获得的极为有限的商业文献，惊讶地发现竟无一个作者曾涉足我上面所阐述的这个领域。我决定开设一门相应的课程，专门讨论这方面的商业活动。简单地讲，我打算开设的这门课专门研究一个要推销其产品的人在他实际使用推销员和做广告之前必须做的所有事情。这一领域的商业活动需要一个新名称。我记得在寻找一个适当的名称时，遇到了很多困难。但是我最后决定使用"营销方法"（Marketing Method）这个词。①

营销学作为一门独立学科由此产生。但在此萌芽阶段，早期学者关注的问题是如何理解营销学这一新领域的内涵，经过一番争论后，他们认为营销学作为一门独立学科非常重要。为描述和促进该学科发展，他们以生产经营者为研究对象，围绕交易对象、参与交易的组织及其执行的职能，用经济学方法和思维，构建一个令人信服的逻辑体系，形成了商品研究、机构研究、职能研究和区域研究等不同的理论。

（一）商品研究

在早期学者尚未就研究目标达成一致时，一部分学者逐步形成商品研究的基础。其逻辑体系非常简单：既然营销学关注的是商品从生产者到消费者的运动，那么营销学就应该着重研究交易对象，即产品。由于营销学主要由农业经济学和农产品营销学发展而来，即使其研究对象是制成品和包装商品而不是农产品，这种研究仍被认为是商品研究。

---

① Ralph Starr Butler, Herbert F. DeBower, and John G. Jones, *Marketing Methods and Salesmanship*, New York：Alexander Hamilton Institute, 1916, pp. 377 – 378.

　　早期学者观察其他受人尊敬的学科后认为，先进学科都基于广泛的分类体系，因此，他们相信，若将营销过程中所交换的商品划分为几个合理类别，那么营销学将在获得科学遗产方面迈出一大步。他们不仅从学术研究出发，而且将目光投向营销实务。他们认识到，即使营销学能被学术界接受，但若没有营销实践者的认同，那么营销学同样无法生存。换言之，营销学者告诉实践者的知识应有助于销售其产品。商品研究理论家们认为，若能产生和发展商品分类体系，许多商品彼此间非常接近，可以将它们集合为一个相似类别，有限的商品种类在内部相似而外部相异，在相似类别的所有商品中，可以运用相同的营销程序和技巧，他们开始构思宏伟的"营销指南"。他们相信，需要营销特定产品的实践者，只要了解其产品属于哪一类别，然后便可遵从此类别的"营销指南"。

　　既然商品分类体系既能建立学术声望，又能为实践者产生利益，因而商品研究的先行者对此非常乐观，但构造合理可行的分类体系确实不易。在商品研究占统治地位的最初几年，许多学者都提出供研究和采用的商品分类体系。查尔斯·帕林在1912年首创商品分类体系，引起广泛关注，因为帕林并不是一位营销学者，而是 Curtis 出版公司的研究经理，他提出的分类体系发表在"百货商店报道"B 卷（Department Store Report，Volume B）（1912 年 10 月）。帕林提出"妇女购买"有三种类别：

　　　　便利品（Convenience goods）是每天都购买的商品，如水果、围裙印花布、儿童长筒袜等，这类购买价值不高或是急用之需。一定程度上在最方便的地方能买到这些商品，且无须比较其价值。它们作为便利品而非选购品，使得郊区干货店、水果店和十字路口的一般商店都有售。若检查一个郊区商店所售商品，便是一个确切的便利品目录。

　　　　紧急商品（Emergency goods）包括药品和突发事件发生使之成为必需的商品。这些商品使得郊区药店比糖果店和其他便利品的小贩更有地位。

　　　　选购品（Shopping goods）包括所有的非常重要、需深思熟虑、允许一定延期的购买，如套装、裙子、各种高档次的干货。这些商品列在妇女们的金属购货板上，她们从不忘记。下一次光顾城市时将一件一件地调查，比较其价值，确保物有所值。①

梅尔文·科普兰（1923）提出了一个著名的分类体系，他参考帕林的早期研究成果，采用三种宽泛的分类，将消费者商品分为便利品、选购品和特殊品，他撰文指出：

便利品（Convenience goods）是那些在非常便利的商店内习惯性购买的商品。消费者熟悉此类商品，只要他认同这种需要，需求就清楚地在他的脑海里浮现，而且他经常期望迅速满足这种需要。消费者习惯于在居住地和工作场所附近的、下班经过的或途经的便利商店购买。

选购品（Shopping goods）是那些需要消费者购买时比较价格、质量、风格的商品。通常消费者在几个商店间比较所购买的商品，这种商品也许事先在消费者的脑海中并不清楚。与便利品形成对比的是，选购品的购买可以延期，待日后明确需要，即时满足需要不是最重要的。

特殊品（Specialty goods）是那些对消费者有特殊吸引力、促使他付出特别努力光顾销售该商品的商店，并毫不犹豫购买的商品。对特殊品而言，制造商品牌、零售商品牌或零售商质量和服务方面的声誉对消费者记忆尤其重要。②

科普兰的分类体系基于消费者需要、需要满足的备选知识和延期需要满足的意愿，从这一角度看，科普兰是消费者行为研究遥远的"鼻祖"，但他并未探究消费者如此行为的原因，只是将消费者行为作为既定事件并以此为基础对广泛的营销商品进行分类。

---

① Edward H. Gardner, "Consumer Goods Classification", *Journal of Marketing*, 9（January）, 1945, pp. 275 – 276.

② Copeland, Melvin T, "The Relation of Consumers' Buying Habits to Marketing Methods", *Harvard Business Review*, 1（April）, 1923, pp. 282 – 289.

科普兰的分类方法基于消费者需要和行为，而 E. L. 罗兹（1927）基于三种因素（商品的使用特征、物理特征和生产特征）提出他的分类体系。商品的使用特征是重要的，对此罗兹并无异议，但他认为也可以基于商品的物理特征（易腐性、价值集中、体积）和商品的生产特征（生产规模、生产地点、生产集中度、生产方法、生产周期）对商品进行分类。虽然他的分类体系有许多优点，但是却很少有人提及他的研究成果。

（二）职能研究

20 世纪初美国从农业经济向现代化的工业经济转变，由于商品学派具农业化导向，有的学者认为它已不合时宜。20 世纪 30 年代的大危机表明当时美国经济中生产领域出现供给过量，因而更加关心如何营销产品和服务，而不再是生产问题，职能研究被认为在经济衰退时期对分析效率、竞争和政府管理等问题极为有用。1937 年全美营销学教师联合会与美国营销协会合并成立美国营销协会，1936 年两组织携手创办《营销学杂志》，营销学已正式化。

和商品研究学者一样，职能研究学者也意识到，营销学有必要获得学术合法性和实践应用性。商品研究基于产品或交换对象，选择研究分类体系，而职能研究则分析营销交易所需的活动。可见，他们的立场形成鲜明的对照，商品研究基于营销的"什么"因素，而职能研究基于"如何"营销的因素。

虽然对谁应被视为职能研究的奠基人仍存有异议，但营销史学家一般认为，阿奇·肖（1912）在《经济学季刊》上首倡职能研究的观点。肖提出了第一个营销职能的分类：

> 以中间商在分销中的作用为参考，理解以中间商为中心的趋势，思考商人—生产者的问题，有必要分析中间商所执行的职能。粗略地说，有以下职能：
> 1. 风险分担；
> 2. 运输商品；
> 3. 为经营筹措资金；

4. 销售（沟通商品的计划）；

5. 装配、分类和转载。①

　　L. D. H. 韦尔德是一位在营销学发展早期发表大量有影响的文章和著作的学者。在 1917 年发表的一篇文章中，他提出另一种职能分类体系，按照韦尔德的观点，这些职能并不一定像肖所建议的那样皆由中间商执行：

　　1. 装配。"装配"这一术语并不意味着商品从此地到彼地的实体运输，而是意味着寻找资源、利用商业联系并据此购买商品、研究市场状况以便按最低价格采购商品。装配包括与购买相关的所有服务。

　　2. 储存。在广泛意义上储存意味着在方便的地点储备商品的存货。

　　3. 风险承担。由于佣金商人、经纪人和代理商并不拥有商品所有权，他们只承担经销风险。但实际上，每个其他中间商和为存货而生产的制造商，必须考虑风险因素。主要的经销风险可列举如下：（1）价格波动；（2）火灾破坏；（3）质量变质；（4）时尚改变；（5）财务风险。

　　4. 重新整理。商品的重新整理包括分级、定级、分包（即大包变小包）、包装等。

　　5. 销售。销售是最重要的营销职能，也是执行成本最高的职能。销售人员的工资（许多情况下加上差旅费）是商人费用账户最大一笔支出。销售包括为创造需求和将商品送到购买者的活动。虽然主要由销售人员个人执行这两个阶段的销售职能，但创造需求越来越多地由广告方式完成。

　　6. 运输。正如肖所解释的，经销中间商过去更多地参与商品从此地到彼地的实体运输，但是这项职能已被铁路和其他更为专业

---

　　①　Shaw, Arch, "Some Problems in Market Distribution", *Quarterly Journal of Economics*, 26 (August), 1912, pp. 706 – 765.

化的运输代理商所取代。尽管如此，运输仍是商人的一项重要
职能。①

与此同时，评论家们开始批评先前贡献者的文章，范德布鲁是其中
之一，他（1921）提出，若将各项职能孤立，存在潜在风险，事实上
这些职能是相互依存的。

> 销售量经常依赖于标准化，资金依赖于储存，风险依赖于销售
> 和筹资，运输、风险、储存和筹资之间存在紧密的相互关系。装载
> 的订货单和随后的仓库接收说明这种相互关系。②

1935 年富兰克林·瑞安发表了一篇关于职能研究的综述，他发现
至少有 26 本书和文章已发表，涉及职能研究的广泛领域，不同学者共
提出了 52 种不同的职能，足见早期学者在职能选择方面的分歧。瑞安
对职能研究的研究成果做如下概括：

> 大多数营销学作者提出的职能"清单"通常意味着对职能类别
> 的简要概括，并未详细全面地描述分销过程，"清单"中大多数职
> 能试图回答关于生产—分销过程隐含的两个普遍问题。这两个隐含
> 的普遍问题是：
> 当商品逐渐地向最终顾客售卖点移动时，什么普遍职能给实体
> 商品增加时间、地点、所有权、占有和其他种类的效用？
> 分销过程中企业家或企业管理人员及其雇员执行什么独特
> 职能？
> 为回答第一个问题，这些著作和文章列举了五种职能：（1）装
> 配；（2）储存；（3）标准化；（4）运输；（5）销售。在生产—分
> 销过程中工作人员的独特职能包括（1）承担风险；（2）筹资，即

---

① Weld, L. D. H. , "Marketing Functions and Mercantile Organization", *American Economic Review*, 7, （June）, 1917, pp. 306 – 318.

② Vanderblue, Homer B. , "The Functional Approach to Study of Marketing", *Journal of Political Economy*, 29（October）, 1921, pp. 676 – 683.

为营销企业提供资本。①

在瑞安评论之后下一位对营销职能研究的主要贡献者是厄尔·富布鲁克（1940）：

> 尽管职能概念的使用已有一定时间，且现在广为传播，但是自早期以来，有价值的研究成果甚微。仔细观察此领域的文献，显然并没有给人印象清晰且广为接受的处理方法和营销职能诠释。笔者认为职能观点是非常有用的手段，但要使之成为现实，必须进一步完成大量工作。②

富布鲁克的文章的主要目的是要证明职能研究应该认识职能需要和职能执行之间存在的差异：

> 营销职能应该严格地被视为商品由生产者到消费者过程中的执行步骤、任务或服务，这与通常定义一致。执行职能当然需要活动，将职能视作活动也是合乎逻辑的，因此，注意力将围绕执行的活动而不是工作的性质与范围，但必须完成引发活动的这种工作。如果认为职能是完成执行所需的任务或服务，那么可对职能做不同于实际执行的分析。如果将职能处理视作产生有效结果，这样的程序是必不可少的。只有清楚地理解任务的性质及执行任务的必要条件，才能评价工作中的机构及作用，或可能使用的方法。③

（三）机构研究

在营销学的早期研究中，机构研究和商品研究、职能研究一道构成营销学的研究中心。商品研究认为应分析交易的商品类别，而职能研究

---

① Ryan, Franklin W., "Functional Concepts in Market Distribution", *Harvard Business Review*, 13 (January), 1935, pp. 205 – 224.

② Fullbrook, Earl S., "The Functional Concept of Marketing", *Journal of Marketing*, 4 (January), 1940, p. 229.

③ Ibid. , p. 234.

则声称应集中研究交易过程中执行的活动，机构研究者评价了其同事们提出的论点，然而，他们认为分析执行职能（使商品从生产者流向消费者）的组织，对营销学的发展也大有裨益。

20 世纪初许多城市消费者所购商品需经过复杂的渠道，因此而支付的价格远远高于零售商的采购价格，他们对营销渠道成员的不满情绪与日俱增。为此，几位营销学者决定评价从事运输和转移商品（从生产者到消费者）的组织及其职能与效率。虽然这是公开的争论，但 L. D. H. 韦尔德被认为是机构研究的奠基人，他在 1916 年出版的《农产品营销》中论述营销渠道的效率问题：

> 有人声称中间商太多，这意味着下面两个事实中的一个：或者是前述分部过程走得太远，导致太多的相继步骤；或者是每个层次有太多的从业人员，比如太多的乡村购买者、太多的批发商或太多的零售商。

> 有人认为有太多的中间商，有太多的相继步骤才是大多数人的用意，下面的章节直接讨论这个问题。需要指出的是，分部只是著名的劳动分工学说的一个事例，职能专业化产生了经济实惠，在这个意义上不能明确地说明是否有太多的中间商，但是有充足的经济理由证明，在专业化商人集团间分部营销过程是合理的，在有些情况下，通过进一步专业化可以实现低成本和高效率，而在其他情况下，将两个或更多中间商的职能合并为一个中间商所有，可能降低成本。无论有多少中间商，需要执行营销职能，问题是发现最经济的职能组合。

> 可以通过仔细调查每一个独立贸易活动确定此事。用第一手资料不偏不倚地研究营销系统，将发现总体上已发展的营销系统是胜任的，而不是极端臃肿和浪费的，已发展的组织形式有恰当的实际原因。在读者明智地探讨这个营销问题之前，有必要认清这些基本事实。①

---

① Weld, L. D. H., *The Marketing of Farm Products*, New York: The Macmillan Company, 1916, pp. 21 - 22.

1923 年拉尔夫·S. 巴特勒是美国拉贝（Rubber）公司的广告经理，他出版的《营销和经销》一书对机构研究的早期发展作出重要贡献。和韦尔德一样，他尽力地为中间商在现代营销体系中的地位辩护，他强调中间商为生产者和消费者创造的效用：

> 中间商的另一个重大职能是创造效用。这里有四种效用，小麦可以维持生命，这是"基本效用"；小麦被磨成面粉后更加可口，这是"形式效用"；虽然这两种效用对每个人都重要，但事实上拥有基本和形式两种效用的面粉在明尼阿波利斯面粉厂的仓库里，它对新奥尔良饥饿的人们来说利益甚微，必须给它地点效用；尽管如此，增加地点效用，新奥尔良的人可能仍不会使用它，如果他是 7 月份需求面粉，而面粉却在 1 月份被运抵新奥尔良售卖，对于他来说也无用处，除非有人储存这些面粉，以便在 7 月份他需要时可供销售。即使面粉拥有基本、形式和地点效用，仍不能使用它，除非它还有时间效用，即在需要之时可供销售的性质，市场组织与基本和形式效用无关，但与地点和时间效用却关系重大。中间商创造了地点和时间效用，他们将物品从生产地运送到需要地，在消费者需要这些物品时供其使用。①

20 世纪三四十年代许多其他学者加入了机构研究的行列，并提出了他们关于营销的观点。其中最有影响的是拉尔夫·布雷耶、保罗·D. 康弗斯、爱德华·达迪、哈韦·W. 休吉和戴维·雷夫恩等人的贡献。布雷耶是宾夕法尼亚大学沃顿商学院的教师，在其有影响的著作《营销机构》中，他记述了营销过程的历史演变，展示现行营销机构结构是如何形成的，在著作的第三章和第四章中，他解释了营销机构的必要性（1934）：

---

① Butler, Ralph Starr, *Marketing and Merchandising*, New York: Alexander Hamilton Institution, 1923, pp. 20 – 21.

完成执行营销职能的相关工作需要建立巨大的且高度复杂的商业机构。我们已经见到营销职能与克服商品交换障碍和阻力的关系，这就需要花费大量的时间和精力，要求对土地、劳力、资本和企业家资源进行重要的设计，必须在数量和质量上集合、分配这些因素，并使它们关联和协调，组成一个工作机构。这个机构的各个部门都涉及与营销有关的各种商业事宜。[①]

此外，布雷耶（1934）强调市场的重要性，将市场作为营销和机构研究的基础：

对营销的需要依赖于市场的存在。营销必须执行服务的数量、性质和联合及所需营销机构的种类、数量和协调，都取决于某一市场可能呈现的潜在性，而且这些变化巨大，因此，无论在总体上还是在细节上，营销问题应适应市场，并受市场的约束。营销机构对市场做出反应，因而改变市场的方方面面，例如，营销者通过有说服力的和聪明的销售术和广告，能够刺激人们对各自商品的需要，因此营销者塑造市场的潜在构成。这就是市场与营销之间力量相互作用的关系，构成最有意义且富有成果的优势论点，回应对营销机构分析的攻击。[②]

P. D. 康弗斯和哈韦·W. 休吉是最早思考营销纵向一体化潜在收益和风险的学者。在流行的教科书《营销要素》中，他们写道（1940）：

纵向一体化意味着由一个公司控制两个或两个以上生产或分销阶段。它有两个优势：营销费用的降低和原材料或商品销路的确定性。通过消除原来独立公司间相继的购买和销售活动，降低营销费用。虽然一体化为降低营销成本提供最有希望且最成功的方法，但它也带来严重的管理和协调问题。如果一个最终制造厂商生产多种

① Breyer, Ralph F. , *The Marketing Institution*, New York: McGraw-Hill Book Co, 1934, p. 24.
② Ibid. , p. 55.

第三章 营销学前科学时期的理论研究 / 61

原材料，或一个工厂试图运营一家百货商店，那么一体化是非常困难的。零售业是高度竞争的行业，需要专业化管理才能成功。经验证明，批发和零售职能可以成功合并，但制造活动不能成功与它们合并。①

（四）商圈研究

在讨论营销学理论问题时，经常忽略商圈研究。虽然难以考证其理论不普及的原因，但当 1983 年格雷瑟在《营销学学报》特别理论号上发表文章后，对这个理论观点的注意力和兴趣可能会上升②。

商圈研究学者视营销为一种经济活动，设计这种活动，可以跨越买卖之间的地理或空间距离。他们认为，交易的商品和促进交易的活动都值得研究，但他们更加重视买卖之间实体分离的问题。距离在消费者光顾 A 商店而不是 B 商店的决策过程中起什么作用？我们如何理解具有不同资源和需要的地区之间商品的流动？这些便是商圈研究学者关心的问题。

总而言之，商圈研究的学者一贯大量地利用数学公式和资料，在他们大多数人的学术生涯中，围绕商圈研究，倾向于建立紧密的隶属关系。再者，商圈研究并不是营销学科的创造，而是研究经济活动与物理空间关系的经济学和地理学早期工作的一个分支。商圈研究直到 20 世纪 30 年代才出现。虽然 E. T. 格雷瑟已开始在加州大学伯克利分校经济学课程中将其定名为"国内贸易理论"，但是威廉·J. 赖利在 1931 年出版的《零售引力定律》可能是商圈研究在营销学中发展的主要促进因素。③

赖利的目的是解释两个不同城市的购买场所对于居住在两个城市之间的消费者的相对吸引力。按照赖利的观点，下面的公式提供了答案：

① Converse, Paul D. and Harvey W. Huegy, *The Elements of Marketing*, New York: Prentice-Hall, Inc, 1940, pp. 800－801.
② Grether, E. T., "Regional-Spatial Analysis in Marketing", *Journal of Marketing*, 47 (Fall), 1983, pp. 36－43.
③ Reilly, William J., *The Law of Retail Gravitation*, Austin, Texas: The University of Texas, 1931.

$$\frac{B_a}{B_b} = \frac{P_a}{P_b} \frac{D_b}{D_a}^2$$

这里：

B_a = 居间城市中被城市 A 所吸引的贸易比例

B_b = 被城市 B 所吸引的贸易比例

P_a = 城市 A 的人口数

P_b = 城市 B 的人口数

D_a = 从居间城市到城市 A 的距离

D_b = 从居间城市到城市 B 的距离

消费者可以基于上述公式，运用备选城市的人口（零售商店数量和质量的一个代替量度）和到两个城市的距离，选择中意的购买场所。

赖利的方法引起了康弗斯的兴趣，他对零售引力定律做了大量测试。虽然康弗斯发现赖利的方法非常有用，但他也提出经他修正的模型，并称之为"新零售引力定律"。康弗斯（1949）的主要贡献是开发可以确定商业点商圈边界的公式①：

$$D_b = \frac{D_{ab}}{1 + \sqrt{P_a/P_b}} A$$

这里：

D_b = 位于城市 A 和 B 之间的转换点到城市 B 的距离

D_{ab} = 转换点到城市 A 的距离

P_b = 城市 B 的人口数

P_a = 城市 A 的人口数

关于界定一个商业中心商圈的作用，康弗斯（1949）写道：

---

① Converse, Paul D., "New Laws of Retail Gravitation", *Journal of Marketing*, 14 (October), 1949, pp. 374 – 384.

一旦商圈确定后，商人们知道将经销努力集中在何处，报纸知道他们应加强与这一区域的交往。例如，一家百货商店在一个重要的区域做广告，它的注意力转向这个公式以确定商业中心的商圈，计算商圈后，如果商店发现它在商圈之外花费相当数量的广告投入，通过广告集中在商圈以内，它将大幅度增加销售量而不增加广告开支。①

第四节　小结与简评

20 世纪初美国由农业国迅速向工业国转变，使美国在产品、服务业、国民收入和人民生活水平方面都处于世界领先地位，美国已进入了一个新的时代，这个新时代的经济、社会和政治力量相互影响并不断变化，决定了营销学的产生和发展。

由于美国特殊的历史地理环境，以富兰克林为代表的美国缔造者以其生活和著作塑造了美国的价值观，即个人主义、平等自由、节俭勤奋、乐观进取、自由竞争，这种精神激励和鼓舞一代又一代的美国人民和企业家为富国强民而奋斗。

1900—1929 年美国的发展与繁荣，农业经济实现工业化，制造业由作坊到工厂迅速发展，市场规模迅速扩大，分销系统发生深刻变化。然而 20 世纪 30 年代的大萧条打破了美国人持续繁荣的梦想，"罗斯福新政"推行国家干预措施使得美国终于走出大萧条，也标志着"国家干预经济"逐渐形成为资本主义国家的一种宏观经济政策体系。

面对工业社会的新形势，大规模生产与大规模销售相协调是美国面临的新问题。生产者渴求新的学科或理论解释生产领域出现的新情况，以便指导其经济实践；消费者需要理论解释误解、疑惑和不信任；分销系统需要新的价值创造理论、价格理论和管理理论及技术用以解释、指导分销实践；经济政策需要新理论。因此，市场运行过程中产生的大量

---

① Converse, Paul D., "New Laws of Retail Gravitation", *Journal of Marketing*, 14 (October), 1949, p. 380.

新问题促成营销思想的出现。

当营销学作为一门独立学科从经济学中分离出来时，首先出现的是商品研究、职能研究和机构研究的思想。一般认为，机构研究、商品研究和职能研究是营销思想的基石。商品研究主要研究商品的特征，职能研究则关注营销活动，而机构研究主要分析营销过程中的组织。

商品研究主要分析产品的物理特征和相关的消费者对不同种类产品的购买习惯。虽然查尔斯·帕林是商品观点的最先提议者，但一般认为梅尔文·科普兰（1923）是该领域最有影响的早期学者，因为他提出了著名的商品"三分法"：便利品、选购品和特殊品。至今这些术语仍为营销实践者、消费者和学者广泛使用，足见其显著的持久性。

与商品研究集中分析商品特征相反，职能研究主要分析营销过程中必须实施的活动。一般认为，阿奇·肖是职能研究的奠基人，虽然他1912年一篇长达60页的论文，其中只有10页论及职能概念，但他的思想足以激发普遍的研究兴趣。对于职能观点的学者而言，主要问题之一是学者们不能就营销职能标准达成共识。因此，职能研究未能引起营销学术界的重视。但公司中许多营销部门正是按照职能范围和专长来组织，不同群体专注于诸如产品管理、销售、广告、市场调研和分销等职能。许多大学营销系的学术课程也受到职能研究的影响，产品管理、促销、市场调研、销售队伍管理、定价和分销皆是单独的课程。因此，营销学者应该重新思考职能研究的贡献。

由于消费者抱怨介于生产者与消费者之间的中间商未能带来相应价值，反而增加了太多成本，因此营销学者不得不评价这些机构的职能与效率，确定它们对营销的贡献，从此机构研究开始着力分析渠道系统的结构及其演进。

当商品研究等风行之际，在讨论主要营销研究时商圈研究却经常被忽视。商圈观点可追溯至20世纪三四十年代的学者，如赖利、康弗斯。他们运用公式和引力定律，分析消费者最可能的购买地址。今天零售商在选择地址时小心谨慎，反映对购买模式的关注。现在学者们普遍关注大量消费者和企业正从美国"冰雪地带"向"阳光地带"迁徙以及美国和其他国家之间进出口业务，都是商圈观点对实践重要性的反映。再者，商圈观点与市场细分中地理问题相关。

　　总之，笔者认为，此时的学术研究一般坚持经济效率标准，从营销者出发，研究营销活动，由于学者间各自从不同的角度研究营销，众说纷纭，可以归为营销学前科学时期。

第 四 章

营销学范式的形成

　　经过大萧条、"罗斯福新政"和第二次世界大战，美国迎来稳步发展的时期，经济、社会、政治和文化在已有基础上取得新的成就。学者们在深刻反思大萧条的教训、不断研究新问题的过程中，迎来营销学的大发展，管理营销研究在争论中脱颖而出，构成营销学研究的主导范式。本章从战后美国社会、经济和政治环境研究开始，探讨管理营销研究的产生及它对营销学研究的整合，并对管理营销研究进行简评，以利于把握营销学的发展脉络。

第一节　战后美国经济、技术、社会与政治环境概述

一　美国战后混合经济的繁荣

（一）概况

　　第二次世界大战后美国经济日趋成为一种混合经济（a mixed economy），即庞大的政府预算和政府广泛干预私人决策和市场的经济。在政府开支和私人开支的推动下，战后美国经济不但没有出现 20 世纪 30 年代的萧条，而且出现了空前的繁荣。50 年代平均经济增长率为 3.2%，60 年代为 3.9%，70 年代为 2.8%。1970 年中等收入的家庭比战后初期增加 1/3，年收入达到 1 万美元，平均用于商品和服务上的消费相当于 1947 年的两倍。1970 年美国国民生产总值突破 1 万亿美元。1946—1950 年间，人均净收入增长 5.9%，20 世纪 50 年代为 15.2%，60 年代

为 31.7％。

战后经济繁荣依靠两股力量。一是战后迸发出的私人开支浪潮，二是政府开支的扩大。战争刚结束时，政府开支锐减，但私人开支剧增，美国得以避免一次经济紧缩。几年后，政府开支重新扩大，满足各州和地方上建立、建设学校、公路、医院和消防设施的迫切需求，与战时私人开支受到压制一样，这些公共项目的建设也因战争而被推迟。另一个更重要的因素是政府军费开支的上升。冷战形成后，特别是朝鲜战争的爆发，军费开支不断增加，成为国民经济的主要刺激因素。

（二）政府开支与新的经济结构

20 世纪 50 年代，美国联邦、州和地方各级政府在国防、社会保障和基础设施建设方面的开支构成战后长期繁荣不可缺少的坚实基础。1929 年各级政府的所有开支在国民生产总值中占 10％，其中，联邦政府的各项开支仅占 2.55％。1970 年联邦政府用在国防和社会福利的开支已占国民生产总值的 20％，加上州和地方政府的各项开支，这个数字几乎占国民生产总值的 1/3。1929 年私人的投资开支大体上比所有的政府开支高出 50％，而在 20 世纪 70 年代，它比政府开支少 50％。

政府开支的主要项目之一是军费开支。1947 年军费开支大体为 91 亿美元左右，1949 年国防部建立后，军费开支攀升到 133 亿美元。4 年后猛增至 500 亿美元。军费开支是战后初期经济增长浪潮无可争议的源泉。

从 20 世纪 50 年代中期开始，政府福利开支不断扩大。社会福利开支包含的内容很广，涉及退伍军人资助、落后地区援助、最低工资保障、中小学教育资助、成人教育项目和大学教育项目、医疗保障和医疗援助、社会保险和 65 岁以上老年人生活资助、农业补贴等。1950 年这项开支为 230 亿美元，不到国民生产总值的 9％，1970 年增加到 1460 亿美元，占当时国民生产总值的 15％，这样，战时开支停止后，福利开支成为经济的主要推动力之一。

政府开支的增加带来政府与企业之间关系的变化及与此相应的社会观念的变化。这主要表现在两个方面。其一，人们普遍认识到联邦政府为经济提供基本保障的必要性。由于政府在相当程度上保障个人的收入和基本生活，减缓工人反对雇主的愤怒情绪，阻止失业者因绝望而产生的过激行动，保证社会的稳定，从而为私人资本的投资提供了良好的环境。其二，工商界逐渐地接受政府作为经济稳定的最终捍卫者的角色。洛克菲勒基金会在1958年发表的一份研究报告指出："用于支持经济增长的公共开支是我们经济的基本组成部分。它们非但没有阻碍进步，而且为我们经济的向前发展提供良好环境。"①

经济结构的变化还表现为美国由产业占主导的经济向服务业占主导的经济转变。第二次世界大战后，特别是1950年以后，技术、专业、管理、行政和销售人员占劳动力人数的47%。同时，第一和第二产业劳动生产率巨大提高，这种提高极大地改善人们的物质生活水平，改变他们的需求模式和习惯，促进服务经济的兴起。

服务业的兴起与妇女加入到劳动力市场密切相关。由于家用电器和方便食品的普及减少了家务劳动时间，加上妇女解放运动的兴起，劳动力市场上妇女劳动力供给扩大，正好满足了新兴的第三产业对劳动力需求。

（三）收入分配

经过几届政府的努力，美国各社会阶层收入在国民总收入中份额的分配呈现出不同于战前的变化，这一变化在很大程度上是这一时期社会福利项目的直接结果。1959—1969年间，其收入在官方划定的"贫困"或"接近"线的人口从3900万减少到2400万，低收入阶层的人口比例从22.4%下降到12.1%。

二 美国战后的技术进步

第二次世界大战后美国的技术进步归根于教育和基础科学及其应用研究，其物质来源主要是政府。1950年至20世纪60年代后期，高中和高等教育招生增加一倍多。这种教育大发展主要是州和地方的作用，

---

① Heibroner, Robert, and Aaron Singer, *The Economic Transformation of America*: *1600 to the Present*, Third Edition, New York: Harcourt Brace College Publisher, 1994, p. 147.

这在很大程度上说明第二次世界大战后各州和地方费用极大增加的原因。基础科学和应用研究的资金提供和执行主要靠联邦政府，60年代中期美国的一半的研究费用用于军事或者空间科研，国家为了支付这笔庞大的科研费用削弱了在国际市场的竞争力和国内其他方面。但私营工商业部门占总产量和产值增量的90%以上，技术和教育成果的绝大多数应用于工商业部门。

根据美国国家科学基金的资料显示，在技术进步与研究及发展的关系方面，研究和发展活动一般随公司规模而增长，但发展的相对数量与公司规模并没有同时增长，大公司似乎将研究和发展的力量都放在改进和提高外来的基础技术发明上。

1. 美国的精湛技术。用传统语言来说，美国经济的精湛技术似乎深入人心，"阿波罗登月"只是这种精湛技术中最引人注目的例子。巨额研究发展费用随国民生产总值的上升而增长。纯科学，尤其是生物化学和物理化学的进步是令人瞩目的。20世纪50年代开始实行自动化（自动反馈），1951年制成第一台商业电子计算机，此后计算机迅速普及，尤其是普及银行、宇航、保险、电力机械、机动车辆、航空、石油开采和建筑业及联邦政府等部门。另一个飞快发展的技术领域是使用仪表进行辨别、丈量和获取资料，并在大生产的连续生产系统中控制流程。还有许多常规装备改进，如火车路轨保养和移动颗粒状物料的气输装置等方面的改进。在通信技术方面，突出的有复印机、磁带录像机、封闭电路电视机和长途拨号电话。1953年约1/5的家庭有电视机，而到1973年，几乎全国所有家庭有黑白电视机，至少70%的家庭有彩色电视机。[①]

2. 突出的工业技术。冶金技术领域采用"数字控制"的自动控制，并且在计算机的帮助下开始普及。铁路运输中的显著变化有：编组站的电子控制系统，机车全部内燃机化，以及用铁路平车载运卡车拖斗等。其他运输业中突出的有：在航线上改用喷气式飞机和电子控制，还有重型卡车以及远洋运输中的集装箱运输等。

---

① 沙伊贝、瓦特、福克纳：《近百年美国经济史》，彭松建等译，中国社会科学出版社1983年版。

3. 许多工业部门发展了新的产品、流程和材料。突出的例子是纺织和建筑方面的合成材料及食品加工方面的冷冻干燥。广泛采用的新管理技术，如操作系统、系统分析和数字编制程序等，加快管理决定的制定和传达。

当美国陶醉于技术进步所带来的繁荣时，因技术和生产的不当使用而造成的社会、环境等问题也越发突出，这些问题为宏观营销研究的产生提供了土壤（详见本书第五章）。

三　美国战后的社会环境

时代的经济特征形成了在分析中的这一时期内占统治地位的社会价值。态度和志向是人们力量的源泉。而对于许多人来讲，沉重的经济负担则使以前所持有的每一个人都能成功和丰足的假说破灭。经过 20 世纪 30 年代的大萧条，社会关系和指导人们行为的假设发生显著变化，大致看来，使社会价值观改变有两条相当清楚的途径：（1）新教徒伦理信条的削弱和"社会伦理"的兴起；（2）对实业家尊敬程度的削弱。

1. 改变中的价值观。经济上的灾难使工人和经理们的社会价值都发生变化，这场灾难既打击了挥霍浪费的人，也打击了勤俭节约的人；既打击了新手，也打击了巨头；既打击了无责任心的人，也打击了精力充沛的人。人们发现自己的命运以一种不受理性和公正支配的方式与别人的命运交织在一起。也许当人们面对环境威胁时，人们会自然地做出反应而组成团体，于是人们越来越成为一种团体的人。在具有威胁性的或者困难的环境中，其他人的存在必然会产生一种心理上轻松的感觉。宗教改革和工业革命把人们从中世纪生活的安全中赶出来，使人们能在精神生活、政治生活和经济生活的领域中寻求自由，工业化则造成了对这种新发现的自由的新威胁。人们在资本主义和新教伦理的个人主义中感到孤独，需要某种比他们自己伟大的事物——上帝、国家、公司、工会或者其他事物，以便自我得到认同和消失。

早期的企业主可以面对面地应付其雇员和顾客的绝大多数——他们了解这些雇员和顾客，了解其问题、爱好和不爱好。工业增长使企业主缺乏人情味，用官僚式的管理者代替了个人式的人。个人接触的领导方式被代之以由受过技术训练的专家发出指示，而后者正是一个先进的工业国家所需的。

2."灵魂的混乱"。工业化并没有使人更不信仰宗教，但使他们更易于使自己的生活分别从事于宗教的和非宗教的职责。当上帝对劳动分工、节约勤俭和成功微笑赞赏时，人们在世俗干预和灵魂归化的结合中找到安慰。但是，大萧条造成一种"灵魂的混乱"和新教伦理的一种危机。自助已经失败，白手起家的概念已被拒绝作为经济秩序的一种保证，救济事业已成为一个公众关心而不是个人关心的问题，新教的成功福音对个人的影响已不受欢迎。从灵魂的混乱和自由放任的废墟中，道德秩序需要一些新的方面。"积极思考者"强调摆脱"灵魂混乱"的两种途径：（1）从内部信仰中汲取力量；（2）通过个人魅力赢得别人的合作，以便汲取个人的力量。该时代的社会伦理学贬低个人奋斗的成就，由于新教伦理已按常规跑完了它的全程。这种新伦理学是以"他人"为中心的。其高尚道德不是来自效率而是来自同别人的和睦相处。"社会人"思想的绝大部分正是在这个难以对付的时代中胚胎、发育并哺育起来的。人们在团体中寻求归属，在联合中寻求安慰，在隶属中寻求实现。

3. 社会伦理。虽然不能因为大萧条时期的艰苦岁月而责难实业家和经理，但在此时的小说中，实业家却成为社会罪恶的象征。斯科特指出，20世纪三四十年代的小说描绘个人主义的破灭。随着20世纪四五十年代的展开，经理越来越成为一个"组织人"，从而完成其从英雄形象的转变。这些小说家描绘的正是管理文献中从个人主义伦理到"社会伦理"的转变。在"社会伦理"中的着眼点是团体和人的集体性质、合作和社会团结的需要。结合考虑对作为公司象征的实业家尊重程度的降低，人们就可以理解一些学者为什么试图自下而上、由内而外地改组组织，以便满足人们的需要。

四 美国战后的政治环境

战后美国政治突出特点是经济干涉主义和"冷战"。

1.《劳工—管理当局关系法》与干涉主义。1947年美国国会通过了《劳工—管理当局关系法》（《塔夫脱—哈特莱法》），这项法律虽然在权力平衡方面做了某些改变，但雇主仍不能在劳工政策中采用单方面的行动。福克纳等人认为，该法令也许是20世纪一个最富有历史意义的经济立法，为以后多年的各个领域制定其未来政策，在该法中隐约可见到经济干涉主义制度雏形。[①] 该法原则上责成美国联邦政府负责维持"最大限度的就业、生产和购买力"。确立了有关年度经济报告的总统经济顾问委员会和国会联合委员会，它表达了国民的一致意见：不再容许发生大批失业，以免遭遇20世纪30年代曾经出现过的那种大批失业。许多利益相关的集团提出的其他国民目标，虽然与最大限度的就业密切相关，但未载入就业法或其中专门阐释，例如，总产量中的构成问题和雇员总数中的分工问题没有详细说明。但还有其他一些涉及政策的关注，虽然与该法令的就业指标关系不那么直接，但是仍然有关联，并要求政府与执行就业法令成为一体。这种关注终于包括教育、环境保护、对黑人和妇女的歧视、贫困、军事目标、城市建设、卫生、科研、物价稳定、区域发展以及世界经济的更加稳定性。所有这一切都包含在该法令的这句无所不包的条文中，即所谓"符合……国家政策的需要和义务及其他主要考虑"。尽管如此，就业法令仍是新兴的混合经济的最显著标志，是一种在无可奈何失业情况下为使美国人民得到经济上的公正而给予的人道主义关注。

2. 冷战。冷战的日子可追溯到第二次世界大战的年代，因为那时猜疑和不信任已经在同盟国中产生。1917年俄国十月革命之时，冷战已经发生和生根。1947年杜鲁门政府制定了同年希腊危机中首次使用的对苏钳制政策。1947年3月12日杜鲁门在国会亲自宣布的杜鲁门主义称：美国的政策必须支持自由世界的人民，抵抗武装的少数派或外来势力企图进行的征服，他要求4亿美元的军事和其他援助，以便维持希腊右翼政权的武力，使希腊和土耳其不至于落入苏联的势力范围。美国国会在两个月内做出了积极的反应。次年，军费开始从1947年的91亿美元的低点上升，1949年达133亿美元，几乎为联邦民用货物和劳务收益的两倍。至此，战后整个联邦预算的模式已牢固确定。在美国的混

---

① 沙伊贝、瓦特、福克纳：《近百年美国经济史》，彭松建等译，中国社会科学出版社1983年版。

合经济中，至少有四分之一个世纪，军费开支在中央政府自由开支中占绝对优势。

政治环境为营销思想带来了新的关注中心。营销者有一些需要与之作斗争的新因素，需要处理的新关系，与权力平衡有关的一套经过修订的假设。第二次世界大战后，将出现对一般营销管理力量的探求，以作为对新时代中复杂的管理的一种解决。

总之，经过"大萧条"和第二次世界大战，世界政治经济新格局带来对美国政府作用的新解释。美国政府在经济方面以及在设计社会的最低救济水平防止社会弊病方面发挥了作用，如失业问题。自助、节俭和努力工作这些美德已不再被视为成功的关键因素。如果你倒下，政府会帮助你站起来；如果你丧失了你的储蓄或银行账户，政府会补偿给你；如果你没有为退休储蓄任何钱，政府将给你提供一份养老金，以及诸如此类的通过许多的社会措施将生活中的某些剧痛除掉。新教伦理和对成就的需要虽然并没有消失，但减少了许多。这是由于人们企图从隶属和与他人和谐相处之中去寻求他们的认同感和存在理由，营销者所关心的主要是人。在政治方面，政府作用的加强以及有组织的劳工队伍的增长、权力和所获得的法律保护，为营销管理决策提供新的考虑因素。由于更为先进的工艺技术和信息交流、国际市场、基础更广泛而教育更良好的劳动力以及工商业和社会之间更自觉的关系，管理的领域变得前所未有的复杂，战后的繁荣则造成了对高层管理观点的需要，营销管理思想即将开始。

第二节　营销管理研究范式的产生

美国战后国内生产和生活方式发生巨变，经济繁荣造成对高层管理研究的需要，买方市场的形成使营销理论研究因此迈入一个新的里程，即营销管理研究。

一　营销管理研究产生的社会经济背景

第二次世界大战后，由于世界各国重视经济建设，大力推进战后重建，新的相对稳定的国际经济秩序得以建立，大批科学家从为战争服务转向经济建设，在第二次世界大战中广泛使用的科学技术开始用于经济建设，促进了科学技术的突飞猛进，形成了战后繁荣。此外，西方各国政府吸取历史教训，推行"高工资、高福利和高消费"的政策，在一定程度上缓和劳资矛盾。管理理论从泰罗的科学管理已经发展到人际关系学说、行为科学理论和20世纪50年代以后的包括系统管理、权变管理、决策理论等在内的管理理论丛林，企业管理有了很大的改进。职工的文化水平、义务素质和劳动态度均有明显提高，从而使劳动生产率大大提高，促进社会商品供应的丰富，促使人们的消费需求日益多样化。由于经济的繁荣，商品供大于求所导致的由卖方市场逐步向买方市场转变。买方市场中激烈的卖方竞争给企业的经营带来了全新的课题。为适应新的市场环境，企业需要实施营销观念和营销方式的根本性转变，实行需求导向型的营销理念、营销理论、营销战略和营销策略，营销进入了目标营销阶段①。一般将此阶段的营销理论研究称为营销管理研究。

二 营销管理研究产生的直接原因

管理研究的产生是战后美国经济、社会、政治对高层管理的需要，但直接促成营销管理研究的产生，则是由于两个主要的环境因素。首先，第二次世界大战后商业教育各个领域的内容和课程都发生了巨大变化。许多变化是由福特基金会和卡耐基基金会赞助的有关商业教育的两份研究报告造成的，这两份报告都对美国的商业教育做出不良评价，尤其认为营销学的核心课程在内容上描述过多而分析不够，他们强烈要求商学院应采取专业学校方法办学，而不是用职业学校方法。"大学商业教育包括一生工作所需内容，而不只是用于第一份工作，应将专业性的商业活动与相关的系统化知识相联系"。美国的商学院对报告做出了强烈反应，包括营销学在内的所有学科都消减描述性内容，增加分析性和理论性内容，更加突出管理导向。正如报告所批评的，职能研究等课本

---

① 陈启杰：《可持续发展与绿色营销研究》，博士学位论文，厦门大学，2001年。

描写冗长，而且没有专业化和管理化。所以，由于报告对当时商业教育的批评被普遍接受，营销学和其他商业学科都转向管理导向，营销管理研究更专业化而非职业化。此次，美国经济竞争的变化也加速管理研究的产生。第二次世界大战后，一方面亚洲和欧洲存在广阔的市场，另一方面美国企业在战时积累充足的生产能力，美国企业所面临的迫切问题是生产而不是销售。但是，从 20 世纪 50 年代起，美国国内和世界范围内的竞争日益激烈，美国企业营销管理任务的日益加重，就使美国企业界重新注意营销领域的问题，因而营销学得以发展，并为人所接受，企业界专业营销管理人员也不断增加，同时迫切需要大量经过管理学院培训的营销高级管理人才。

三 营销管理研究的先导

20 世纪 40 年代后期到 50 年代早期，几位经济学家转入一个大胆的新方向，他们感到经济学家已脱离现实商业世界，乔尔·迪安和威廉·鲍莫尔等经济学家开始研究"管理经济学"。他们的目标很简单，就是要将学院学者们创造的抽象理论转化为商业实践原则，以利于经理人员执行管理任务。

在 1951 年出版的经典教科书《管理经济学》中作者乔尔·迪安清楚地表述他关于管理经济学重要性的观点：

> 本书的目的是表明在制定商业政策时如何使用经济分析，因此，它离开主流经济学关于企业的理论，后者在假定方面过分简单，以致管理者无法采用。在经济理论工作者感兴趣的问题和困扰实际管理问题之间存在着一定鸿沟，为了让经理人员能够进入经济学对实践的贡献，需要跨越这个鸿沟。经济思想能够适应高层管理政策的需要。①

---

① Dean, Joel, *Managerial Economics*, Englewood Cliffs, New Jersey: Prentice Hall, Inc, 1951, p. vii.

第三节　营销管理研究范式的主要内容

　　跟随管理经济学家建立的先例，20 世纪 50 年代一些营销理论工作者提倡以管理为基础的观点。众多学者共同努力，继承和发展商品研究、机构研究、职能研究和商圈研究的成果，以营销者对营销过程的管理为研究对象，主要运用经济学分析和研究的方法，以营销观念研究、市场细分研究和包括产品、价格、渠道及促销在内的营销组合研究等为主体，构成较为完整的营销学体系，形成了营销学研究的主导范式。例如，1957 年约翰·霍华德出版了广受欢迎的教科书《营销管理》（1963 年修订版），1958 年尤金·凯利和威廉·拉泽编辑普及性读本《营销管理：视角与观点》。

　　营销管理研究的真正核心在 20 世纪 50 年代后期和 60 年代早期一系列的有影响的文章中出现。在这些研究成果中，西奥多·莱维特、尼尔·鲍顿和温德尔·史密斯等学者首先提出了"营销近视症"、营销组合和市场细分等概念供营销经理人员使用。有趣的是，这些营销管理的概念具有显著弹性和突出的包容特征，已将商品研究、职能研究、机构研究和商圈研究等已取得的成果整合为必要的组成部分，从现在的营销管理的教材中足见这些特征。由于篇幅原因，笔者不能完全评述营销管理研究在其形成时期发表的所有文献，但下面将着重介绍最有影响力的研究。

一　营销观念研究

　　在这个特定的时间内，有些学者开始认为追求生产效率是短视的，他们建议，营销者在生产政策之前应更加重视查明消费者的需要和欲望，在营销理论发展史中，营销观念这个基本原则可能是最著名的定理。J. B. 麦克基特里克（1957）论述道：

　　　　现在将问题反过来。若企业希望在易变的现代市场上竞争成功,那么在从事的营销工作中,需要的不仅是精明和老练,而且还有其他重要的事宜。的确,在投入成千上万美元的资源之前,经常思考竞争可能产生的事物及其可能的影响,并对企业全部进行计划,需要通晓贯串各层次的消费者知识。因此,在管理哲学中,营销职能的主要任务不是熟练地使消费者适应企业的利益和兴趣,而是熟练地构思计划而使企业适应消费者的兴趣和利益。①

三年后罗伯特·J. 基思(1960),匹尔斯堡(Pillsburg)公司主席,也认为营销者应将消费者置于公司生产能力之前:

今天总体上美国企业——特别是匹尔斯堡,以同样方式经历一场革命:一场营销革命。

本次研究的首句已论及这场革命的起源。企业不再是商业世界的中心,今天消费者处于这个中心。

我们的注意力已从生产问题转移到营销问题,从我们能生产的产品转到消费者希望我们生产的产品,从企业自身到市场。②

与营销观念密切相关的是"营销近视症",它由西奥多·莱维特(1960)在《哈佛商业评论》发表的一篇经典文章中首创。莱维特对营销者提出警告:由于现有情况下能够获利,营销者经常天真地认为其特定产品总有市场,并无限地向未来延续。莱维特指出,每个行业都必须小心谨慎地审视各种表征公司缺点的蛛丝马迹:

事实上,笔者认为这个世界上没有什么增长型行业,有的只是为创造发展机遇并使之资本化而组织和运作的公司。那些自认为坐

---

① McKitterick, John B., "What is the Marketing Management Concept", in *The Frontiers of Marketing Thought and Action*, Frank Bass, ed., Chicago: American Marketing Association, 1957, p. 78.

② Keith, Robert, "The Marketing Revolution", *Journal of Marketing*, 24 (January), 1960, p. 35.

在自动上升电梯的行业总是要跌至停滞，每个已经消亡和正在消亡的"增长型"行业都表明，存在着一种迅速扩张和始料未及衰退的自欺欺人式循环。通常四种条件保证这种循环：

1. 相信扩张和更多的富有人口保证产业的增长。

2. 相信本行业的主要产品没有竞争性替代品。

3. 过分地依赖大批量生产及随着产量的增加而单位成本迅速下降所形成的成本优势。

4. 致力于一种产品，使其通过仔细控制的科学实验得以改进，进而降低制造成本。①

二 市场细分研究

将消费者需要作为营销努力的基本动力，这种认识不断增强，同时，也认识到不是所有的顾客都有同样的倾向和目标。1956 年史密斯首先提出市场细分的概念，即营销者应该细分市场，并开发出几个不同的营销组合，更好地与消费者形形色色的需要相匹配。在直觉上，市场细分是有说服力的：

> 市场细分……将一个异质市场视为由许多较小的同质市场组成，在重要的细分市场，可以采用不同的营销组合，应对不同的产品偏好。市场细分可归因于消费者或使用者期望准确地满足他们不断变化的需要。②

在分析了地理区域细分、销售量细分和人口统计细分的先天不足之后，黑利（1968）认为，这三类细分体系依赖于描述性因素而非因果性因素，它们并非对未来购买者行为的有效预期，他提出利益细分：

---

① Levitt, Theodore, "Marketing Myopia", *Harvard Business Review*, 43 (November/December), 1960, pp. 47 – 48.

② Smith, Wendell R., "Product Differentiation and Market Segmentation as Alternative Marketing Strategies", *Journal of Marketing*, 21 (July), 1956, p. 6.

这是一种据此使依靠因果因素而非描述性因素来确定细分市场成为可能的市场细分方法，又称为"效用细分"。这一细分战略所蕴含的概念是，人们在细分某一给定产品时寻求的利益是真实的细分市场存在的基本原因。与此种方法相关的经历显示，消费者寻求的利益对他们行为的决定比人群特征或销售量对他们行为的决定更精确。①

三 营销组合研究

在营销管理研究发展进程中，最重要的概念突破之一是"营销组合"的出现。由埃德·刘易斯、尼尔·鲍顿和 E. 杰罗姆、麦肯锡等学者倡导的"营销组合"认为，营销管理者应该把营销任务看作组合过程，或同时整合几个不同职能的过程。

许多人都认为，由麦肯锡（1960）推广普及的 4P 营销是营销学的革命性突破。显然，产品、价格、促销和分销的 4P 实际上只是职能研究学者（如肖、韦尔德、瑞安）早期提出分类体系的派生物。对肖、韦尔德和瑞安等人对职能体系的研究成果，在第三章已有介绍。管理研究学者对职能研究已取得的成果作了进一步的分析和概括，并融入新的内涵，使之形成营销组合理论。埃德蒙·麦加里（1950）对职能研究先前的分类体系提出了另一个述评，与他的前辈一样，他也认为职能研究需要进一步提高：

> 从营销学的系统研究开始，营销职能研究引起广泛关注，此方面大量文章在多种专门杂志上发表，实际上每一本营销学教科书都试图利用这些分析。即便如此，就职能是什么及界定它们的目的，至今少有共识。②

---

① Haley, Russell I., "Benefit Segmentation: A Decision-Oriented Research Tool", *Journal of Marketing*, 32 (July), 1968, p. 32.

② McGarry, Edmund D., "Some Functions of marketing Reconsidered", in *Theory in Marketing*, Reavis Cox and Wroe Alderson, eds., Chicago: Richard D. Irwin, Inc., 1950, p. 263.

为纠正这些缺陷，麦加里提出自荐的分类体系，该分类体系由下述 6 种职能组成：

1. 联络职能，它涉及寻找潜在顾客或供应商及其与之联系。
2. 经销职能，它包括使产品适应使用者需要的各种活动。
3. 定价职能，它涉及商品的提供价格或接受价格。
4. 宣传职能，它包括劝说潜在使用者选择特定产品和使之喜欢已购置产品的各种方法。
5. 实体分配职能，它包括商品的运输和储存。
6. 终端职能，它涉及产品监护的实际变化和产品责任，是这个过程的终点。①

刘易斯和埃里克森（1969）坚持认为营销只有两个宽泛的职能，即获得需求和为需求服务，而上述两个职能的子集合有几项活动。关于获得需求的职能，他们列举了广告、人员推销、销售促进、产品规划和定价等活动。关于为需求服务的职能，有储藏、存货、运输、订单分理和处理等活动。关于系统观点对营销的影响，他们得出结论：

营销是企业总系统中的一个系统，它是人工开放的系统，它试图通过反馈—控制向封闭系统发展，在内部它面临着企业总目标在政策、目标、资金等方面的约束，在外部它面临着政治、竞争者和顾客的约束。②

他们认为，获得需求和为需求服务实际上是营销系统的产出对象，而前面论及的活动则是营销系统的投入对象，他们的文章对营销组合做出广泛的解释。

---

① McGarry, Edmund D., "Some Functions of marketing Reconsidered", in *Theory in Marketing*, Reavis Cox and Wroe Alderson, eds., Chicago: Richard D. Irwin, Inc., 1950, p. 279.

② Lewis, Richard J. and Leo G. Erickson, "Marketing Functions and Marketing Systems: A Synthesis", *Journal of marketing*, 33 (July), 1969, p. 13.

　　从关心广告效果的理论工作者的视角，鲍顿（1964）描述了营销组合概念：

　　　　在我较早的广告研究中，明显地发现制造商在任何情况下要理解广告的用途，都必须将广告视为企业整体营销方案中的一个要素。我逐渐认识到下述问题的重要性：根据管理层面临的环境，已经或可能采用何种整体营销战略才能使企业的运营获利？在能够获得利润的成本水平上已经或可能采用什么营销程序和政策组合，才能产生期待的贸易行为和顾客？特别地，如何将广告、人员推销、定价、包装、渠道、仓储和营销方案中的其他要素以使企业获利的方式进行实施和组合？①

　　此外，在营销管理研究中许多学者提出了一系列的原则和理论，这些原则和理论归结为研究营销管理者应如何处理营销组合中一些特定要素，如产品、价格、促销和分销决策等。

（一）产品研究

　　学者们在商品研究的基础上，吸收了有价值的研究成果，使之融入管理研究范式，构成产品策略的重要组成部分。20 世纪 50 年代最著名的商品研究学者是利奥·阿斯平沃尔（1958），他用五个特征区分三类商品，将商品分别命名为红色商品、橙色商品和黄色商品。看起来似乎很奇怪，但阿斯平沃尔自有回答：

　　　　在有些方面颜色名称的选择可能不恰当，但是对于一系列商品，基于商品特征的相对价值量是重要的。红色、橙色和黄色光线长度代表光谱的一个部分，就现在的目标而言，仅用三种颜色而不是全谱的七种颜色，更为方便。将橙色与红色、黄色之间的颜色混合，可以展示价值无限分级的思想。这就是我们试图传达的有关所

―――――――――――――

　　① Borden, Neil H., "The Concept of the Marketing Mix", *Journal of Advertising Research*, 4 (June), 1964, p. 2.

有商品的思想。①

为选择分类特征，阿斯平沃尔确定几项明确的准则：第一，每一项特征必须适合于所有商品；第二，对每一种商品而言，每一项特征具有相对可衡量性；第三，每一项特征必须与其他特征具有逻辑联系。根据这些参数，阿斯平沃尔选择五个特征来分类：

1. 替代率：它反映产品满足消费者对该产品的期望而被购买和消费该产品的比率。
2. 总边际：它是最终实现的销售价格与已发生成本之间的差额。
3. 校正：它是为满足消费者的准确需要而向商品提供的服务。
4. 消费时间：它衡量商品发挥所期待效用的时间。
5. 搜寻时间：它衡量离零售商店平均的时间和距离。

最后阿斯平沃尔（1958）提出被他称为"商品特征理论"的分类体系。

表 4.1　　　　　　　阿斯平沃尔的商品颜色分类体系

特　征	颜　色　分　类		
	红色商品	橙色商品	黄色商品
替代率	高	中	低
总边际	低	中	高
校　正	低	中	高
消费时间	低	中	低
搜寻时间	低	中	高

比较科普兰和阿斯平沃尔的分类体系，科普兰的"便利品"与阿斯平沃尔的"红色商品"吻合，虽然剩余的配对并不十分吻合，但"特殊品"与"黄色商品"相似，"选购品"与"橙色商品"相关。

---

① Aspinwall, L., "The Characteristics of Goods and Parallel Systems Theories", in *Managerial Marketing*, Eugene J. Kelley and William Lazer, eds., Homewood, Illinois: Richard D. Irwin, Inc., 1958, pp. 434 – 450.

阿斯平沃尔也坚定地认为这一分类是解决大多数营销实践问题的"灵丹妙药"，所要做的一切是很简单的事，将产品放进分类体系中，然后按照该类商品标准的营销说明书行事。因此，阿斯平沃尔（1958）写道：

> 产品的营销特征决定了分销该产品的绝大多数恰当且经济的方法。掌握营销要求应采取的第一步是在规模上确定其位置，意味着这些特征的变化。掌握这些特征，即可预测产品将如何分销，因为大多数产品符合这个模式。严重地背离理论预期，将表示有必要改变和改进分销方法。这些思考既适用于实体分销，而且适用于大量的沟通问题，包括促销媒介和宣传的选择。①

虽然阿斯平沃尔的分类体系未能得到像"帕林—科普兰"体系一样的支持，但米瑞考尔（1965）试图修正阿斯平沃尔的方法。鉴于阿斯平沃尔仅描述其分类体系所包含的分销和促销内涵，米瑞考尔建议修正阿斯平沃尔最初的体系，然后探讨修订体系在产品和定价方面的含义。

但有学者不同意上述分类，例如理查德·霍尔顿（1958）坚持认为便利品、选购品和特殊品分类的定义需要修订，为了区分便利品和选购品，消费者的作用应是研究的重点：

> 对于部分消费者而言，有些商品是选购品，而对于其他人而言，则可能是便利品，因此只能从单个消费者的角度才能准确界定选购品和便利品。对于单个消费者而言，若比较某种商品不同销售者的价格与质量所得的利益相对地小于消费者对搜寻所花时间、金钱和努力的评价，那么可定义该商品为便利品，相反，则该商品为选购品。②

---

① Aspinwall, L., "The Characteristics of Goods and Parallel Systems Theories", in *Managerial Marketing*, Eugene J. Kelley and William Lazer, eds., Homewood, Illinois: Richard D. Irwin, Inc., 1958, pp. 434 – 450.

② Holton, Richard H., "The Distinction Between Convenience Goods, Shopping Goods, and Specialty Goods", *Journal of marketing*, 23（July）, 1958, pp. 53 – 54.

霍尔顿强调消费者仔细比较附加搜寻信息的收益和成本，与后来"搜寻理论"的许多观点密切相关，而搜寻理论在消费者行为研究中得以发展。

霍尔顿同时认为，在本质上并不能清楚地将特殊品与其他两类相区分，特殊品不是严格的分类：

> 基于消费者对某种商品的观点，能将特殊品与便利品和选购品区分吗？这里他必须将付出特别努力的意愿与付出特别努力的必要区分开来。……特殊品的一个显著特征是特殊购买努力的必要，而不是购买意愿吗？为购买某种商品而付出特别努力的必要性一定来源于有限的市场需求。如果上述推理过程正确，那么特殊品是那些在有限市场上网点较少、购买者有必要付出特别购买努力的便利品或选购品，因此特殊品的分类似乎与其他两类重叠，不能与选购品和便利品相区分。[①]

因此霍尔顿认为将科普兰最初提出的特殊品降至分类体系中的次级。并非每个人对于霍尔顿的建议都异常高兴。对此不必感到意外，因为毕竟科普兰的三类体系已历经多年，在霍尔顿对此质疑之前，已培植一大批追随者。

戴维·勒克（1959）认为霍尔顿本该强调消费者付出特别努力的意愿而不是这种努力的必要。

> 霍尔顿提出的理论仅包括现有商品的分销和消费者选购的必要性，二者皆为静止的现象。他的理论并未解释消费者行为或营销者目标的动态过程。

> 与之相反，清楚地认识消费者付出特殊购买努力意愿的理论是消费者导向的、有用的，且具有说服力。运用广告和推销活动为特

---

① Holton, Richard H., "The Distinction Between Convenience Goods, Shopping Goods, and Specialty Goods", *Journal of marketing*, 23 (July), 1958, pp. 55 – 56.

定产品或品牌创造特殊品特征。将特殊品从营销理论和文献中排除出去，确实是愚蠢的。[①]

巴克林（1962）在《零售战略与消费品的分类》一文中试图结束关于商品分类的争论，他提出修正的科普兰体系。他认为将选购品和非选购品作为区分的第一段：

> 选购品是消费者每次需要时程式化购买的商品。这些商品在消费者每次购买之前经搜索已确定其适用性。
> 非选购品是消费者在每次需要之际愿意并且能够处理积累的信息并决定是否购买的商品。[②]

按照巴克林的观点，非选购品可以被再分为便利品和特殊品。为澄清便利品与特殊品之间的区别，并支持特殊品作为唯一类别，他推论如下：

> 非常清楚，对消费者而言所能买到的各类替代品是无差异的。如果他购买了最易接近的商品且不再继续，那么这种商品就是便利品；另一方面如果消费者认识到某种商品的唯一品牌能够满足自己的需要，他将忽视其他更多可获取的替代品，确保获取所需之物，那么这种商品就是特殊品。[③]

由于巴克林的影响，便利品、选购品和特殊品的三分体系再次在商品研究的学者中树立牢固的主导地位。但是，由于营销学和其他相邻学科中新概念和新理论不断演变，营销学者继续再次分析和挑战这个分类体系。例如凯思（1967）试图将心理学中费斯廷格的认知失调理论运

---

① Luck, David J., "On the Nature of Specialty Goods", *Journal of Marketing*, 24 (July), 1959, pp. 61 - 64.

② Bucklin, Louis P., "Retail Strategy and the Classification of Consumer Goods", *Journal of Marketing*, 27 (October), 1962, p. 52.

③ Ibid. .

用到营销的商品研究。前面对消费者购买努力的强调引起了凯思的注意。他发现一个潜在的缺点，因为：

> 仅仅将选购努力作为主要考虑因素，不能清楚地区分两类努力，一类是特殊品的购买者执意购买某种特定商品而付出的体力；另一类是在购买商品中议价、比较和区分所付出的心理努力。[①]

凯思融合认知失调理论的内涵，提出了另一套三分体系的定义：

> 便利品是由于价低、非耐久性、低自我介入等因素，对于消费者而言购买不重要的商品。通常消费者都有一批用途合适的替代品，若事后证明购买决定不合适，那么另一次购买决定可能会更好，因此，购买紧张度最低。
>
> 选购品是那些一次不合适购买产生高度续购紧张的商品，消费者可以通过收集信息和随后决策缓解这种紧张，这些商品在经济和心理方面很重要，包含重要的性能差异，而且有与性能特征相联系的实体质量。
>
> 特殊品。如果某种商品在经济和心理方面足够重要，有足够不同的性能特征，并有资格成为选购品，但试图质量与追求的性能特征无关联，那么这种商品就是特殊品。此外，备选商品可能有限，消费者不得不购买那些可能不太满意的商品，续购紧张度高，但不能通过购买行为降低紧张度。[②]

在产品研究中，重大意义的发展之一是产品生命周期概念和新产品成长模型的引入。按照莱维特（1965）的观点：

> 大多数机警的且富有创见的高级营销经理人员都已熟悉产品生

---

① Kaish, Stanley, "Cognitive Dissonance and the Classification of Conxumer Goods", *Journal of Marketing*, 31（October）, 1967, pp. 28 – 29.

② Ibid., p. 31.

命周期的概念，但少数几个世界性公司的总裁通晓这个引人注目的概念。然而最近我对这些经理人员进行调查后发现，没有人在战略方面使用这个概念，只有可怜的几个人在战术方面使用这个概念。与经济学、物理学和性学方面许多迷人的理论一样，产品生命周期理论仍是一个持久的但基本未使用或似乎不用的职业包袱，这个职业包袱只在职业讨论的修辞中出现，像营销管理，无论如何还是一个职业的观点，增加令人垂涎但明显不可得到的"合理性"。进一步的，有人顽固地认为生命周期概念增加了光彩和可信性，坚定地宣称，在一定的区域内，营销接近于成为某种科学。

产品生命周期与三百年前哥白尼宇宙学说一样许多人知道它，但似乎很少有人知道如何有效地或建设性地使用它。

既然如此多的人知道和理解产品生命周期，那么现在该是使它的时候了。①

20 世纪 60 年代扩散模型被引入营销学领域，1969 年巴斯提出了新产品成长模型，此后该模型及其修正形式用于预测零售业中的创新扩散以及工业技术、农业、教育、医药等市场的创新扩散。巴斯将新产品的采用分为两类，一类是"创用者"，他们只受大众传播媒体的影响，另一类是"模仿者"，他们只受口头传播的影响，新产品采用的数量应是"创用者"和"模仿者"数量之和。巴斯模型的具体形式可表示为：

$$Q_t = p \ (\bar{Q} - N_t) \ + q \frac{N_t}{\bar{Q}} \ (\bar{Q} - N_t) ②$$

其中：Q_t 是 t 时刻采用者数目；$\bar{Q}$ 是最终采用者数目；N_t 是到 t 时刻为止的累计采用者人数；q 是每个采用者对非采用者的影响系数；p

① Levitt, Theodore, "Exploit the Product Life Cycle", *Harvard Business Review*, 43 (November/December), 1965, p. 81.

② Bass, Frank M., "A New Product Growth Model for Consumer Durables", *Management Science*, 15 (January), 1969, pp. 214-227.

是不受采用者影响的个人转化率。

（二）定价研究

乔尔·迪安（1950）和阿尔弗雷德·奥克森费尔特（1960）力求将有关定价的经济理论转变为规范的政策准则，以利于营销管理者理解和执行这些准则。在迪安对定价文献的众多贡献中，最重要的是关于"撇脂"和"渗透"定价政策的论述：

> 对新产品定价的战略决定介于下面两种选择之间：（1）高初始价格政策，即从需求上撇取奶油；（2）低价政策，即从一开始为市场渗透而作为一个积极的力量。虽然实际的选择范围远大于此，但鲜明的二分法为考虑合适的价格政策澄清了问题。
>
> 撇脂价格。实践证明对于许多产品而言，如果产品在执行某项服务方面与通行的方法有着显著的差异，在市场发展的早期阶段，辅以大量的促销支出，相对较高的价格将会成功。
>
> 渗透价格。这个备选政策是低价格作为早期渗透大规模市场的主要手段。
>
> 只有当短期竞争迫使它时，它才降价，这是撇脂价格政策。这种被动的撇脂政策具有维护各阶段企业利润的优点，但是，许多购买者处于低的收入水平，或处于低的偏好水平，他们不愿为产品的卓越声望而支付实质性酬劳，因此撇脂定价阻碍向这些购买者的迅速销售。通过早期渗透价格探寻市场扩大的方法，需要调查研究、预测和勇气。①

奥克森费尔特首倡营销者应采用"多阶段方法"定价：

> 为组织有关价格决定的各种信息和应考虑的事宜，定价的多阶段方法是非常有用的工具。这个方法将定价决定中的主要元素分为

---

① Dean, Joel, "Pricing Policies for New Products", *Harvard Business Rview*, 28（November）, 1950, pp. 49－50.

六个连续的阶段：

1. 市场目标的选择
2. 品牌形象的选择
3. 营销组合的构成
4. 定价政策的选择
5. 定价战略的决定
6. 特定价格的确定 ①

阶段发展顺序是该方法的关键部分，因为计算每一个步骤以简化后续阶段，并降低错误发生的可能性。有人也许会说，这种方法将价格决策分为可管理的几个部分，每一个部分是下一部分的前提，通过这种方法，每一个阶段的决定促进后续阶段的决定。这种方法也可被视作选择性搜索过程，通过连续阶段的决策，减少值得认真考虑的备选方案的数目，以利于最终决策。

（三）分销研究

第三章论述的机构研究主要探讨营销中的组织，学者们综合继承这些研究成果，并将这些成果纳入分销渠道研究的范畴，构成营销组合的一部分。在1954—1973 年的 20 年间，分销研究成果在营销学者中的普及程度都达到了顶峰，此间，营销学者急切地利用经济理论分析各种问题，如营销渠道的出现、渠道结构的演变、有效和高效机构框架的设计等。

在对营销理论的众多文献中，1954 年 W. 奥尔德森撰写的《影响营销渠道发展的因素》是一篇有影响的论文。在这篇论文中，他总结了自己关于分销渠道目的和重要性的观点：

　　　　因为中间环节能够提高过程的效率，它们在交易过程中出现。中间商存在的理由在于对多种活动的专业化技巧，特别是在分类的

---

① Oxenfeldt, A. R. "A Multi-State Approach to Pricing", *Harvard Business Review*, 38 （July/August）, 1960, pp. 125－126.

各个方面，分类的差异原则解释了营销中相继阶段作为独立机构运营的原因。尽管经济学家为特定目的假定交易无成本，但在现实世界中交易占有时间，使用资源，由于通过中间商，交易成本更低，因此说中间商创造了时间、地点和占有效用。在现代经济中，分销网络的存在使得专业化大规模生产和满足千差万别的消费需求得以实现。①

从这个特别的引文可见，奥尔德森清楚地表述了大多数渠道学者的观点，即经济效率标准是影响渠道设计和演进的主要因素。但伯特·麦卡蒙对此有不同观点，作为当时分销研究中的学术领导之一，他争辩认为，应将几个因素作为渠道演变的决定因素，而不是全然基于经济效率标准。麦卡蒙（1963）认为：

　　机构变化的经济分析能够而且已经进行得很多，无论如何修改，这类分析不可避免地假定企业行为由成本/收益标准决定，因此以下部分或全部问题有待回答：

　　1. 既然改变能够带来经济优势，营销机构为何拒绝改变？

　　2. 非经济渠道为何在一定时间内持续存在？

　　3. 有些企业为何能够很快接受变化，而另一些却落后或拒绝改变？②

要回答这些错综复杂的问题，麦卡蒙（1963）建议机构学者应该调查研究多种社会的和心理的变量，例如，他提出下列假定：

　　1. 扩散依赖于创新本身。如果创新需要大量投资、重构企业—

---

① Alderson, Wroe, "Factors Governing the Development of Marketing Channels", in *Marketing Channels or Manufactured Products*, Richard Clewett, eds., Homewood, Illinois: Richard D. Irwin, Inc., 1954, pp. 13 – 14.

② McCammon, Bert, "Alternative Explanations of Institutional Change and Channel Evolution", in *Towards Scientific Marketing*, Stephen A. Greyer, ed., Chicago: American Marketing Association, 1963, p. 479.

顾客关系和大幅度改组企业内部结构，那么企业可能缓慢地接受这个创新；反之，创新只需较小的内外部改变，则企业较容易接受这个创新。

2. 创新者在一定意义上可能是"外来人"，他在一个既定的行业中处于边缘位置。在主要的社会网络中处于边缘地带，这样的人对创新感兴趣，因为他们打破现状，得到最多而失去最少。

3. 除非其核心市场受到威胁，企业对创新的反应是渐进的。如果是后一种情况，对创新的反应将非常迅速。

4. 企业家的抱负越高，他就越倾向于发起或接受创新。

5. 对创新的接受并不是持久的。

6. 如果创新能适应现有的决策习惯，企业将很快地接受创新。

7. 有影响的人物和创新者并不是同一个企业。由于机构创新者倾向于是"外来人"，他们在企业家的同事中只有相对较小的影响。

8. 在两个或两个以上渠道之间传递创新需要投入更大精力，而在同一个渠道内传递创新则需要相对较少的投入。①

约翰·F.马吉（1960）鼓励营销经理将分销决定与产品、定价和促销等量齐观。按照马吉（1960）的观点：

设法对付所有这些问题就像解开一束蓬乱的毛线，每一项决定都对其他选择产生影响。分销是一个系统问题，而且必须如此看待。如果从总体上审视它，并采用可得到的经验和方法研究它，那么能够以有序的且相互一致的方法解决前面提及的问题。

根据我们的经验，目前三种情况有助于合理的分销系统研究和有效的执行方案：

---

① McCammon, Bert, "Alternative Explanations of Institutional Change and Channel Evolution", in *Towards Scientific Marketing*, Stephen A. Greyer, ed., Chicago: American Marketing Association, 1963, pp. 489 – 490.

1. 公司认识到改善分销意味着检查整个实体分销体系；

2. 运用定量的系统分析或运筹学方法清楚地反映平衡的本质和系统运作与公司政策之间的关系；

3. 在销售和营销、运输、材料处理、材料控制和信息处理等方面有知识的人员合作工作。[①]

下一位对分销研究作出突出贡献的是 F. E. 鲍尔德森（1964）。为了营销实践者的利润最大化，他基于规范研究的方法，试图解释应该如何设计营销渠道。对于单个企业进行渠道设计应注意的特殊问题，他论述道：

> 与对整个营销渠道做综合分析的努力不同，单个企业在以下三个方面面临着渠道问题：第一，无论怎样超越利润最大化的假定而使企业使命复杂化，在设计渠道时企业的目的或使命比渠道标准问题更容易，在方案的发展中使用更简单。第二，大企业运作或能够运作时，需要以市场参与的相对效率和内部管理控制为标准评价渠道方案。第三，单个企业渠道问题与综合渠道设计问题之间的区别是令人深陷其中而不可泰然处之的。下面将展示，使用两种方法将产生营销渠道体系的模型：（1）识别要研究的商品或商品群；（2）研究参与统一体执行职能活动而引发的各种问题。尽管如此，单个企业不完全受制于单个营销渠道，它可以使用同样的设备和人力资源在一个或多个机构中同时参与几个营销渠道。[②]

1965 年麦卡蒙重提由康弗斯和休吉（1940）提出的一体化问题，他提出三种中心协调渠道体系：

① Magee, John F. , "The Logistics of Distribution", *Harvard Business Review*, 38（July/August）, 1960, p. 96.

② Balderston, F. E. , "Design of Marketing Channels", in *Theory in Marketing*, Reavis Cox, Wroe Alderson, and Stanley J. Shapiro, eds. , Homewood, Illinois: Richard D. Irwin, Inc. , 1964, p. 184.

公司营销体系……在一个所有者条件下，联合生产和分销相继连续的阶段。

与所有权相对的管理战略，也可以用以协调商品流和服务流，取得系统经济效益。运用领导影响，单个企业能够影响或控制渠道内邻近企业的行为。

最后，也是最有意义的，使用契约式协议，可以影响渠道协调，即在契约的基础上，不同层次上不同的企业协调他们的活动从而获得系统经济效益，也获得原单个企业所不能获得的市场影响力。①

麦卡蒙列举了协调营销体系出现和发展的四个主要原因：

1. 不断增加的资本需要和更高的固定成本；
2. 下降的边际利润率和投资回报率；
3. 日益复杂的营销过程；
4. 中心协调营销体系的潜在经济效益。

巴克林（1965）和马伦（1973）分别提出了解释和预测渠道结构的理论。巴克林着重研究延期（postponement）和投机（speculation）的概念，他作如下定义：

如果从分销渠道整个体系看，延期可被视作单个企业将拥有商品的风险转移到他人的一种手段，除非有订单，制造商拒绝生产，他将风险转嫁给购买者；除非销售商提供次日的运输（后向延期），中间商将拒绝购买而延期，或者，只有已经实现一项销售，否则他将拒绝购买而延期（前向延期）；除非允许消费者立即拥有从商店货架上取下来商品的所有权，他将拒绝购买而延期。②

---

① McCammon, Bert, "The Emergence and Growth of Contractually Integrated Channels in the American Economy", in *Economic Growth*, *Competition*, *and World Markets*, Peter D. Bennett, ed., Chicago: American Marketing Association, 1965, pp. 497–499.

② Bucklin, Louis P., "Postponement, Speculation and the Structure of Distribution Channels", *Journal of Marketing Research*, 2 (February), 1965, p. 27.

与此相关的是投机原则。它意味着给机构带来风险，而不是带走风险。投机原则认为，为降低营销体系的成本，形式变化和商品提前入库的运动应在营销流最早的时间进行。

综合这些延期和投机原则，巴克林（1965）认为在营销渠道中建立存货阶段，可做如下解释：

> 最少成本和渠道类型取决于可选择运输的时间和使用中间投机的存货成本之间的平衡。如果存货增加的成本大于因延期给买者或卖者的净节约而产生的补偿值，那么在渠道中将出现这样的存货。①

从经济学家乔治·施蒂格勒（1951）著作中借用有关理论，马伦（1973）提出职能性外溢（Functional Spin-off）的概念，用以评价和预测分销结构的变化。基于职能性外溢，他提出了八个假定：

1. 如果中间商比制造商能更高效地执行营销职能，那么生产者将会向中间商转移营销职能。

2. 如果通过大范围的数量变化而获得连续经济（Continual economies），那么行业中中间商的比例将会越来越大。

3. 如果生产者能够至少与中间商一样执行营销职能，那么生产者将保持或恢复营销职能。

4. 如果一个中间商执行某项营销职能时发现其他更加专业的营销中间商能够更高效地执行某项营销职能中的一部分，那么他将向后者转移这项子职能。

5. 如果生产者发现在对一个或多个营销时，由于上面第一个假定所述的原因，一个中间商能够更加高效地执行一个既定的营销职能，在对另外一个营销时，由于上面第三个假定所述的原因，他能够至少一样效率地执行同样的职能，那么他将转移向第一个营销的职能，而保持或恢复向第二个营销的职能。

---

① Bucklin, Louis P., "Postponement, Speculation and the Structure of Distribution Channels", *Journal of Marketing Research*, 2 (February), 1965, p. 31.

6. 如果营销中间商成为一个行业的特性，那么他们的性质将取决于转移后职能和子职能的组合。

7. 与最佳规模相关的市场规模越大（在每个渠道层次上），则将出现的渠道数目也越大。

8. 由于技术变化和最佳规模的发展，如果没有相应市场规模的变化，或者相反，那么企业可能放弃这种渠道。①

（四）促销研究

在促销领域，营销管理研究的营销学者们向营销实践者提供了有关人员推销和广告方面的建议。在《营销学学报》上发表的一篇有较大影响的文章中，罗伯特·J. 拉维奇和加里·A. 斯坦纳（1961）认为，广告的目的应该是推动消费者经过一系列阶段而最终导致商品购买：

可以认为，广告是推动人们经过一系列步骤的一种力量。

1. 消费者接近这些步骤的底部，他们对于正在谈论中的商品和服务一无所知；

2. 距购买近了一点，但距离收银台还有一段长路，是那些只意识到商品或服务存在的消费者；

3. 进一步的是可能顾客，他们知道产品提供的是什么；

4. 仍进一步的是那些对产品有好感的顾客，他们喜欢这个产品；

5. 那些有好感的顾客对这种产品形成的偏好超过了对其他产品的偏好；

6. 距购买更进一步的是这样一些顾客，他们将偏好和购买欲望相连，并确信购买这种产品是明智的；

7. 最后一步，态度转变为实际的购买。②

---

① Mallen, Bruce E., "Functional Spin-off: A Key to Anticipating Change in Distribution Structure", *Journal of Marketing*, 37 (July), 1973, p. 24.

② Lavidge, Robert J. and Gary A. Steiner, "A Model for Predictive Measurements of Advertising Effectiveness", *Journal of Marketing*, 25 (October), 1961, p. 59.

由于销售人员采用了相当数量的且被认为是欺骗的和不适当的策略，营销承受了相当多的辱骂。在营销管理研究的顶峰时期，有学者严肃地对待这个问题，并试图降低销售人员感到有必要采用强制性推销方法的可能性。例如，卡什和克里希（1958）提出采用"人员推销的需要—满足理论"。

在这个理论中，假定购买是为了满足需要，因此，为了实现销售，销售人员必须发现顾客的需要，并展示其产品和服务如何满足这些需要。与以前理论，主要是与销售人员导向的方法相比较，这是顾客导向的方法。为了熟练的应用，这个理论要求销售人员具有更高的技巧和充分发展的能力，因为直到他发现顾客的需要，才能谈论其产品，而推销程式鼓励销售人员指出产品的所有重要特征，显然，这与推销程式截然相反。它也要求销售人员具有充分的自信，通过提问掌握销售会谈的进程，而非支配会谈。[1]

对于更严肃和复杂的销售情况，这种方法符合前面已描述的两个理论。显然，它需要耗费更多的时间，但通过使顾客需要与产品特征和利益相匹配，增加了实现销售的可能性，从而使得这种方法更具吸引力，特别是在潜在佣金或利润足以保证额外时间花费的情况下。

第四节 小结与简评

始于 1929 年的大萧条成为美国经济、社会、政治和心理上的一道分水岭，"罗斯福新政"是美国摆脱萧条的选择，而极权和战争是法西斯德国摆脱萧条的选择，大萧条和第二次世界大战都给人类带来灾难性后果。历经 20 世纪三四十年代的痛苦岁月，美国迎来战后繁荣，美国

---

[1] Cash, Harold C. and W. J. E. Crissy, "*A Point of View for Salesman*, *The Psychology of Selling*", Volume 1, New York: Personnel Development Associations, 1958, p. 14.

市场日趋向买方市场发展。为了避免经济危机的再次发生，政府开始广泛干预私人决策和市场，庞大的福利和军费开支成为国民经济的主要刺激因素。在政府福利事业的支持下，自助、节俭和努力工作等道德规范已不再被视为关键因素，新教伦理对人们的约束和激励作用已减少，许多经济繁荣和政府福利使美国民众的需求日趋多样化。政府作用的加强以及有组织的劳工队伍的增长和所获得的法律保护，使营销者面临新的课题。因此市场和生产领域都变得前所未有的复杂，需要行之有效的营销实践和营销理论，这正是营销学管理研究范式产生的历史背景。

营销管理思想及方略认为，将企业的关注点由产品转向市场，不再着眼于企业能生产什么、怎么生产以及怎样将生产的产品销售出去，而是首先要研究市场需求，着眼于为市场服务的全过程，这一思想拓展了企业经营思路和视野，实现"以我为中心"向"以市场为中心"的转移；其次是实现营销手段主动运用，企业不再是产品少了重生产、产品多了重推销，而是从事任何生产经营之前，就主动地研究市场、细分市场、寻找目标市场；最后是营销手段的组合运用，企业不再是零敲碎打，而是综合利用企业所有营销手段，产生组合效应。因此营销学界将这次观念和方略的革新称为"营销革命"。

在营销学研究方面，从事管理研究的学者们坚持用"经济效率"的标准，综合先辈的研究成果，增添了新的研究内容，调整了研究方法，使营销管理研究成为营销学研究的主导范式。将职能研究归纳、总结为营销组合（4P_s），将商品研究作为产品策略研究的一部分，将机构研究作为渠道研究的主体内容，乔尔·迪安、约翰·霍华德、温德尔·史密斯、尼尔·鲍顿、威廉·拉泽、西奥多·莱维特、弗兰克·M.巴斯和菲利普·科特勒等营销学的先行者集中阐释了营销观念、市场细分、营销组合、产品生命周期、新产品成长模型、"撇脂"和"渗透"定价政策等概念，使营销管理成为学术界和营销实务界广泛使用的中心，至今这些概念仍在不断发展，对营销学研究和营销实践产生重大影响。

总之，营销管理研究以营销者对营销过程的管理为研究中心，采用经济效率的标准，综合商品研究、职能研究和机构研究的成果，并融入营销观念和营销组合等核心概念，构成较为完整的营销学理论体系，形成营销学研究的一个范式。令人遗憾的是，管理研究的出现和发展侧重于营销实践。笔者认为有必要批判性研究管理研究范式，并将有价值的成分融入营销学的一般理论范畴。

营销管理研究对营销业界产生重大影响。在营销实践者的办公室和教授们的学术课堂中广泛地应用其核心概念。除了该研究的弹性之外，另一个主要贡献是它的整合能力。通过强调营销观念（敦促营销实践者分析消费者需要）和营销组合（整合营销的职能任务），营销管理研究范式确立其主导范式的地位。

第五章

营销学范式的变迁

随着社会生产力的发展，人们需求水平和生活质量将不断提高。美国风起云涌的社会运动是美国人在"成熟社会"中希望较高等级需求得到满足的集中表现。在美国人生活水平迅速提高的同时，环境污染、能源短缺、通货膨胀、失业、消费者保护、弱势群体和少数民族、商业伦理和道德等社会问题日渐突出。群众运动是社会对上述问题的反映。企业、社会和政府只有恰当处理消费者利益、社会长远利益与企业利润之间的矛盾或冲突，才能以符合消费者的真正利益、社会长远利益的方式可持续地发展。为适应社会经济环境的变化，在深刻反省营销学理论和营销实践后，主要营销学者主张重点研究营销中消费者和社会因素，分析对营销产生的社会、行为或心理影响及社会经济环境对营销产生的影响，即由营销者主导向消费者和社会主导方向发展，由规范的归纳研究向实证研究发展。所有这些研究代表研究导向和方法的显著转变，构成营销学范式的变迁。

第一节 营销学范式变迁的环境研究

一 美国文化变革运动

20 世纪 50 年代末 60 年代初美国处于工业社会向后工业社会转变的时代，随着产业结构和社会结构的转变，人们的价值观和意识形态也发生变化。黑人追求种族平等，反对种族歧视；妇女追求男女平等，反对性别歧视；青年学生摒弃主流价值观念和异化生活方式，反正统文化运动异军突起。始于 1964 年夏季的民权运动是 60 年代美国社会运动普遍高涨的先导。在黑人斗争和反越战运动的推动下，对美国社会现实不满的新左派青年不仅对资产阶级的教育体制奋起抨击，而且走出校园，面向社会，成为黑人斗争和生态环保运动的主力军。在这种形势下，妇女运动也逐步高涨，矛头指向资本主义社会妇女的不平等地位。

（一）美国民权运动

民权运动是 60 年代美国社会运动的先导，它以静坐运动、"自由乘客"运动、选民登记运动以及向华盛顿进军等形式，迫使美国统治阶级加速民权立法，从法律上取消南部的种族隔离制度，保护黑人的选举权。民权运动高涨并不是因为美国种族歧视与不平等日趋严重，恰恰相反，战后美国黑人处境逐步改善，但改善的步伐远赶不上黑人觉醒的步伐。随着这种差距的日益扩大，民权运动日益高涨。[①]

民权运动引人注目的阶段始于 1955 年蒙哥马利对公共汽车的联合抵制，以及马丁·路德·金作为运动的领导人和战略家的出现。同一时期也出现了民权运动内部新人物的兴起，这些人拒绝种族融合的目标而赞成黑人分离主义，提出以武装斗争代替马丁·路德·金的"非暴力"的幻想。1968 年金遇刺后，继承他的多数派成为一个固定的政治院外活动集团，而黑人分离主义者上演咄咄逼人的政治戏剧的插曲，非暴力群众直接行为转向大规模城市抗暴斗争，使美国国内烽烟滚滚，并且试图与非洲和亚洲的殖民地解放运动结成联盟。在民权组织的推动下，黑人积极参与政治活动，在政府机构中有自己的代表，运动形式已不限于街头的暴力对抗，还采用罢工、投票和民权院外活动集团的政治影响等多种形式，并取得很好的效果。

在民权运动的推动下，1964 年国会通过民权法，授权联邦机构通过起诉、谈判和积极的强制执行以反对种族歧视，并继之以 1965 年的选举法、1968 年和 1972 年的民权法。前者试图再次授予南方黑人选民

---

① 曼切斯特：《1932—1972 美国实录（光荣与梦想）》，广州外国语学院英美问题研究室译，商务印书馆 1988 年版。

投票权，后两者扩大联邦政府处理住房和职业上歧视的权力。1961 年开始并延续至今的一连串总统行政命令，增强和扩大反歧视的保护伞，并将更多的群体——妇女、老年人、退伍军人、同性恋者和残疾人——带到保护伞下。1969 年尼克松总统发布一道行政命令，将照顾措施引入联邦就业政策。

1965 年左右民权运动的目标突然转变：从实现马丁·路德·金所倡导的不看肤色的社会转向对过去剥削和伤害的赔偿。这个新理论注重结果平等而不是机会均等——它得到大多数民权积极分子的信奉。大约从 1967 年开始，按"种族"将申请救济金、入学或就业者进行分类，并根据这个分类更改他们对申请者个人的待遇。照例在受雇和提升、免职和暂时解雇、准入大学和职业学校、使用公有住宅及对政府合同投标等方面，得到某种程度的优先。尽管优先制最初是计划给黑人的，但不久就扩大到包括所有其他"非白人"：拉丁美洲人、土著美洲人、亚洲人、爱斯基摩人和阿留申人，在某些方面还包括妇女、同性恋者、退伍军人和残疾人。在法律理论上，各种不同的非白人都有要求优先的平等权利；在实践上则期望有大致比例的代表性，但实际操作中存在一定的不确定性。

争取人权和种族平等、反对种族歧视和要求人权是这场斗争的最直接目标，笔者认为它的深层问题反映了处于急剧变革时期西方人观念与现实不适应性的冲突。20 世纪 60 年代以来，美国黑人作为接受现代人权观念最快最广泛的群体，只要产生这一冲突的文化制度的基础存在，美国民权运动便不会停止。

（二）妇女解放运动

20 世纪 60 年代的妇女解放运动在许多方面与民权运动类似，在民权立法和机会均等法规中，妇女终于与少数民族相提并论。但与黑人不同，妇女有充分的选举权和充足的财富，她们的生活水平不亚于男子，她们所抱怨的歧视主要在专门职业上。1960 年以前在美国盛行的家庭制度中，期望女子婚前工作几年，结婚后也可以断断续续地工作，以添补丈夫的收入。她们集中在低工资的女性职业——秘书、女招待、中小学教师、女仆、护士、社会工作者、售货员和机器操作工。妇女实际上被拒斥在大机关、大公司有权和负责的职位之外。在重要的专门职业、在政界、新闻界和金融业中，妇女只有象征性的代表。相沿成习的安排，把绝大部分公务活动领域留给男子，而把绝大部分私人事务领域留给妇女，把赡养妇女和孩子的主要责任放在男子身上，把养育子女的主要职责放在妇女身上，而且将心理特征和习惯仪态指派给适合这些指定职责的男女两性。为了克服妇女在职业上的不利条件，就必须向支持两性角色的习惯划分的假定和价值观念挑战。"提高自觉性"便成为妇女运动的中心活动。妇女运动的理论家们不仅批评对妇女的就业歧视，她们进而对一直视为当然的自然和文化的观点提出疑问，有些人对性行为、婚姻和生孩子一概反对，另一些人反对竞选美国小姐、化妆品、托儿中心和男性救世主的观念。这些极端的主张未曾被广泛接受，但它们有助于使普通公众大部分相信，沿袭下来的性别角色不是自然的或必需的，与性别角色有关的情结不是必然的。这些新观念伴随并且鼓励人口出生率下降、单亲家庭增多、母亲全日就业以及在家庭和工作场所的其他新潮流。

在寻求社会地位的男女平等和妇女充分就业方面，一些妇女组织做了大量的工作。她们采取示威和参政议政以及更激进的方式，宣传女权主义的观念，使妇女地位明显改善。到 1975 年，几乎所有以前只有男性的重要高等教育机构都开始招收女性；妇女被指派到学术部门，任命了第一位女将官，海军开始派妇女出海，全部为男性的私人俱乐部、酒店、衣帽间、工会都为司法或立法命令所迫而接纳妇女。大机构须向联邦机构证明他们在人员雇用和提升时没有歧视妇女。如同族群歧视一样，性别歧视的正式结构被扫除，许多非正式结构也同样如此，妇女实质上能够同样自由地选择婚姻方式。尽管在扫除性别歧视中仍存在许多缺点，但大多数美国妇女还是坚定地赞成继续发展的男女平等的趋势，大多数美国男子则平静地接受这种发展趋势。①

（三）美国环境保护运动

20 世纪 50 年代末当美国环境问题开始突出时，美国海洋生物学家

---

① 卡普洛：《美国社会发展趋势》，刘绪贻等译，商务印书馆 1997 年版。

雷切尔·卡森花费 4 年时间，阅遍美国官方和民间关于使用杀虫剂造成危害情况的报告，在此基础上，写成《寂静的春天》一书。她通过对 DDT——广泛使用的杀虫剂毒素在食物链中的凝聚作用和最后对人体及遗传所造成的危害，揭示一个令人惊骇却又无法回避的事实：人们用来对付被认为有害的昆虫的技术最终竟对准自己。[①] 该书于 1962 年出版，在半年时间里仅精装本就售出 50 万册，并由此在美国社会中掀起了一场大辩论，引起美国朝野的震动，并推动美国环境保护运动走向高潮。在 20 世纪六七十年代批判和反省的气氛中，对工业文明社会和富裕所带来的种种弊病的批评很容易得到认同，逐渐在 70 年代为美国大多数中产阶级所肯定。

美国的环境问题包括：自然环境保护区和濒危物种；动植物产地保护；能源、燃料和水资源保护；水污染、石油溢出；烟雾；酸雨；露天剥采；氟化碳引起的臭氧层变薄；大气层温室气体浓度上升；亚马孙盆地、非洲和亚洲的森林砍伐；住宅和公共建筑中的氡气；核废料处理；化学废料的清除；垃圾废物处理；化肥、农药和激素在食品和饮用水中的残留物；与核电、核武器有关的危险。这些问题中的每一个，都是人口增长和技术进步为一方与地球自然生态纤巧的自我调节平衡为另一方之间的根本紧张状态的单独一面。从实际层面上说，大多数环境问题表现为短期获益而付出绵延不断的长期代价。短期利益享受者为组织良好的不动产开发商、化学公司、汽车制造商、商业性捕鱼人、伐木公司、市政当局、农场主、管道经营商、公路建造商，而长期代价则由所有的人支付。

美国绝大多数保护环境活动的目标是要引起联邦政府制定管理规章或采取补救措施。从 1960 年美国国会通过空气质量法开始，随后制定了 30 多个重要的法规，以改进空气和水的质量，保护濒危物种和动植物产地，控制汽车排放物，减少噪音，禁止危险的农药，清除危险的废弃物，并追求别的环境目标。这些措施有一些是很有效的，环境已有显著改善。但是有一种一致的看法，认为现在的环境状况不如 1960 年。部分原因是新的难以处理的问题，如酸雨和含水土层枯竭已经出现；部

---

① 雷切尔·卡森：《寂静的春天》，吕瑞兰、李长生译，吉林人民出版社 1997 年版。

分原因是某些最严重的环境问题——臭氧层损耗、大气污染、热带森林的砍伐、物种的灭绝——是全球性的，可能是控制不了的；部分原因是某些联邦计划——核废料处理、特别基金会净化有毒场所、改善空气质量——惨遭失败。

这些对自然界的攻击每一种最终都要强制索取一份代价。美国环境保护运动积极分子的人数和他们施加的政治压力总量已在稳步增长，最老且最有影响的提倡环境保护的社团——谢拉俱乐部，增长明显加快。美国环境运动方面其他组织——全国野生动植物联合会、全国奥杜邦协会、自然环境保护协会，也同样发展起来。较新的团体如环境保护基金会、野生动植物保护人协会和全国资源保护理事会则发展得更快。

（四）美国反文化运动

"反文化"运动是指美国 20 世纪 60 年代在青年人中流行的以反战和反主流文化为特征的一种价值观、文化和生活方式。青年人反抗的基本原因在于 20 世纪 60 年代美国由工业社会向后工业社会转型，社会结构面临调整，而冷战及社会动荡，又加剧了他们的反抗。1969 年夏，40 多万青年人以同样方式聚集在纽约郊外的伍德斯托克，他们喊出的口号是"博爱、自由、和平"，伍德斯托克因此而成为美国反文化运动的象征。[①]

1946 年到 1964 年间出生的人被称为"婴儿潮"一代，他们生活在"丰裕社会"，享受着"丰裕社会"带来的福利，1963 年肯尼迪总统遇刺是他们一生中的一个里程碑。此前他们生活在色彩斑斓的迪斯尼童话世界里，而肯尼迪的遇刺则把他们拉回到残酷的现实世界。他们感到父辈们在战争中或在为生存而进行的斗争中学到的东西，在 1963 年 11 月也能学到，如果总统都不安全，可以肯定，任何人都不安全。

以肯尼迪遇刺为起点，青年人开始走出伊甸园，而展现在他们面前的世界黑白混淆、是非颠倒、危机四伏。危机主要来自两个方面，一是美国国内的社会动荡，二是冷战的阴影。虽然种族隔离在法律上被禁

---

① 兰登·琼斯：《美国坎坷的一代——生育高潮后的美国社会》，贾蔼美、纪胆武译，社会科学文献出版社 1989 年版。

止，但事实上的隔离依然存在。阿巴拉契亚山的长期贫困状况并无显著改善，贫困、失业和流离失所在黑人人群中随处可见，汽车工业的飞速发展带来环境污染，美国社会在住房、教育、医疗、城市贫困化等方面有很多问题亟待解决，他们开始怀疑"丰裕社会"。虽然他们成长于富裕社会，但他们的学校教育却一直被冷战的阴影所笼罩：1950年朝鲜战争爆发、1952年第一枚氢弹爆炸、美苏太空竞赛。

20世纪60年代抗议运动发生时他们大多就读于高中或大学，持续的社会动荡和冷战的对峙，使"婴儿潮"一代经历太多的事情。但是面对挫折，他们所做出的反应不是颓废、消沉而是反抗，成为抗议运动的主体，他们反对政府，愤恨越战，但从来没有导致他们爱国主义的消亡。他们向世界宣告，他们一致被公认为"最有可能获得成功"的一代，不愿意成为这个腐败、压抑、追求物质、封闭、失去本性、没有欢乐和好战的社会中的一部分。他们的价值观念是自由、坦率、纯洁、自然、给予和爱。他们嘲弄社会认为教育是通向成功业绩的最佳途径，他们蔑视普通人为克服日常生活中的经济困难所做的努力，以及在现代生活的复杂条件下保持自立和一定程度的自主权所作的斗争。他们所宣布的信仰似乎是对婚姻、工作、家庭、民主、竞争和机会平等信念的嘲弄，他们贬低美国追求物质的传统——追究更多的金钱，受到更多的教育，多些空暇、多给自己和孩子创造机遇。他们向全社会确立的各种形式的权威进行挑战——法律、警察、大学、当选的官员、专业人员、法人机构，等等。他们反对社会传统的管理婚姻和宗教机构，而代之以新型的集体生活形式和宗教信仰的表达方式。他们仔细研究传统道德的每一个部分，并找到机会尝试新的方式，他们以吸毒文化反对酗酒文化，他们以新的渴望集体的观念反对旧的强调私人事业的观念。

二 现代消费者运动

（一）现代消费者运动基本内容

有人把当代消费者运动的起源追溯到肯尼迪总统1962年3月发表的关于保护消费者利益的一篇特别咨文。肯尼迪阐明了消费者的四项

"权利"，规定了现代消费者运动的基本内容。这些权利后来被政府肯定，它们是①：

1. "安全权——保护消费者免遭有害健康和生命的商品营销的危害。"人们的认识已从偏向货物出门概不退换改为偏向另一种理论，这种理论要求卖者对他们出售的商品所产生的后果负责。它为保护消费者的健康和福利而制定的关于食品、药品、化妆品及其他商品的法律打下理论基础。

2. "被告知权——保护消费者免遭错误信息、虚假广告、冒牌商标或其他商业行为的欺骗，要给予消费者必要的信息，以便他们能做出清醒的选择。"这项权利已由于下列条件得以实现，从而保护消费者的利益。这些条件是：《证券和兑换委员会法》规定，免费公布行情；说明标准重量和尺寸；要求等级标签；标签条例；提供杀虫剂、药品、毒品、酒精饮料等的特性，产品成分及数量等情况，等等。

3. "选择权——要保证消费者在任何时候尽可能以竞争价格获得各种产品和服务。在那些竞争不起作用、由政府统制的行业中，要保证以公平价格获得优质产品和服务。"规定这项权利的大多数法律有《州际贸易委员会法》、《谢尔曼法》、《克莱顿法》、《联邦贸易委员会法》、《鲁宾逊—帕特曼法》、《惠勒—利法》和对《克莱顿法》的塞勒修正案。

4. "呼吁权——保证做到，政府制定政策时，要充分考虑消费者利益，处理行政事务时，要公平迅速解决消费者问题。"消费者的众多和交易的繁杂使这项权利的保证难以实现。消费者通常处于无组织状态，没人把他们的集体呼声带到行政和立法机构。美国总统的消费者事务特别助理办公室召开的座谈会给予一个讨论消费者事务的机会，而更有效的也许是诸如"纳德袭击者"这样的团体。这些团体通过几个运动积极分子，为广大消费者谋求补救措施，他们在几个问题上的成功显示出其潜在的影响，这说明小型的、有组织的、掌握信息的消费者组织可以影响政府的政策。

---

① Executive Office of President, Consumer Advisory Council, First Report, Washington, D. C.: United States Government Printing Office (October), 1963.

（二）现代消费者运动目标

肯尼迪总统的特别咨文规定了现代消费者运动的基本内容。而拉尔夫·纳德是消费者运动的功臣[1]，他为提高消费者地位而确定了一系列目标：（1）尽快公布关于商品质量、数量、安全情况的准确信息；（2）努力使卖方收回有缺陷产品，并对消费者不满意的购买给予退款；（3）对丧失经济来源的人要有更为公平的法律和较好的法律代表；（4）更多地制定政府安全标准，并随着产品与技术的发展而不断更新这些标准，也有必要加强现有法律的实施；（5）政府（或政府资助）研究改进产品的安全性；（6）通过固定价格和"固定产品"更好地保护消费者利益，谨慎地限制发明现有产品的地位；（7）技术、专业团体要进一步改进产品，并帮助解决环境问题；（8）设立更多保护消费者利益的民间团体和政府机构。

20 世纪 60 年代以后，美国政府通过立法活动体现了消费者导向。《联邦危险品法》（1960）要求家用滑雪危险品上贴上有警告的标签；《凯弗维尔—哈里斯药品修正案》（1962）规定，制造商必须证明其药品既安全又有效。《公平标签和包装法》（1966）规定，包装必须具有诚实可靠信息充实的标签。《保护儿童和玩具安全法》（1969）允许联邦食品和药品管理局禁止那些极为危险、任何警告标志都难以保证安全的产品。《消费者保护信贷法》（1970）规定，银行、信贷公司及零售商向要求贷款、开设循环费用账户、分期付款的顾客公布全部真实的利率和其他价目。《大众健康禁烟法》（1970）禁止在电视和收音机中做香烟广告，修改香烟包装上抽烟有害健康的警告（1973 年禁止香烟广告的范围扩大到"小雪茄"）。《防毒标签法》（1970）要求对那些可能危害儿童的产品实行安全性包装。《药品清单法》（1972）赋予联邦食品和药品管理局获得药品制造商充分信息的权力。《消费品安全法》（1972）规定：（1）保护消费者免受产品的意外伤害；（2）帮助消费者评价产品的安全性；（3）制定统一的

---

① 曼切斯特：《1932—1972 美国实录（光荣与梦想）》，广州外国语学院英美问题研究室译，商务印书馆 1988 年版。

产品安全标准减少州与地方法律条文的冲突。《马格纳森—莫斯担保法案》（1975）要求卖者在成交前向买者提供保证，简明充分地说明保证的性质及双方的权利和义务。《联邦贸易委员会修正法》（1975）扩大州际商业管理权，明确法规制定权，指导人们参加消费者组织，增加发布禁令权，扩大索赔权。

（三）现代消费者运动激发因素

现代消费者运动起源于一个非常富裕的社会，消费者受过良好的教育，有丰厚的收入，并可获得品种繁多、质量优良的商品，但显然对市场的各方面不满意。科特勒（1972b）研究了引起消费者不满的因素。他认为 20 世纪 60 年代的消费者运动不能归咎于任何个人或事件，而是由与现实社会运动相联系的各种情况的出现引起的。科特勒的分析基本结构是六种情况，即结构性增长；结构性紧张；一般信念的增长；激发因素；行动动员和社会控制[①]（见表 5.1）。

结构性增长是指导致内在矛盾的社会发展。大多数美国人的物质生活状况得以改善时，他们将注意力转向生活的更高质量方面。然而，复杂的技术和营销力量将大量商品送至消费者，同时也给他们带来许多问题。新产品的扩散、现有产品的不断改进、促销手段（如交易券、赠券）的潜移默化作用迷惑了消费者。同时，专家们将物质的丰富与环境的恶化（缺乏干净的空气和水）联系起来。20 世纪 60 年代的这些发展加重了消费者的烦躁，引起了严重的结构性紧张。另外，还出现政治、社会的紧张。

科特勒强调，消费者运动不仅由于需求的不满足，而且由于社会批评家、消费者组织及总统咨文的激励。拉尔夫·纳德因谴责汽车制造商脱颖而出，进一步促进运动的发展（激发因素），新闻报道和日益增长的消费者主义的政治请愿发出行动动员。科特勒认为如果政府和企业迅速反应（包含在社会控制中），可削弱早期运动的力量，运动之所以继续是因为政府和企业总是反应迟钝。

---

① Kotler, Philip, "What Consumerism Means for Marketers", *Harvard Business Review*, 50 (May/June), 1972b, pp. 48 – 57.

表 5.1　　　　　　**20 世纪 60 年代消费者运动高涨的激发因素**

激发因素的类型	具体表现
1. 结构性增长	收入的增加和教育水平的提高 技术和市场营销复杂性的加强，环境的不断开发
2. 结构性紧张、经济上的不满（通货膨胀）	社会上的不满（战争和种族问题） 生态上的不满（污染） 营销体系上的不满（以劣充优，明诈暗骗） 政治上的不满（反应迟钝的政客和机构）
3. 一般信念的增长	社会批评家的文章（加尔布雷斯、帕克德、卡森） 为消费者着想的立法者（基福弗、道格拉斯） 总统咨文 消费者组织
4. 激发因素	专职的煽动（纳德） 自发的骚动（家庭主妇的警觉）
5. 行动动员	大众媒介的覆盖面 谋求选票的政客 新型的消费者利益群体和组织
6. 社会控制	商业的阻力或中立立法的阻力或中立

三　对营销的批判

在批判和反省的年代，各类工商业受到集中的批判。工商业和广告被视作这个"物欲"踏轮的主要建造者，商业机构和商学院被看做社会罪恶的主要促成者。反文化运动认为，工商业的营销和广告为贪婪的物质主义添砖加瓦；生产能力掠夺了自然环境；工商业实践欺骗和剥削了公众，特别是对最贫困的和弱势人群。工商业在越南战争这样重大的问题上也难逃其咎，许多人认为工商业是这场战争的共谋，将这个时期的努力视作为了"军事—工业联合体"利益的继续和鼓动。①

确实，在工商业和营销中，特别利益和仔细审察常以某种明确批判的形式出现。安德瑞森（1982）认为，对营销的批判主要围绕两个基本问题：营销的经济功能和营销的社会功能。第一组批判主要涉及营销成本是否太高、价格增长额是否太高、广告开支是否太浪费、是否为促进产品和品牌的极小差异而花费过多。巴克曼（1968）研究了对广告的批判，这种批判引用出现的几个常见的主题，包括了对竞争者广告的批评、资源的低效率使用、为恢复已失去的市场份额而指出他人广告不实之词的反广告、不创造合乎社会要求的需要而创造不受欢迎的需要等，这种批判认为广告是浪费的。

第二类对营销的批判集中在营销的社会作用。由于营销影响了生活质量，那么在最本质上营销是利益的推动者还是损害的推动者。由于这些批判涉及营销直接和间接的结果及营销过程，因而它们更加复杂。对营销直接结果的批判集中在营销对猖獗的物质主义的支持、不合规格的工艺和技巧、奢靡浪费的生活方式和环境退化。例如，贝里和亨塞尔（1973）分析了营销传统上对物质消费和个人便利的强调是否影响社会生存的能力，他们认为，营销有义务缓和自由企业制度和生态系统之间的矛盾。盖尔布和布赖恩（1971）也指出，在营销教育中，缺乏对商业活动的社会后果的督导。其他生态学批判集中在污染、固体废物的循环、产品包装物的不可降解性等。

对营销间接结果的批判主要集中在以下几个问题：（1）由于营销对大众传媒的需要而导致的低质电视节目；（2）受损消费者的产生。据安德瑞森（1975）的推测，消费者损失来自三个基本的因素：第一，它可能是由消费者本身的特征所产生，特别是由于消费者缺乏教育、缺少经验或受制于种族歧视；第二，由于特殊品商店的缺乏、高昂的运营成本、低劣的管理和全面的高价及狭窄的商品种类，市场结构可能是消费者损失的来源之一；第三，消费者所光顾的不法商人采用剥削行为导

---

① Arnold, Mark J. and James E. Fisher, "Counterculture, Criticisms, and Crisis: Assessing the Effect of the Sixties on Marketing Thought", *Journal of Macromarketing*, 16（Spring），1996，pp. 120－121.

致了消费者受损，包括诱饵、欺骗性广告、价格歧视、欺诈性销售活动和非法信贷合同等。

　　对营销的批判也围绕着营销组合过程的不同方面，例如，广告是否误导。霍华德和廷克汉姆（1971）指出，对广告过程的批判可以分为四个主要类别：非功能性和功能性策略（代表消费者对广告刺激的知觉过程）与非功能性和功能性价值（代表消费者对广告刺激的认识或学习过程）。对广告的批判，从劝服的本质是不相关的、急躁的、混乱的、分散注意力，到广告的焦点是欺骗（如承诺利益并不在产品中）。

　　对营销过程的其他批判还包括价格锁定、产品规划、道德研究方法等方面。例如安德瑞森（1975）分析了差别定价和其他不道德或非法价格行为，他还区分了各种剥削性行为，这些行为通过多种策略转移购买或增加购买成本，包括特别"低"价、垄断定价和店内价格歧视等。

第二节　营销学范式变迁内容

　　广泛的社会潜流和对营销的相应批判在营销学界和实务界产生了普遍影响。斯维尼（1972）评论说：

　　　　营销学科现在正经历一场身份危机。部分原因是营销学自身发展太快和爆发性影响，部分原因是在社会、技术和经济等环境领域发生的脱节性变化，营销学科已经开始严肃地对待两个问题：营销学的本质是什么；营销与其赖以生存的社会的关系是什么。[①]

　　主要学者指出营销学遭遇深刻的变化，营销学纠缠在日渐增加的矛盾、混乱、差异的观点中。布朗和哈斯（1971）、韦斯特（1974）和勒克（1974）等认为营销学的核心概念是市场交易，主要责任是经济的，范围也只限于市场，本质是由结构所决定的管理技术，营销观念是恰如

---

　　① Sweeny, Daniel J., "Marketing: Management Technology or Social Process?" *Journal of Marketing*, 36（October）, 1972, p. 3.

其分的。科特勒和扎尔特曼（1971）、拉维奇（1970）及科特勒和利维（1969a，1969b）等认为营销学的核心概念是一般交换观点，主要责任是经济的和社会的（如效率、消费者安全、社会公正和环境等），在操作上范围可以扩大到社会，本质是由结构所界定的一般技术，需重新界定营销观念。道森（1969，1971）、斯维尼（1972）和斯普拉特伦（1970）等认为营销学的核心概念是广泛的价值交换，主要责任是社会的（如生活质量和人道主义），在哲学上可以扩展至全社会，本质是由此功能所决定的社会过程，营销观念是不充分的。学者们众说纷纭，但在 20 世纪 70 年代后两者观点处于主导地位。因此这样的争论促使营销学不断从新的角度审视营销，也标志着营销学由营销者主导的范式向消费者和社会主导的范式变迁。下面从购买者行为研究、宏观营销研究和保护消费者权益研究三个方面总结学者们的研究成果。

一 购买者行为研究

顾名思义，购买者行为研究主要研究市场中的消费者。学者们围绕购买者行为的研究可谓汗牛充栋，笔者从以下几个方面综述购买者行为研究：（1）购买者行为研究在营销学风行的原因；（2）行为科学中对购买者行为研究产生影响的早期开拓者；（3）购买者行为研究的演变；（4）购买者行为研究提出的主要原则、研究成果。

（一）购买者行为研究的流行

笔者认为，购买者行为研究的演变和迅速流行应归于两个原因：（1）营销观念的出现；（2）行为科学中公认知识。

营销观念的出现。第二次世界大战结束后不久，美国经济和西欧经济开始从卖方市场向买方市场转变，制造能力的巨大装置造成产能过剩，产品销售变得越发困难，在每个市场上开始出现几个强大的竞争对手，市场竞争日趋激烈。虽然营销中顾客导向在 20 世纪 50 年代后期到 60 年代早期还处于初期，而且限于包装商品公司，如匹尔斯堡、宝洁和通用食品等公司，今天在经济生活每一个实质性部分中，顾客导向已被认为是企业生存的关键。

营销实践者和营销学者开始对传统的供给导向的营销实践提出质疑，包括对推进式营销观念。例如，罗伯特·基思（1960）在匹尔斯堡表述了营销实践者的意见，他写道：

> 在今天的经济中，消费者即购买产品的男男女女，位于商业世界绝对的正中心，公司围绕着顾客，而不是相反。不断增加对消费者概念的接受，已经和将要对商业产生深远意义，实现经济思维方式实质性革命。随着这个观念得到更多的认同，营销将作为企业中最重要的、独一无二的职能而出现。[①]

几位营销学者也表达同样的观点，最著名的是菲利普·科特勒。在最流行营销学教科书《营销管理》第一版中，科特勒（1967）比较了生产、推销和顾客导向营销哲学的区别，强烈地倡导营销实践者应遵从顾客导向。马金（1969）雄辩地表达这种学术意见：

> （营销实践者）认识到，从一开始他的营销战略的成败完全取决于顾客，因为他的营销战略是为市场而设计的，因而大多数营销战略的形成都基于这样的假定，即消费者行为可以被（1）分析和理解；（2）分析、理解和改变。这两个假定都强烈地表明，营销管理者知道如何改变消费者的印象、意见和形象，如何成功地向消费者传递其营销方案。[②]

公认知识和方法。与此同时，有人逐渐认识到，行为科学的许多学科形成的一些知识有助于商业职能，特别是营销。福特基金会向商学院分配大量资金以增强在行为科学和数量方面的研究能力，纯理论学科开始将其专门知识和思想应用到未曾探究的商业领域，一批行为科学和社会科学学者开始转向研究商业领域。

---

① Keith, Robert, "The Marketing Revolution", *Journal of Marketing*, 24（January）, 1960, p. 35.

② Markin, Rom J., *The Psychology of Consumer Behavior*, Englewood Cliffs, New Jersey: Prentice-Hall, Inc, 1969, p. 7.

从文化社会学的观点出发，霍尔（1960）认为在与国外的商业和营销谈判中五种无声语言制造障碍，这五种无声语言包括时间语言、空间语言、友谊、物质占有和协议性质。从认知心理学出发，马奇和西蒙（1958）、爱德华（1961）提出与经济观点相左的概念，包括主观效用、有限理性、满足最低目标的要求、由于公司雇员在认识和目标方面的差异而导致的组织冲突等。

营销学开始从认知心理学中借用概念，如从消费者行为中借用认知失调（费斯廷格，1957）和认识冲突，从临床心理学和个性理论中，商业学科开始学习了团体动力、情感对理性行为、人本主义的管理激励理论。营销学从社会学借用了许多概念，如社会分层、社会阶级、意见领导权、个人影响力和创新扩散等。

同时，营销学开始运用行为科学的方法论。观测小组会谈在市场调研中非常普及，同时遵从已在社会学、政治科学和公众意见调查中建立的惯例，开始收集基于消费者深度小组调查而得到的数据，最后我们也开始使用实验作为检验行为假定的一种科学方法，如使用瞳孔扩张、皮肤电流压力和其他测量消费者生理反应方法。在营销学中，霍洛韦（1967a）出版了一本关于营销实验的文献目录（加德纳和贝尔克的修订版，1980）。

简言之，购买者行为研究的出现和繁荣是因为营销实践者认识到理解消费者的必要性，同时一批现存知识方法正好适合这种理解的需要。

（二）从行为科学发展而来的早期开拓者

许多行为科学学者在那些对购买者行为感兴趣的营销学学者中燃起了激情。乔治·坎托纳是最早从行为科学中转向商业研究的开拓者，他的经典性文章（坎托纳，1953）关于经济行为与心理行为的区别，激发了许多学者对购买者行为研究的兴趣。坎托纳最早使用消费者意图和消费者情感预测其行为。他的消费理论（1960）和消费者研究（1964）至今仍被视作经济心理学和消费者心理学中的主要文献。保罗·拉扎斯菲尔德是第二位开拓者，他的研究对营销和购买者行为研究产生重要影响，他主要研究领导权和个人影响力（卡茨和拉扎斯菲尔德，1955），形成关于消费者行为口碑（word of mouth communication）的研究惯例，他对研究方法论作出贡献，他用深度小组会谈作为收集资料的方法，用分阶段子表格作为分析数据的方法。埃弗雷特·罗杰斯是第三位开拓者，他关于创新扩散的专著（1962）在营销界很快普及，一大批学者进行新产品和品牌扩散的经验研究，至今在营销学和消费者行为研究中这本专著仍很流行，并产生了几部重要的著作和大量的研究文献。第四位开拓者是利昂·费斯廷格，他主要研究认知失调（费斯廷格，1957），该理论在 20 世纪 60 年代早期被应用到营销领域，此后有关该理论的出版物一直不断，至今认知失调仍是购买者行为理论中不可或缺的一部分。其他知名心理学家的理论也被用以理解消费者行为，他们包括西格蒙德·弗洛伊德（1953）、克拉克·赫尔（1952）、查尔斯·奥斯古德（1957a，1957b）、丹尼尔·卡茨（1960）、尼尔·米勒（1959）、卡尔·霍夫兰德（1954）和马丁·菲什拜因（1963，1967，1975），但是他们的著作在营销中只受到部分重视。最后，马奇和西蒙（1958）、西尔特和马奇（1963）主要研究组织心理学，他们对组织购买行为学者产生了重要影响，他们的著作直接被用作理解产业购买行为和建模。

（三）购买者行为研究的发展

在购买者行为研究方面，许多营销学者同时展开各自的研究努力，经常相互冲突，呈现出异常的多样性。为此笔者选择编年体的视角。

1. 20 世纪 50 年代。购买者行为研究对行为的重点研究从 20 世纪 50 年代开始，有三个独立的研究领域：

第一个研究领域集中在消费者行为的情感和非理性心理学决定因素研究。这个研究惯例由欧内斯特·迪切尔（1947，1964）首倡，它通常归类于动机研究。这个研究惯例的基本假定是消费者为了情感的和根源很深的原因而做出产品或品牌选择，对于这个原因，消费者或者不愿讨论，或者根本未意识到，理解这些动机的唯一方法是用临床心理学的方法和概念。动机研究因此开始依赖观测小组会谈和无结构个人会谈，这些会谈需要经过专门训练的心理学医生分析和诠释。有批评认为，它严重依赖弗洛伊德的心理学和无意识动机，它只是一个例外，而非消费者动机的规则，对消费者信息的诠释被认为是高度主观的，且缺乏意见一致的证实，这些批评认为大多数消费者行为是有意识的，而不是无意识的，大多数消费者在他们的行为方面是正常的，而不是异常的。对于这些批评，动机研究人员利用心理测量学上发展的数字上可测量的性格测验，扩大消费者行为动机的决定因素。不幸的是，利用性格作为消费者选择行为的基础，大多数研究仍无说服力，并在调查结果上冲突。

第二个惯例集中在消费者行为的社会决定因素。从社会学中引用流行概念，如炫耀性消费、参考群体等，产生一系列关于购买者行为的经验性研究成果。对那些作为明显的社会阶级象征的产品和品牌而言，炫耀性消费研究成果略有意义，但对于其他产品和服务，它们很少提供有说服力的结论。最有影响力的研究领域可能是对产品和服务选择行为的参考群体影响研究，例如，参考群体决定一个人吸烟与否，也决定他吸什么品牌的香烟。另外，参考群体明显不能决定一个人是否阅读杂志或购买家具，但是参考群体对这个人购买何种杂志或何种家具产生很大影响。与社会决定因素的一个相关领域是关于口碑影响力研究，卡茨和拉扎斯菲尔德（1955）及怀特（1955）证明，在社会选择中，个人影响比大众传媒更重要，这个结论导致了营销者审视广告、个人影响和意见领导在消费者行为中的地位和作用。

20 世纪 50 年代第三个研究领域集中在家庭决策。杜邦公司发起该领域的研究，该公司对杂货购买进行调查，包括家庭主妇在进入超级市场之前准备的购买清单。同时坎托纳和他的同事在社会研究所提出消费者意图是美国经济中花费行为的领先指示器，这些研究导致了家庭经济学家和营销学者提出了许多关于家庭购买行为的研究成果。

2. 20 世纪 60 年代。大批有着不同专著学术背景的学者向消费者行为研究贡献他们的时间和精力，许多创新研究惯例在 60 年代开始出现。

最锋利和激动人心的研究集中在消费者杂货产品的品牌忠诚度研究。由于可以从《芝加哥论坛》获得专门小组的日记资料，许多学者开始分析一段时间家庭购买模式。克宁翰（1956）和乔治·布朗（1952—1953）等早期努力吸引许多管理科学专家进入该领域，在柏努利、马尔可夫链以及其他随机过程基础上，有学者提出品牌忠诚度模型。在阿尔弗雷德·库恩（1962）的领导下，罗纳德·霍华德（1963）、罗纳德·弗兰克（1962）等以及斯坦福大学的学生共同努力，这个研究惯例达到顶峰，出版成一本专著。虽然应用随机和计量经济学建模方法，理解品牌购买行为仍在继续，但在 60 年代后期以后不再是大规模激增。

60 年代早期第二个开始出现的研究惯例是在使用实验设计和实验室基础上的实验，它涉及购买者行为的许多不同方面。例如，罗伯特·霍洛韦（1967b）和他的学生在明尼苏达大学就认知失调在品牌选择中的应用进行了一系列的实验，同时，许多广告实践者开始用实验室方法，通过电机仪器，如瞳孔扩张和皮肤表面电流，测量消费者生理反应。杜邦公司建立了一个高层市场研究部门，进行有关广告媒体和曝光的多项试验。最后，美国农业部就消费者对橘子和苹果的偏好进行实验。

第三个研究惯例，哈佛大学雷蒙德·鲍尔（1960）领导的课题组提出消费者行为中的察觉风险理论，该理论的基本原则是基于西蒙的有限理性理论和满足最低要求的概念，鲍尔认为消费者并不像经济学家们假设的那样实现效用最大化，而是实现与消费选择相关风险的最小化。这个简单但优美理论非常流行，许多研究项目和博士论文都验证鲍尔理论的多种组成部分和察觉风险的含义。

第四个研究趋势集中在发展消费者行为的综合理论。购买者行为非常复杂、高度动态，无法用单一尺度和截面的模型来完全解释，需要的是过程导向的理论，即随着时间推移而学习的理论。因为购买者行为是重复的，消费者可以很容易地将他们的经验从一个选择情形推广到另一个选择情形。许多学者都提出各自的购买者行为综合理论，他们包括霍华德（1963a）、安德瑞森（1965）、尼科西亚（1966）及恩格尔、科拉特和布鲁克威尔（1968）。恩格尔、科拉特和布鲁克威尔更是试图在他们第一本消费者行为教科书中形成综合理论的框架，但最终他们还是按照消费者行为的一个理论组织这本教科书。虽然购买者行为模型中存在一些不同，但都有两个基本相同的特征：过程导向和通过学习及经验的反馈。

最著名的购买者行为综合理论是由霍华德和谢斯（1969）提出的。他们首次在购买者行为使用形而上的标准，基于几个著名的心理学概念，创造一个综合理论，这些概念包括学习理论、探测性行为、语言和概念形成的背后象征。这个理论基本定理有：（1）消费者喜欢用随时间推移的学习过程简化复杂的选择状况，产生简化心理，由广泛问题解决、有限问题解决和最后惯例化反应行为组成。（2）若选择高度惯例化，且无挑战性，消费者喜欢使选择状况复杂化，产生复杂心理，由新颖和好奇行为及新方案搜索行为组成。（3）与信息相比，有关产品和品牌的经验是未来选择的更重要的决定因素，只有无先前经验时，消费者才可能依靠信息。（4）经过接触、注意和记忆等知觉作用过程，从产品实体所得到的信息（有证据的信息）比从广告和人员推销所得到的信息更少地被过滤；从社会和中立来源所得到的信息比从商业来源所得到的信息更少地被知觉过滤。（5）消费者满意与心理有关，它是先前期望与以后经验之间差异的直接函数。因此随着时间的推移，对于同一个消费者，消费者满意是变化的，同样对于同一时点的不同消费者也是不断变化的，这就使得营销者在市场上得到普遍消费者满意的努力十分困难。（6）许多外在因素影响、控制简化或复杂化过程，它们包括消费者个人特征、他/她的社会环境、他/她的金钱和时间等稀缺资源，由于产品对消费者的重要性或介入程度和与错误选择相连的察觉风险等方面的差异，简化或复杂化过程也可能因产品上述差异而不同。

笔者认为，霍华德—谢斯的购买者行为理论比其他理论更流行，至少有三个原因：第一，它是严格按照哲学科学理论的建立标准发展的；第二，它连贯地融合了营销学、心理学和其他行为科学的先前研究成果，试图创立合理的逻辑框架，并面向合理的逻辑框架；第三，也可能是最重要的，在现实世界中，检验这个理论，美国哥伦比亚大学几个大规模研究项目完成了这项检验，虽然结果不令人信服，但是这些检验证明这个理论是可检验的。

3.20 世纪 70 年代。70 年代购买者行为研究首次开始以独立的学科出现，许多事件在 70 年代发生，将购买者行为提升到独立学科的地位。

最引人注目的是 1969 年成立的消费者研究学会（the Association for Consumer Research，简称 ACR），它是有志于消费者行为研究的学者、实践者和政策制定者的组织。按照加德纳（1971）的观点，ACR 的成立为了以下目的：

1. 为学术界、从地方到全国的各级政府、私营企业和非营利组织及基金会等有志于消费者研究的各类人士提供一个交流的论坛。

2. 促进从多角度对消费者行为更好理解的研究。

3. 通过业界研究班、讨论会和公开刊物传播理解消费者行为的研究成果和其他贡献。①

ACR 在 70 年代持续发展，对于消费者行为研究者而言，它已经成为美国营销学会（AMA）的替代组织。自 1970 年以来，ACR 的年会记录是发表论文的主要途径，发表的论文被视为学术文献。

另外一个标志购买者行为研究成熟的事件是学术刊物的创立。始于 1974 年的《消费者研究学报》（*Journal of Consumer Research*，简称 JCR）旨在成为一份跨学科的期刊，而不只是营销导向的期刊。按照其首任编辑的观点，JCR 是作为 "一种对广泛领域的主题进行跨学科交流的媒介而诞生的，其共同特征是它们都与消费者行为研究相关"。

20 世纪 70 年代的研究有的是 60 年代的继续，有的则反映了新思想。例如，对购买者行为综合理论的检验，一直持续到 70 年代（法利等人，1974）（霍华德和赫尔伯特，1973；霍华德，1977，1988）；在消费者行为研究中继续运用运筹学的研究技巧；在更加数学导向学者（如巴斯，1976；彼得森和马哈简，1978）的领导下，创新扩散研究在 70 年代不断发展；人际影响、社会阶级、家庭决策和察觉风险等研究实际上在 70 年代都继续发展，大多数研究成果发表在 JCR 和 ACR 的记录中。

新的研究趋势在 70 年代开始出现。第一个研究领域集中在产业或组织购买行为，罗宾森、法里斯和温德（1967）的著作为该领域的研究奠定了基础，谢斯（1973）出版的关于产业购买行为的综合模型，并试图整合现有知识，其他学者也在该领域积极研究，这一研究趋势将不断发展。现有的大多数研究归为两类，一类研究关于组织购买中心，它侧重研究在一个特定购买决策过程中有效介入的组织成员。另一类与组织购买行为有关的研究集中在组织如何处理购买过程，而不是明确地集中在购买中心。

---

① Gardner, David M. ed., *Proceedings 2nd Annual Conference of the Association of Consumer Research*, 1971, p. i.

第二个研究领域集中在社会和公共服务领域，如人口控制、教育、健康护理、运输和营养等领域（谢斯和赖特，1974）。这是将营销实践和概念应用到非营利组织的结果（科特勒，1975）。在很大程度上集中研究这方面购买者行为，接近于社会期待，为营销学者赢得越来越高的声誉，因此，许多来自社会心理学和社会学的学者开始关注这一领域的购买者行为，并将其作为应用他们理论和方法的相关领域。对非营利服务的重点研究现已扩展到一般服务部门，包括健康护理、金融、信息和娱乐产业。

第三个购买者行为研究的领域集中在跨文化问题。虽然迪切尔（1962）已努力使营销实践者感到在国际营销中跨文化差异的重要性，但是直到70年代早期才出现概念性和经验性研究。这一兴趣出现的原因可能是日益增加的全球竞争，特别是来自日本和韩国的竞争者，在发达国家和次发达国家间不断增长的国际贸易也是原因之一。尽管试图建立跨文化购买者行为的综合理论，但跨文化购买者行为理论研究在70年代仍处于初期。

第四个研究领域是家庭购买行为研究，包括夫妻间共同决策行为研究。谢斯（1974b）提出一个家庭购买行为的综合理论，它以过程为导向，类似于谢斯的产业购买行为理论。戴维斯和希高（1974）的研究引起学者们对该领域的兴趣，共同决策过程、家庭成员冲突解决战略研究成为非常有趣且重要的研究领域。

第五个研究趋势关于态度—行为关系、态度形成与结构。霍华德和谢斯（1969）提出了一个理论基础，他们认为，如果没有抑制因素，先前对品牌的态度将成为未来行为的预告。但菲什拜因（1963，1967，1975）的模型认为：如果一个人有意执行一个特定行为，那是两个因素的函数，即对执行后果的信念和对他/她参考群体标准的信念（他/她是否应该执行这样的行为）。简言之，个人信念或规范信念和它们各自特点决定了个人行为。该模型在消费者行为研究方面引发了许多研究成果，有的试图扩展或修改该模型。

以独立研究趋势形式出现的相关领域是信息处理。消费者如何利用信息、吸收信息并对产品和品牌做出评价判断，至少三个有争议的问题令几位营销学者乐此不疲（雅阁比、斯佩勒和科恩，1974；赖特，1973；贝特曼，1979）：第一个是否有信息负荷超载，换言之，消费者在做出选择时是否因为过多信息而处境恶化；第二个有争论的领域与消费者是否使用补偿性与非补偿性方法来做出判断有关，几个备选模型相互竞争，如补偿性模型、分离性模型、连接性模型、词典编辑性模型；第三个有争论的领域与信息收集方法有关，即是否使用会谈记录（次于描述）或使用比例陈述收集资料。

虽然 70 年代态度研究远超其他研究趋势，但它也产生了强烈的反对研究。有学者反对多属性模型背后狭窄的研究重点和认知基础（谢斯，1979b；赫希曼，1980；齐尔林斯基和罗伯森，1982；霍尔布鲁克和赫希曼，1982）。有人认为，许多购买者行为现象在本质上可能是实验的、情绪的和不可认知的，购买者行为学科还有许多其他有趣的研究领域（新奇寻找、从众行为、越轨行为等），而这些领域研究被认知模式排斥性研究所忽略。

4.20 世纪 80 年代。80 年代可被描述为消费者行为的新黎明。对信息处理和多属性模型的反向反应已产生了有趣的且相互作用的研究兴趣，包括仪式和象征主义（鲁克和利维，1983；鲁克，1985）、实验性和幻想行为（霍尔布鲁克和赫希曼，1982）、宗教对消费者行为的影响等，它也对定量研究产生了反向反应，并在动机研究的年代产生对更多定性研究传统的偏好。最后，出现了研究消费者行为中跨文化和亚文化问题的兴趣，有人坚持认为，购买者行为学派正在回归营销学。

这一学科研究的广泛性既是福音也是问题。但是，该学派正发展和扩展已明确的理论和概念，而不是产生孤立的研究成果。列举一些近期研究成果，布洛奇、谢里尔和里奇韦（1986）提出了一个消费者搜索行为的扩展理论，哈夫勒纳和霍尔布鲁克（1986）研究了情绪的两个竞争性类别，佩思密尔和汉德尔斯曼（1984）经验性研究了消费者行为中尘世生活的多样性。再者，劳伦特和卡普弗尔（1985）延伸了消费者介入领域的思想，豪泽（1986）研究了备选方案的选择或淘汰，韦斯特布鲁克（1987）探索了产品/消费基础情感反应和购买前行为的关系。

当然就本质而言购买者行为学派研究内容的相当丰富性，鼓励了新思想。例如，奥尔巴和赫钦森（1987）最近研究了消费者报告，坚持认为消费者报告不同于与产品相关的报告，并鉴别了报告的五个方面（认知努力、认知结构、分析、细节和记忆），他们还研究了这些方面之间相互作用的关系。他们也提供了用这种新方法讨论这个问题涉及的许多附录，并列举了超过 450 条参考目录，用以引导此领域感兴趣的其他学者。

在购买者行为方面另一个新的研究领域是符号研究。正如赞吉亚和纳丁（1987）描述的，符号学是研究和分析符号在特定环境下如何作用而提供结构的一门学科。米克（1986）研究消费者在市场上如何理解符号所代表的概念。再者，关于符号学的一个特别会议，由西北大学（凯洛格管理研究生院）和印第安纳大学（语言和符号研究中心）共同主办，于 1986 年在西北大学举行。

许多其他新领域也已出现，例如，鲁克（1985）扩展了仪式理论并作为诠释消费者行为的一种工具，他调查了年轻的成年人个人侍从仪式，在两个研究成果中提出了结论。加德纳（1985）提出了与消费者精神状态有关的概念性理论，描绘了精神状态的调解作用及其在消费者行为中潜在的重要性。

二 宏观营销研究

一度建立在自由企业制度之上的公共意见认为企业是社会中独立生存的且必不可少的机构，但在"撒理豆迈"事件和不安全汽车事件①之后，社会开始批判性审视企业活动，对此前文已有介绍。为严格地、科学地理解营销在社会中的作用，用以消除民众的消极认识，商学院开始鼓励有关商业道德和利益相关者分析的研究班，宏观营销研究由此产生，它研究营销活动和机构对社会产生的作用和影响及社会对营销活动和机构产生的作用和影响。

（一）早期研究

虽然理解营销在社会中的作用始于 20 世纪 60 年代，但在早期文献中发现关于该作用的论述也是平常的。威科、格雷瑟、考克斯（1952）

---

① 拉尔夫·纳德等保护消费者主义激进分子跟踪调查美国通用汽车公司生产的汽车，发现其中一款汽车存在安全问题，他们将这一事件公之于众，引起很大反响。

表达了他们的观点：

> 这本营销学教科书的作者们从不同的研究领域来到这个学科，我们有一个共同立场，我们坚信，一本好的营销学教科书可以使学生认识营销。在自由企业经济中营销是巨大而复杂的职能，这本营销学教科书的主旨是论述营销的超常重要性。我们相信学生必须清楚地理解营销能存在的原因，必须理解在美国动态混合经济中，营销如何开辟道路，学生必须能够判断营销执行社会和经济任务的情况。①

在某种意义上营销实践一直遭受社会的审察，即使在工业时代之前（斯坦纳，1976）。如今在普通民众的印象中，营销的形象是一种推销活动，并继承了许多不法营销行为，如欺骗性广告、引诱和虚假策略、固执己见的销售人员。

霍尔韦和乔治·菲斯克完成的该领域早期开拓性研究工作，霍洛韦形象地将营销称为一种社会活动，营销既能被社会影响，也能影响着社会。他用"粗略的图表"一词描绘"营销环境"（霍洛韦和汉考克，1964），最早论述这个"粗略的图表"的是一本研究集，该文集按照社会、政治经济、法律、道德、竞争和技术力量等广泛的外部环境安排结构，该流行读本的修订版将五分之一的篇幅分配给对社会中营销作用提出问题的文章。菲斯克从一般系统的角度理解社会中营销的作用，他的第一本主要著作明确地建立在系统观点基础上，在书中他试图描述"均衡经济学、营销管理的战略和机制、营销活动的社会后果之间"的相互关系（菲斯克，1967）。菲斯克区分宏观系统和微观系统，微观系统行为由个人、团体和组织可直接观察的目标推动行为组成，而宏观系统行为由微观系统行为的统计总量构成（菲斯克，1967）。特别地，菲斯克着重研究营销的社会作用，他以《宏观营销学学报》首任编辑的身份继续塑造宏观营销研究。

在霍尔韦和乔治·菲斯克最初的著作之后，里德·莫伊的研究成果

---

① Vaile, Roland S., E. T. Grether, and Reavis Cox, *Marketing in the American Economy*, New York：The Ronald Press Company, 1952, p. v.

是宏观营销研究广泛问题和保护消费者主义研究较集中问题之间的一座桥梁。莫伊（1972）着重从宏观视角研究更大的社会问题，并评价营销的作用。莫伊认为，研究宏观营销问题应该从社会的观点出发，而不像研究微观营销问题，营销是整个经济系统的一个要素，宏观营销学研究营销总体作用，至少从总体上评价其作用，并可与其他经济系统的作用相比较，如收入分配系统、福利系统和生产系统。再者，像其他所有经济系统一样，营销应该对取得一定社会目标负责。

（二）宏观营销研究的范围

1977 年在蔡尔斯·斯莱特的领导下，科罗拉多大学组织了第一次宏观营销研究班。蔡尔斯·斯莱特曾将营销原则应用到欠发达国家的经济问题上，他对营销和社会之间的相互作用有着深刻体会，在科罗拉多大学每年一期的会议上，他的主要目的是鼓励研究和发展营销系统和社会之间适当的相互作用。显然，这些会议的第一步是界定宏观营销学的范围。鉴于所有的营销方面都可以与该研究有关，学者们有意识地界定宏观营销学的本质和范围。

亨特（1977）是最早提出宏观营销学界限的学者之一，他的观点仍与宏观营销学的界限有关：

> 宏观营销学是一个多维概念，……宏观营销学将研究（1）营销系统；（2）营销系统对社会产生的影响和后果；（3）社会对营销系统产生的影响和后果。①

此后，几篇文献试图澄清宏观营销学的边界。例如，肖维尔和尼克尔斯（1979）认为，"如果目的是描述和增强与交换系统有关的社会福利，那么这个研究就是宏观营销学"。

虽然对宏观营销学的准确边界仍存有异议，但《宏观营销学报》的

---

① Hunt, Shelby D., "The Three Dichotomies Model of Marketing: An Elaboration of Issues", in *Macro-Marketing: Distribution Processes from a Societal Perspective*, Charles C. Slater, ed., Boulder: Business Research Division, Graduate School of Business Administration, University of Colorado, 1977, p. 56.

出版，至少在一段时间内为界定这个研究领域服务。两种备选方案用作解决这个界定困境：第一种是界定什么不是宏观营销学，例如，它不是"为一个单独的家庭、企业或公共组织产生一种预期结果的决策"（菲斯克，1981）。在这个意义上，宏观营销研究既不是管理导向，也不是政策导向。第二种方法是列举主题领域，包括影响"社会大部分公众的营销行为"（菲斯克，1981），菲斯克列举了适于宏观营销学研究的领域：

1. 营销作为向技术提供必需品的一种生活供给支持。
2. 营销所服务的生活商品数量和质量。
3. 营销作为动员和分配经济的一种技术。
4. 在学习型社会中营销的社会后果。①

亨特和伯内特（1982）仔细评述以前所有区分宏观营销学与微观营销学的研究成果，在此基础上，他们提出以下九个观点，将宏观营销学领域从微观营销学中分离出来：

1. 营销系统的研究是宏观的（莫伊，1972）；
2. 交换关系网络的研究是宏观的（巴戈齐，1977）；
3. 采用社会观点的研究是宏观的（肖维尔和尼克尔斯，1979）；
4. 研究营销对社会的后果是宏观的（亨特，1977）；
5. 研究社会对营销的后果是宏观的（亨特，1977）；
6. 对产业或营利部门组织营销活动的研究是微观的（莫伊，1972），采用单个营利部门组织观点的研究也是微观的（肖维尔和尼克尔斯，1979）；
7. 对个人、非营利部门组织营销活动的研究是微观的（亨特，1976b）；
8. 采用个别行业观点的研究是微观的（亨特，1976b）；

---

① Fisk，George，"An Invitation to Participate in Affairs of the Journal of Macromarketing"，*Journal of Macromarketing*，1（Spring），1981，p. 3.

9. 对消费者营销活动的研究是微观的（亨特，1976b）。①

他们将一张标准的问卷调查表寄给仍活跃的一大批学术研究人员，检验这些观点，接受调查的学者们的认识基本反映这九个观点的合理性。亨特和伯内特得出结论：

> 总之，营销者能够也确实用宏观营销学／微观营销学的两分法对营销现象、问题和研究进行分类。一个分类模型用总量水平、观点和后果这三个标准，完全详细地说明多种营销研究活动。②

与亨特和伯内特努力分离和区别宏观营销学和微观营销学相反，齐夫（1980）试图证明微观营销学中的管理方法同样可以应用到宏观营销学的情况和问题。按照齐夫的观点，公共部门和负责社会问题的管理者，确实可以与私营部门负责商业产品和服务的管理者一样，使用相似的方法，微观营销学中管理方法的主要变量有：（1）管理责任；（2）管理目标；（3）管理导向和战略；（4）决策变量，经过一些调整和提炼，这些变量都能够用于宏观现象。

齐夫（1980）将微观营销学中的管理方法应用到宏观营销学，它说明，虽然宏观营销和微观营销中存在投入和产出的不同，但是管理过程是相似的。齐夫也提出一些差异，例如，与微观营销相比，大部分宏观营销表明，在调整消费和产品线规划中，合作增加而直接竞争减少，营销管理者作为与竞争对手的战略家正转变为综合者，而综合者更关心整个市场，中心数据库资料工作只受到间接竞争的影响。

三　保护消费者主义研究

20 世纪 60 年代前只有很少的营销学者研究消费者运动，但随着消

---

① Hunt, Shelby D. and John J. Burnett, "The Macromarketing／Micromarketing Dichotomy: A Taxonomical Model", *Journal of Marketing*, 46（Summer），1982，p. 15.

② Ibid. , p. 24.

费者主义运动在美国全国范围的高涨，学者们开始关注、研究消费者主义，并形成一种研究趋势和理论思想。

（一）经验研究

营销学中关于消费者运动的经验研究可以被分为明显不同的机构领域。

第一个经验研究领域集中在营销中的不法行为，特别是与产品安全和消费者信息有关的，包括 FDA（联邦食品与药品管理局）、FTC（联邦贸易委员会）和 USDA（美国农业部）在内许多联邦管理机构完成大部分产品安全的研究。学者们则侧重研究欺骗性广告和产品标签信息等问题（加德纳，1976；拉索，1976；雅阁比和斯莫尔，1975；普雷斯顿，1976；阿姆斯特朗、肯德尔和拉斯，1975；阿姆斯特朗、格罗尔和拉斯，1979；福特和卡尔菲，1986）。

第二个经验研究领域集中在包括黑人、西班牙人、残疾人、穷人和其他少数民族消费者在内的弱势消费者。此领域经典的是戴维·卡普洛维茨（1963）关于贫民窟消费者的研究，他发现穷人购买同样的产品但支付得更多。他的研究在几位营销学者中引发了强烈的兴趣（安德瑞森，1975；阿什比，1973；卡萨基恩，1969；鲍尔和克宁翰，1970；布洛克，1961）。

第三个经验研究集中在消费者满意和不满意。安德瑞森（1977）为消费者满意研究提供了有关基本原理：

> 商业和非营利组织需要衡量其产品和服务符合顾客需要的程度，以便增加他们自身和顾客的福利；政府也需要这样的衡量以决定市场作用是否适当，或为了消费者利益是否需要进一步干预。这种产品和服务符合顾客需要和要求的程度被逐渐地称为消费者满意/不满意。[①]

---

① Andreasen, Alan R., "A Taxonomy of Consumer Satisfaction/ Dissatisfaction Measures", in *Conceptualization and Measurement of Consumer Satisfaction and Dissatisfaction*, H. Keith Hunt, ed., Cambridge, Massachusetts: Marketing Science Institute, 1977, p. 11.

在消费者满意和不满意研究方面已组织几次会议（亨特，1977；戴，1977；亨特和戴，1979；戴和亨特，1983）。再者，许多研究文章都发表在 ACR 的活动记录中。在此领域中，经验研究成果很多集中在衡量弱势消费者中的抗议行为，如高龄市民和残疾人，同时相当一批论文设法研究消费者满意/不满意衡量问题，卡多特、伍德拉夫和詹金斯（1987）用因果关系模型比较顾客满意的否定模型。

（二）购买者的观点

彼得·德鲁克（1969）将消费者主义定为营销的耻辱：

> 消费者主义意味着消费者将制造商看作对消费者实情感兴趣，但并不真正通晓消费者实情的人，将制造商看作至今尚未努力查明实情的人，寄希望消费者自己区分哪个是消费者既不能也不愿意做的人。[①]

因此德鲁克认为，应从购买者的观点而非销售者的观点考虑营销实践。他分析广告、产品质量和其他营销组合要素在消费者脑海中有着截然不同的认识：

> 我们的工作是使事物简单，以便它们能符合消费者的实情，而不是工程师的自我。我很久以前就听说，当制造商们谈论"质量"时，他们使用工程师的定义：某一个事物很难制造且成本高昂。这不是质量，这是无能！我们至今未认识到，大量复杂的选择给消费者信息和理解造成了确确实实的问题，我们至今未从消费者观点考虑我们的经营。[②]

与德鲁克类似，鲍尔和格雷瑟（1967）建议调解企业与政府保护

---

① Druker, Peter, "The Shame of Marketing", *Marketing/Communications*, 297（August），1969, p. 60.

② Ibid. .

者之间认识差异，最好的办法是双方从顾客的观点出发：

> 着重研究从消费者观点出发的信息需求，独立评价消费者关于营销过程的观点，是值得努力的。既不是企业因批评者提出的产品—评价体系建议而发出的悲伤，也不是批评者为似乎明显滥用营销工具而发出的不满，双方都应该朝着为顾客提出信息系统方向而转变。既考虑顾客的需要，也考虑他的信息处理能力，同时这个信息系统还忠于营销过程的实情。[①]

（三）顾客满意研究

在此领域最具理论争论的且具有说服力的思想由科特勒（1972b）提出。科特勒坚持认为，协调需兼顾消费者利益的企业行为，顾客导向营销观念的实践是必须：

> 消费者主义令许多企业震惊，因为在他们内心深处，他们认为自己一直出色地为顾客服务，这些企业应该受到他们从消费者利益保护主义者手中得到的处理吗？认为他们一直很好地为消费者服务，企业部门可能在自欺欺人。虽然大部分美国公司承认营销观念哲学，但是可能更多的是承诺不违反而不是奉行营销观念，虽然高层管理者承认这个概念，但职能经理人员因销售量而受到奖励时，他们可能并未全心全意地实践营销观念。[②]

科特勒认为，顾客满意不足以在顾客和生产者之间创造双赢，因为：第一，客观地界定顾客满意是非常困难的；第二，顾客需要的产品可能对他们自身并没有好处。因此，营销者可能在短期内创造有关快乐的顾客，但是长期而言，顾客和社会一般可能会因满足而遭受损失。他列举几种事例证明他的观点，如吸烟和食用无营养的食品。他建议，新

---

① Bauer, Raymond A. and Stephen A. Greyser, "The Dialogue That Never Happens", *Harvard Business Review*, 45 (November/December), 1967, p. 2.

② Kotler, Philip, "What Consumerism Means for Marketers", *Harvard Business Review*, 50 (May/June), 1972b, p. 55.

产品应该既能提供即时顾客满意，又能保护消费者长期福利。开发这类产品是企业营销的义务。基于即时顾客满意和长期顾客福利这两个方面，科特勒提出了划分全部现有产品的图表（表5.2）：

表5.2 **科特勒（Kotler）的产品分类表**

		即时满足	
		低	高
消费者的	高	有益的产品	合乎需要的产品
长期福利	低	缺陷的产品	令人愉快的产品

合乎需要的产品是结合高即时满足和高长期利益的产品，如美味且营养丰富的早餐食品。令人愉快的产品给人高的即时满足，但却在长期内有损消费者利益，如香烟。有益的产品是吸引力低但长期内对消费者有很大利益的产品，如低磷洗衣粉。最后有缺陷的产品是那些既无即时吸引力又无有益特性的产品，如口味讨厌的专卖药。

制造商还不如忘记有缺陷的产品，因为为了建立令人愉快和有益的品质，有太多的工作需要完成。另一方面制造商应该花费最大的努力生产合乎需要的产品，如食品、纺织品、家庭用品和建筑材料，它结合固有的吸引力和长期的有益性，……令人愉快的产品造成的挑战是它们销售得很好，但最终有损消费者利益，因此产品的机会是改变产品的配方，增加有益性而不减少任何或太多令人愉快的特性。有益的产品，如不易燃织物和许多健康食品，被认为"有益于顾客"，但一定程度上缺乏令人愉快的特性，对营销者的挑战是在产品中融入令人满意的特性而不牺牲有益的特性。[①]

基于长期消费者福利和即时顾客满意，科特勒的四种产品分类有相当的优点。长期消费者福利衡量营销效果，即时顾客满意衡量营销效

① Kotler, Philip, "What Consumerism Means for Marketers", *Harvard Business Review*, 50 (May/June), 1972b, pp. 56 – 57.

率。因此，有合乎需要产品的行业将有实效且有效率，在此过程中，平衡企业和公共利益。另外，行业中充满令人愉快的产品，将非常有效率或获利，但从社会角度可能无效果，因此它需要社会管制。最后行业中充满有益产品可能非常有效果，但不是有效率或获利的，因此它可能需由政府鼓励或公共部门所有。

20世纪90年代营销学研究在企业的营销实践中如何进一步融合社会和道德因素，使企业利润、顾客满意和公共利益得到平衡。

在对美国消费者运动营销学研究的评述中，几个有意义的趋势是显而易见的：第一，虽然未加入营销学的消费者保护主义者发起了积极行动者的观点，但在营销学者中已取得理论发展的领导地位。第二，更加现实主义的意识已出现。早期著述认为贪婪和感觉迟钝的营销实践者从事了不道德营销实践，最近的著作则认为一组复杂变量可能更应对此负责，诚实的个人却从事了在道德上有争议的行为。第三，消费者运动研究已超出了对不合适行为的简单批评，开始思考任何通过使用道德训练、管理事例和鼓励措施在组织结构中的激励道德行为。

第三节 小结与简评

20世纪50年代末到60年代初随着美国政治、经济和社会结构的转变，美国人的价值观和意识形态也发生了变化，同时各种社会问题日渐突出，因此民权运动、妇女解放运动、环境保护运动、反文化运动、消费者权益保护运动等社会运动风起云涌，促使人们反思进而批判现成的价值观、文化、生产方式和生活方式。在这个批判和反省的年代，工商业受到集中的批判，营销和广告被认为给贪婪的物质主义添砖加瓦，并欺骗和剥削了公众，许多人认为工商业是越南战争的共谋，营销学科经历了一场身份危机。

营销学的主要学者指出了营销学遭遇的深刻变化，并在深刻反省营销学理论和营销实践后，主张重点研究营销中消费者和社会因素（如效率、消费者安全、社会公正和环境等），分析对营销产生的社会、行为或心理影响及社会经济环境对营销产生的影响，即由营销者主导向消费者和社会主导方向发展。但是，就营销学的核心概念、主要责任、范围和本质等方面，学者们众说纷纭、异彩纷呈，形成购买者行为研究、宏观营销研究和保护消费者主义研究三个研究趋势，这样的争论促使营销学不断从新的角度审视营销现象，代表了营销学由营销者主导的范式向消费者和社会主导的范式变迁。

购买者行为研究主要分析商品购买者，而营销学管理研究范式主要研究生产者或销售者，因而形成鲜明的对照。购买者行为研究中主要学者（如欧内斯特·迪切尔、约翰·霍华德、乔治·坎托纳、詹姆斯·恩格尔和弗朗西科·尼科西亚）认为，将购买者作为一个努力分配有限收入满足其无限需要的"经济人"，是不能令人满意的。他们将消费者行为视为人类行为集合中的一个子集，而非类似于反常行为的独特现象，并建议营销学者分析消费者行为，努力探究决定消费者行为更复杂、更现实的原因。为理解消费者行为的线索，尽可能借助对人类行为的解释，他们开始从心理学、社会学等其他学科中借用概念，并在营销学中加以应用。但这样造成许多关于消费者行为的不完整理论，每个理论都基于一个特定心理学、社会学和人类学的主张，从多种行为科学中大量平行借用理论和方法，产生如"盲人摸象"一样的现象，就消费者消费的原因，每个理论都提出合理但不同的解释。

购买者行为研究的重点绝大多数集中在消费者产品如包装商品和耐用商品，主要研究品牌选择行为，而非其他种类选择（如产品、数量、时机选择等），也非消费行为和处理行为。虽然对工业品和服务购买行为研究的兴趣不断增长，但该学科还是侧重于消费者商品。这种情况的部分原因是对这些产品经验研究操作容易，但笔者认为，归根结底是由于假定购买者行为是人类行为集合的一个子集。

宏观营销研究同样代表营销学范式的变迁。以罗伯特·霍洛韦和乔治·菲斯克为代表的一些学者认为应更加重视环境和社会因素，强调对营销实践活动产生重大影响的环境因素研究，是该研究最有价值的贡献。他们认为营销活动必然受到外部环境的影响，而这种影响可能有损于对效率最大化的追求。由宏观营销这一术语和《宏观营销学报》足见环境研究的发展程度。

保护消费者主义研究倾向于以偏颇的、情绪化的方式批评营销对环境的影响。直至 20 世纪 60 年代中期以拉尔夫·纳德为代表的消费者权益保护者提出"营销失败",营销学者才开始注意营销实践的"阴暗面"。以诺曼·砍冈、菲利普·科特勒、弗雷德·斯特恩迪文特、安伦·安德瑞森和基思·亨特等为代表的营销学者已在产品安全、消费者满意/不满意、弱势消费者、产品处理对环境影响和区域社会责任等一系列问题上取得令人信服的研究成果,并开始思考使用道德训练、管理事例和鼓励措施等激励道德行为。

20 世纪六七十年代消费者和社会主导的营销学范式对营销学的贡献有目共睹,但 20 世纪 80 年代初期的衰退和向保守主义价值观的退缩,使美国的国际竞争力成为普遍关注的焦点,宏观营销研究和保护消费者主义研究失去往日的吸引力。

第 六 章

营销学范式的分化和综合趋势

——兼论经济全球化与新经济背景下的营销学研究

20 世纪 70 年代末，美国在"滞胀"中结束了战后繁荣。为应对经济全球化的挑战，美国倾向新保守主义，增强美国国际竞争力成为中心议题。社会运动和冷战使美国中产阶级受到激烈冲击，80 年代开始新保守主义成为影响美国各方面的主要思潮。在经济方面，里根、布什和克林顿政府尽其所能，调整经济结构，使美国新经济在 90 年代获得强劲的国际竞争力。为提升美国的国际竞争力，营销者主导的营销学范式复兴，消费者和社会主导的营销学范式也有一定的发展。从历史的角度来看，评价范式变迁后营销学的发展为时过早，但仍可对这一时期营销学丛林作一个简要回顾和初步分析。

第一节　20 世纪 80 年代以来美国的社会文化环境

在社会运动和冷战最激烈的时代，美国保守主义就已经在酝酿和发展中。20 世纪 70 年代中期新保守主义思潮崛起，80 年代新保守主义取得支配地位并开始全面地影响美国，90 年代初期新保守主义受到挫折，但 1994 年中期选举后新保守主义重新得势，2000 年代表新保守主义势力的共和党在总统选举中获胜，可见，新保守主义的价值观、世界观是 80 年代以来影响美国各方面的主要思潮。

一　新保守主义的崛起

笔者所称的"新保守主义"，是指当代美国社会文化思想中与新自由主义（或称为现代自由主义）对立的一种思潮。它在继承传统保守主义（即自由放任）的基础上，又有新发展。它既强调私人企业的活力与市场的完美，又主张政府有责任指导社会向与传统法则或其他公共利益相一致的方向发展。

新保守主义的崛起有其深刻的历史原因。冷战态势是苏攻美守，在军备竞赛上美国被苏联赶上，越南战争使美国深陷泥潭。而国内各种形式的社会运动此起彼伏，局势严重混乱。在此严峻的形势下，美国需要一种有力的思想武器和意识形态对外应对意识形态的冷战，对内应对以"新左派"为代表的激进思潮和运动。而此时新自由主义不仅未能给美国资产阶级带来好处，反而造成极大问题，它造成美国自由主义传统和原则被无限制地扩大，乃至超出自由主义的规范而日益趋向"激进化"，所奉行的凯恩斯主义使美国经济陷入了严重的"滞胀"。因此，美国资产阶级需要寻找另一种思想武器和治国良方。

在此历史背景下，新保守主义走到了美国社会思潮的潮头，新保守主义吸收新自由主义的一些思想，承认国家在经济和社会领域的调节作用，但基本主张仍是市场的主要调节作用。

二　新保守主义的纲领

新保守主义由两种观念组成：一种是反国家干涉的古典自由主义，它强调个人主义和自由市场经济，主张严格限制政府行为；另一种是传统的保守主义，主张强有力的领导、有效的法律和秩序，同时注重道德的作用，注重宗教在社会中不可磨灭的作用。新保守主义的纲领主要有四个方面内容[①]：

[①]　刘军宁：《保守主义》，中国社会科学出版社 1998 年版，第 7—8、245、167—168、211—212 页。

1. 关于公共权力机构。新保守主义秉承"性恶论"和古典自由主义的个人主义观点，对联邦宪法做较严的解释，强调个人的自由和自主，反对扩大政府（尤其是联邦政府）的权限，主张把本来属于州、地方和人民而被联邦政府收上来的权力还给州、地方和人民，主张"小政府"。新保守主义认为政府的存在是一个必要的恶，须限制它而不能消灭它。

2. 关于个人自由。新保守主义就是要保卫"自由"的传统，它充分继承传统保守主义的思想，主张"有序的自由"（ordered liberty），即负责任的、审慎的自由，内部与外部相结合的自由。没有外在约束的自由并不足以保障人的自由，"有序"的自由不仅不是缺少外部约束的自由，而且在行使自由时要充分地应用个人的判断力、道德感和责任心的内在自由。

3. 关于社会问题。新保守主义主张"机会平等"，反对"结果平等"、"处境平等"、"福利国家"的观点。所谓机会平等，就是每一个人不因种族、民族、宗教、性别、年龄等方面的差别，都应得到同样的就业机会并通过个人的努力奋斗，改善自己的生活条件。而所谓"处境平等"，则是不管个人的才能和是否努力奋斗，人人都一样，一切平等。这种观点集中体现在对少数民族、妇女以及穷人等社会弱势群体的态度上。新保守主义并不赞成歧视这些人，但反对将"机会平等"变为"处境平等"的激进倾向，反对因为这些人过去所受的不公正待遇而普遍地给他们以特殊的照顾。它认为改善他们处境的办法应该是，注意他们当中有"天赋"和"才能"的人，使他们在"机会平等"的原则下改善自己的生活。因此，新保守主义虽然不从根本上反对社会福利，不反对给需要帮助的人予以援助，使他们靠自己的努力过上体面的生活，但是反对过度地扩大社会福利，反对"福利国家"。

4. 关于经济问题。新保守主义信奉自由市场经济和企业竞争力，重视市场发挥有效的资源配置而同时又能保留个人自由的作用。尽管有时因"市场无能"，它愿意对市场进行干预，但它的基本原则是自由企业和经济自由的经济政策，即企业自主经营，经济在其自身规律的支配下顺乎自然地发展，政府提供必要的保障和支持，而不是政府部门直接控制市场。

　　新保守主义的纲领对于怀念传统中产阶级生活方式的人具有很大的吸引力。富裕的中产阶级害怕失去他们的宁静生活，害怕通过自由竞争获取成功的美国方式遭到破坏而被代之以政府的强制性财富分配。他们认为，从 20 世纪 60 年代开始对少数种族裔的照顾即是明证。

第二节　美国经济的调整与新经济的形成

　　经过战后繁荣，20 世纪 70 年代美国决策者面临着通货膨胀和高失业率之间的两难选择。1977 年民主党卡特政府时期，美国经济的困境进入一个死胡同，紧缩的经济政策产生痛苦的后果：失业率从 1979 年的 5.8% 上升到 1980 年的 7.1%，1980 年通货膨胀率达 12.4%，了不起的繁荣在前所未有的"滞胀"中结束。为克服经济的衰退，里根、布什和克林顿政府尽其所能，调整经济结构，推动企业兼并改组，加强管理，充分发挥中小企业技术创新的灵活机制，为高技术产业提供宽松的市场环境，使美国经济在 20 世纪 90 年代恢复强劲的国际竞争力。

一　20 世纪 80 年代美国经济的衰退

　　1. 经济全球化对美国国际地位的挑战。经济全球化使国际经济实力分散化，美国的国际地位因而受到前所未有的挑战。1973 年美国在第二次世界大战后初期建立起来的布雷顿森林体制崩溃，以美元为中心的固定汇率制解体，美元的国际地位急剧下降，美国的对外贸易收支开始由顺差变为逆差。20 世纪 80 年代中期，美国又由国际最大的债权国变为最大的债务国。1990 年秋季，美国又陷入一次新的经济危机，虽然这次危机比较轻微，但对美国经济还是产生一些冲击。而同时期日本经济的迅速发展，使美国与日本的经济实力对比开始发生明显不利于美国的变化。资本主义世界经济由原先美国单极称雄的格局变为美、欧、日三足鼎立的局面，经济多极化的形成表明美、欧、日之间的经济实力对比发生重大的变化，美国的国际地位受到严峻挑战。在世界经济全球化和地区一体化的进程中，欧洲是率先推动经济一体化的地区，欧盟将对未来世界政治和经济格局的变化产生更大的影响，并成为美国经济的有力挑战者和竞争者。欧盟的发展和扩大进一步削弱了美国的超级大国地位。

2. 美国汽车工业和钢铁工业竞争受挫。汽车工业是美国工业的骄傲，与钢铁工业、建筑业并称三大支柱产业，大约 1/6 的就业与这个部门有关，自 20 世纪 20 年代起美国汽车就主宰着世界汽车市场。然而 1980 年日本汽车产量超过 1000 万辆，取代美国（800 万辆）成为世界头号汽车生产国。日本汽车大量进入美国市场，对美国汽车工业的压力不断增加。1980 年进口轿车已占美国市场的 28.6%。通用、福特、克莱斯勒三大汽车公司亏损 40 亿美元，克莱斯勒濒于破产。汽车工业这顶美国工业的王冠突然被日本人夺走，强烈震撼着美国各界。

70 年代末美国钢铁工业也陷入危机。1979 年美国最大的钢铁公司——美国钢铁公司宣布关闭 16 个钢铁厂，解雇 13000 名工人。1982 年和 1983 年美国钢铁工业共亏损 67 亿美元。1986 年美国第二大钢铁公司——伯利恒钢铁公司倒闭，许多大公司放弃钢铁业。100 多年来，钢铁工业一直是美国力量的象征，它的衰落影响所及远远超过钢铁工业本身。

3. 美国部分高技术产业的竞争优势遭到明显削弱。从 20 世纪 70 年代末开始，美国半导体工业的领先地位受到威胁，从世界市场的垄断地位退居到次要角色。1978 年美国公司还拥有全球半导体交易总收入的 55%，日本公司只有 28%；到 1986 年美国公司在全球半导体收入中的比例下降到 40%，而日本则上升到 46%。半导体工业的衰落直接导致美国电子工业的滑坡。20 世纪 80 年代中期，美国市场出售的 3/4 以上的收音机、2/3 的黑白电视机和 15% 左右的彩色电视机都是外国生产的。美国另一项高技术工业领域——民用飞机工业也受到欧洲公司的强大竞争。1982 年和 1983 年欧洲空中客车公司夺得宽机身客机世界市场销售额的一半以上和美国国内市场的 1/3，美国独霸世界民用飞机市场的时代结束了。

4. 美国劳动生产率不断下降。1979 年美国劳动生产率下降 1.2%，1980 年再下降 0.3%。1979 年 8 月，当时的美国总统卡特把劳动生产率下降称为"美国精神危机"的象征。1981年里根总统上台伊始就成立全国生产率顾问委员会，要求委员们提出改善生产率的具体建议。一些美国学者认为，劳动生产率增长速度下降，涉及美国经济一系列根本性和结构性的问题，它对美国对外竞争力的影响是深远的，为此必须做出长远安排，不是随便采取几项应急措施就能奏效的。[①]

美国人民的生活状况也直接反映美国的经济形势。20世纪80年代初的经济危机使许多美国人陷入困境。对那些失去农场、企业或眼看自己的工作在衰退中消失的人来说，他们的生活像大萧条时期经济骚乱时一样惨淡，就连里根也哀叹："对许多美国人来说，这确实是一个非常惨淡的时期。"[②]

1983年6月，里根总统下令组织来自企业、劳工、政府和学术界的30位杰出人物参加的"总统工业竞争能力委员会"。该委员会经过一年多的认真工作，于1985年1月发表长篇研究报告，对美国经济实力作了十分客观的评估。该报告指出，自1975年以来，无论是美国的高技术产品还是非高技术产品，在世界市场上的销售份额都下降了近10个百分点。另外，该报告还研究了西方主要工业国家在1960—1983年间的劳动生产率和固定资产投资率的增长状况，结果表明，美国的这两项主要指标都低于所有国家。另据1987年1月公布的《总统经济报告》披露，美国经济发展年平均增长率在1961—1965年为4.6%，1966—1970年为3.0%，1971—1975年为2.2%，1976—1980年为3.4%，1981—1986年分别为1.9%、–2.5%、3.2%、6.8%、3.0%、2.9%。如果把这种增长速度放到国际上来审视，那就更令美国人不寒而栗。据日本银行《国际比较统计》计算，1965年日本的国民生产总值只相当于美国的1/8，1975年相当于1/3，而1985年已超过美国1/2。日美两国的人均国民生产总值也呈现同样的趋势，1965年日本只相当于美国的25.8%，1975年相当于62.2%，1985年相当于97.6%，1986年已超过美国。

---

① 王允贵：《80年代以来美国经济结构调整的经验与启示》，《世界经济与政治》1997年第10期。

② 罗纳德·里根：《里根回忆录》，萨本望等译，中国工人出版社1991年版，第337页。

二 美国经济的结构性调整及其成就

为克服经济衰退，美国政府对经济结构进行大幅度调整，主要通过贸易政策、科技政策，推动企业兼并改组，加强管理，发挥中小企业技术创新的灵活机制，为高技术产业提供了宽松的国内外市场环境，也为传统工业注入新的活力。[①]

1. 从自由贸易政策转向战略贸易政策。1985 年里根政府宣布"贸易政策行动计划"，其核心内容是变自由贸易为"自由和公平贸易"，保证外国市场对美国开放，保障美国获得更多的出口机会。1988 年美国国会通过"综合贸易与竞争力法案"，即所谓的"特别 301 条款"。1989 年布什政府制定"国家贸易政策纲要"，单方面宣布有关国家为"重点观察国家"，迫使对方向美国开放市场。克林顿政府把外贸政策放在对外政策的第一位，实施保护色彩更浓、态度更富进攻性、手段更强硬的战略贸易政策。战略贸易政策主要内容是：运用出口补贴、优惠税收、进口壁垒等措施，扶持本国战略性产业的成长，增强其在国际市场上的竞争力，从而谋取规模经济收益，并借机占领他人的市场份额。

2. 增加研究与开发投入，促进高技术产业发展。美国对高技术产业的扶持主要体现在对教育、科技长期高度的重视上。美国政府明确宣称，加强科技实力的目的是要保证美国从现在起到 21 世纪一直具有竞争优势。这一政策在实施中具有以下特点：（1）加强对基础研究的投入；（2）大力开展应用科学研究，促进科研成果商品化；（3）加强企业与大学的科研合作；（4）提出信息高速公路计划，加快信息产业发展。

3. 改善美国经济的微观基础。与高新技术发展相适应的是以增强竞争力为中心的美国企业结构的调整，企业"并购"与缩减规模并存，实施企业内部管理结构的"再造"，着眼国际市场，收缩业务，重点经营传统产品，建立企业的"内部市场"，同时增强企业间协作，实施企

[①] 王允贵：《80 年代以来美国经济结构调整的经验与启示》，《世界经济与政治》1997年第 10 期。

业经营战略调整。通过调整，改善了美国经济的微观基础，极大地提高了生产效率，不仅使一些新兴产业的优势更加显著，也使半导体、汽车、钢铁、金融等行业重新获得活力。

4. 加强对传统工业的技术改造。随着电子工业的飞速发展，美国各传统工业部门纷纷提出要用电子技术改造落后的生产工艺。钢铁工业通过计算机控制和使用新的铸勺技术，加强钢产品的抗张强度，减少杂质含量，提高电炉炼钢法和连续铸钢法的比重；汽车工业普遍采用计算机辅助设计和计算机辅助制造、适时制等先进的生产和管理方法，更多地使用电子部件，提高汽车的自动控制性能和信息反馈能力。

5. 依靠风险资本和小企业开发高技术。风险资本家的投资对象总是选择那些从事新技术开发、风险较大但资本增益最多的创业公司。由于美国高技术小企业的迅速发展，一些不景气行业得以振兴，同时创造了许多新兴行业，如信息技术、生物工程等。美国高技术小企业对于推动科技革命、加强经济竞争力起着不可替代的作用。[①]

6. 信息产业的兴起推动美国"新经济"的形成和发展，彻底扭转困扰美国经济多年的颓势，重新确立在全球经济中的领导地位。从 20 世纪 70 年代开始，兴起了以微电子学的发展为基础的信息技术革命，人们将以信息技术为基础的新产业称为信息产业，事实上 OECD 国家的国内生产总值近 50% 来自以信息和知识为基础的产业[②]。或许可以用不同术语来描绘所处的这个时代，Lundvall 和 Johnson（1994）最早使用"学习型经济"来描述[③]；1990 年联合国教科文组织（UNESCO）提出"知识经济"的说法，概括这种新型经济的性质，1996 年 OECD 发表《以知识为基础的经济》（*Knowledge-based Economy*）的研究报告指出，知识经济是建立在知识和信息的生产、分配和应用上的经济[④]，明确人

① 傅汉清：《美国小企业对经济的作用》，《世界经济》1997 年第 5 期。

② 吴季松：《知识经济学》，首都经济贸易大学出版社 2007 年版，第 1—8 页。

③ Lundvall, Bengt-Åke and Björn Johnson, *The Learning Economy*, *Industry and Innovation*, 1994, 1. pp. 23 – 42.

④ OECD, *Technology and Industrial Performance*：*Technology Diffusion*, *Productivity*, *Employment and Skills*, *International Competitiveness*. Paris：OECD, 1996.

类正在步入一个以智力资源的占有、投入和配置，知识的生产、分配和消费为最重要因素的经济时代①。1997 年 2 月美国总统克林顿又采用了联合国研究机构曾经提出的知识经济的说法，至此逐步建立起清晰的概念——知识经济。

第三节　营销学范式的发展

为应对国际竞争挑战，提升美国国际竞争力，开拓国内外市场，成为关键任务之一。

一　美国企业的营销竞争

以柯达公司为例，1984—1994 年间该公司销售平平且利润下降，遭到更有创造精神的竞争者的攻击，其中主要对手是日本公司，它们导入和改进 35 毫米照相机、摄像机和只需一小时就可完成的快速冲洗胶卷工作室。当富士向柯达的主导产品——彩色胶卷发起进攻时，柯达公司不得不认真应战。富士进入美国胶卷市场时，供应高质量胶卷，售价比柯达低 10%，并且还打击柯达的高速胶卷市场。富士获得 1984 年洛杉矶夏季奥运会指定胶卷，在主要营销上给柯达以突然一击，美国彩色胶卷市场上富士的市场份额超过 8%，它宣布其目标是要获得 15% 的市场份额。富士的销售额每年的增长率为 20%，大大快于总市场增长速度。柯达需反击以保护其在美国的胶卷市场份额，它针对富士的低价，进行一系列的产品改进并推出柯达 25、125 和 1000 的胶卷。柯达广告和促销费用大大超过富士，比例是 20∶1。它花费 1000 万美元获得韩国汉城的 1988 年夏季奥运会指定胶卷，以后又获得在巴塞罗那的 1992 年奥运会指定胶卷。通过这些和其他活动，柯达成功地捍卫了它在美国的地位，市场份额为 80%。1993 年，柯达进一步采取行动，向富士的原产地日本进军，买下日本分销商并组

---

① 李京文：《迎接知识经济新时代》，上海远东出版社 1999 年版，第 17 页。

成它自己的日本营销和销售队伍，投资一个新技术中心，还大量增加在日本的促销和公共宣传活动，主办各种活动，包括日本电视谈话节目、相扑表演等。

在 20 世纪八九十年代像柯达对富士这样的营销竞争数不胜数，通用与福特对丰田与本田、施乐对佳能、卡特皮拉对小松、宝洁对花王、波音对空中客车、沃尔玛对家乐福，等等。为夺得市场份额，众多美国企业加快产品和市场开发的步伐，加大促销投入，努力适应全球营销的挑战，既实行技术等要素的标准化，又强调宣传的当地化，营销已成为美国企业提升国际竞争力的关键之一。为此，营销人才和营销理论受到特别的重视，以营销者主导的营销学范式复兴，新的理论研究纷纷出现，消费者和社会主导的营销学范式也有一定的发展。既有学者坚持发展综合的营销学理论，也有更多的学者沿着各自的轨迹从事研究活动。从历史的角度来看，评价范式变迁后营销学的发展为时过早，但仍可以对这一时期营销学发展作一个简要回顾和初步分析。总结范式变迁后营销学的发展，很难找到明确的线索，笔者仍从范式角度，归纳营销学的发展。

二　营销者主导的营销学范式的发展

（一）战略营销

1969 年杰克·特劳特在《工业市场》和《广告时代》撰文，第一次将"定位"一词和定位理念引入广告界，此后定位观念发展很快，至今它仍是营销学理论重要的概念。1972 年特劳特和里斯运用许多经典的简介和广告内容展示市场是高度竞争的，企业在创造和实施战略时必须有进取精神和分析能力，他们用极富感染力的语言论述道：

> 当你追溯行业中领先企业的发家史时，便会发现从巧克力领域的赫谢（Hershey）食品公司到汽车工业的 Hertz 汽车出租公司，它们的共同之处不是营销技巧，甚至也不是产品革新，而是它们有机会在竞争对手建立主导地位之前掌握主动权。用过去的军事术语来

说，市场的领先者总是"准备充足，先发制人"。领先者总是在市场形势还不稳定的时候，便开始大把捞钱了。①

市场是动态的、竞争性的。组织必须不断预计未来的变化，并做出相应的反应。埃布尔（1978）用"战略窗口"概念作为及时应对战略变化的组织框架：

> "战略窗口"概念认为，营销管理实务，特别是战略市场计划活动，需要从根本上进行变革。这些变革的关键是要把营销计划建立在对未来市场发展模式的预测上，并对公司应付变化的能力进行评估。这些分析需要战略方向的程度，要比为营销计划打基础的销售预测活动大得多。组合分析图的使用者在决定某种特定业务时，特别应该考虑动静两方面含义。②

巴泽尔、盖尔和休尔坦（1975）通过经验研究和"市场战略的利润影响"数据库，将公司的战略与绩效联系起来，确定并揭示影响盈利性和增长的诸多主要战略性因素（例如投资密度、产品/服务质量、R&D、劳动生产率和垂直一体化等）以及相应的市场环境，论证营销策略、市场份额和盈利能力之间的重要联系：

> 现在有一种广泛的认识，商业利润的主要决定性因素之一是市场份额。在大多数情况下，已在其销售市场取得高份额的企业要比占有小市场份额的竞争对手获得更多利润。这种市场份额与获利之间的关系得到公司管理者和顾问们的承认，并且被营销科学研究所进行的关于市场战略的利润影响（Profit Impact of Market Strategies，简称 PIMS）项目的结果所证实。③

---

① Jack Trout and Al Ries, "The Positioning Era Cometh", *Advertising Age*, April. 1972, pp. 35 – 38.

② Abell, Derek F. , "Strategic Windows", *Journal of Marketing*, 42（July）1978, p. 26.

③ Buzzel, Robert D, Gale, Bradley T. and Sultan, Ralph G. M. , "Market Share—A Key to Pofitability", *Harvard Business Review*, January-February, 1975, pp. 97 – 106.

戴（1975）提出一个产品计划的综合方法，描述各种可以指导战略思想和行为的分析方法，他还论述经验曲线、产品生命周期、波士顿咨询集团"增长—份额矩阵"以及市场份额和惯例的关联性。

产品计划中资源分配问题的普遍性是本次研究的中心。重点放在新老产品和市场的作用以及新产品开发所追求领域的选择这些基本问题上。首要问题是论述那些描述产生资金的产品组合和能够投资的公司之间的上下联系。一个产品的详细审察始于它的组成部分——产品生命周期和市场优势的概念，此后转入战略计划和资源分配的内在联系。[1]

科利和杰沃尔斯基（1990）认真研究营销观念的含义和关联性，使用市场导向这一术语描述营销观念的执行情况。为了便于研究和管理，他们提出综合的框架（图6.1）。

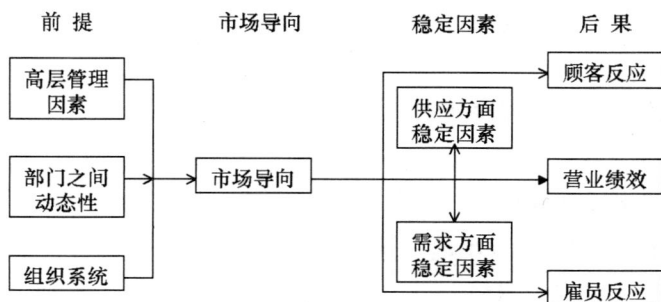

图6.1　市场导向的前提与结果[2]

纳维和斯莱特（1990）则用定量研究的证据证明市场导向对企业的显著影响：

① Day, George S., "A Strategic Perspective in Product Planning", *Journal of Contemporary Business*, January-February, 1975, p. 1.

② Kohli, Ajay K and Jaworski, Bernrd J., "Market Orientation: The Construct, Research Propositions, and Managerial Implications", *Journal of Marketing*, 54 (April), 1990, p. 7.

营销学术界和实践界三十多年来持续观察并认为，业务绩效受到市场导向的影响，但目前为止对市场导向尚无有效的测量，因此没有系统分析它对业务绩效的效果。作者报告了市场导向有效测量的进展，并分析它对业务盈利能力的效果。用日用品和非日用品的140 个商业单位的样本，作者发现市场导向对两类业务的盈利能力都有重要的正面影响。①

波特（1979）认为，制定战略的实质是了解并妥善处理竞争行为，他根据"结构—行为—绩效"的产业组织理论，创造关于看待竞争者和制定可持续发展竞争战略的理论。波特论述道：

在争夺市场份额的斗争中，竞争不仅表现在其他竞争者的身上。确切地说，一个行业的竞争者直接扎根于经济学，并且存在着远超过某一个特定行业中已确立的竞争者的竞争因素。消费者、供应商、潜在的新公司和替代产品，都可能是依靠行业的情况成为或多或少炫耀一时的竞争者。

行业的竞争状况取决于五种基本力量。这些力量的合力决定该行业最高利润的潜力。②

顺应知识经济的潮流，管理科学在构建以知识为基础的管理过程中坚定地强调组织因素的作用，基于知识的战略将产生可持续的竞争优势，企业成为学习型组织，以便成为信息时代的组织，从而获得知识经济竞争中所要求的动态能力。学习型组织在 1970 年度涌现出来，而 Peter Senger 的《第五项修炼》对学习型组织的概念、方法盛行起到关键作用（弗勒德，2004）。

营销学者也试图从市场导向的视角为企业的学习型组织研究作出贡

① Narver, J. C. and Slater, S. F., "The Effect of a Market Orientation on Business Profitability", *The Journal of Marketing*, 54（October），1990, p. 20.

② Porter, Michael E., "How Competitive Forces Shape Strategy", *Harvard Business Review*, March-April, 1979, p. 204.

献，斯莱特和纳维（1995）论述道：

> 有效的组织是管理实践的配置，这些管理实践促进了知识发展，知识则成为竞争优势的基础。因企业家动力补充而完备的市场导向为组织学习提供文化基础。由于市场导向和企业家精神都很重要，但它们必须由适当的风气来补足，以产生一个"学习型组织"。作者描述组织开发和使用新知识以改进绩效的过程，并提出一套构成学习型组织的组织要素，最后总结了一些有助于理解学习型组织的研究建议。[①]

（二）关系营销理论

弗雷泽、斯佩克曼和奥尼尔（1988）从营销学中商品交换的角度考虑工业品市场中适时（Just-in-Time Relationship）关系，展示了在营销中交换意见到权力以及营销关系管理的重要性，他们呼吁营销学界重视适时制关系，思考、争论和实证研究适时制关系，进而加深理解未来的原始制造商和供应商交换关系：

> 最后我们看到，构成零部件或原材料的交易在有关营销文献中只有相当少的论述。在营销中的许多概念和理论都将上述产品看作相对简单和无兴趣的产品类别。……适时制在工业品市场上正进行着变革，其中在原始设备制造商和供应商之间合成零部件或原材料的简化方式发生了变化，因此我们的营销结构和理论必须调整，要重视这样的变化。[②]

韦伯斯特（1992）观察到新的组织形式，包括战略联盟和网络组织正在替代传统的组织形式，他建议对营销职能进行重新定义，将其焦点放在向顾客提供超值服务的关系管理上。他简要地回顾了作为社会和

---

① Slater, S. F. and Narver, J. C., "Market Orientation and the Learning Organization", *Journal of Marketing* 59 (July), 1995, p. 63.

② Frazier Gary L., Spekman Robert E. and O'Neal Charles R. "Just-In-Time Exchange Relationships in Industrial Markets", *Journal of Marketing*, 52 (October), 1988, p. 63.

经济过程的营销学演进，并对组织变迁进行简要分析，指出关系、联盟和网络型组织正在逐步替代传统的官僚阶层式组织，因此有必要对营销作用进行再定义：

> 从学术或理论的角度来看，营销的概念相对狭义化了——作为一个利润最大化问题，将重点置于市场交易或一系列交易方法，没有触及将重点置于长期客户关系和战略联盟的形成及管理上，营销管理的理论核心需要被延伸到超越微观经济学的概念框架的层面，以便更充分地专注于一套关系和联盟固有的组织和战略问题。①

关于数字经济的主要转变，科特勒、杰恩和梅欣希（2002）指出，如果企业想在数字经济中成功运作，就必须在其业务和营销中做出九个重大转变，即：

> 1. 从信息的不对称转向信息的民主化；
> 2. 从为精英的商品转向为每个人的商品；
> 3. 从"生产—销售"转向"领会—反应"；
> 4. 从地方经济转向全球经济；
> 5. 从收益递减经济学转向收益递增经济学；
> 6. 从拥有资产转向获取准入；
> 7. 从公司治理转向市场治理；
> 8. 从大规模市场转向个体市场；
> 9. 从准时制转向实时制。②

他们进而清楚地解释新的全方位营销概念。

---

① Webster, Frederick E. Jr. "The Changing Role of Marketing in the Corporation", *Journal of Marketing*, 56 (October), 1992, p. 10.

② Kotler, Philip Dipak Jain, Suvit Maesincee, *Positioning Marketing as the Driver in the Digital Economy*, in Philip Kotler et al.: *Marketing Moves: A New Approach to Profits, Growth, and Renewal*, Harvard Business School Press, 2002, p. 3.

　　传统营销的中心目的一直是销售产品，旨在为公司的产品发现顾客。莱斯特·汪德曼指出："产业革命的口号——这是我所生产，你买不买？这样的口号将让给消费者革命，消费者革命声称，这是我所需要的，你是否愿意生产？"

　　今日消费者为王。过去一直是公司苦寻顾客，现在是消费者成为"猎手"。消费者告诉公司他的具体要求，提出他将支付的价格，确定他所要的收货方式，并决定他是否接收公司信息和广告。因此公司必须从"生产—销售"的哲学转向"领会—反应"的哲学，对顾客的价值功能，企业必须作更大的打算，旨在以最便利的方式来满足顾客的欲求，使得顾客在搜寻、订单、收货和接收服务中所花费的时间和精力最小化。如果企业希望确保更好、成本更高效地满足其顾客需要，它们必须更好地利用其合作者（如供应商、分销商、员工和社区），企业必须公开承认企业中两股基础性力量：产品和服务的供应侧便利和需求侧定制。①

　　全方位营销导向能够为捕捉顾客价值这一过程提供洞察力，最大化顾客价值意味着培养长期的顾客关系，培养忠诚的顾客是顾客关系管理的核心。对此佩恩和弗劳（2005）提出顾客关系管理（CRM）的概念性框架，并探究 CRM 的概念性特征，他们写道：

　　作者强调跨职能、过程导向的方法的需要，该方法将 CRM 定位在战略性层次，并确定五个关键性 CRM 跨职能的过程：战略发展过程、价值创新过程、多渠道整合过程、信息管理过程和绩效评估过程。基于这些过程，作者提出一套新的概念性框架，并探寻这个框架中每个要素的作用和功能。将文献中关于 CRM 和关系营销

① Philip Kotler, Dipak Jain, Suvit Maesincee, *Positioning Marketing as the Driver in the Digital Economy*, in Philip Kotler et al.: *Marketing Moves: A New Approach to Profits, Growth, and Renewal*, Harvard Business School Press, 2002, p. 33.

的多种概念整合成单一的、过程导向的框架，应该为 CRM 战略及实施提供深入见解。①

（三）全球营销

西奥多·莱维特（1983）写了另一篇堪称经典的论文。他在文章中明确提出了"全球营销"的概念。他发现，过于强调各个市场的适应性，将导致生产、分销和广告方面规模经济的损失，从而增加成本。他呼吁跨国公司向世界提供一种统一的产品，并采用统一的沟通手段。他写道：

> 世界上有一种强大的趋同力量，那就是技术。技术已经使通讯、运输和旅行无阶级差别化，使封闭地区和穷人感受到现代化的诱惑。几乎每一个人、每一个地方都想通过新技术得到他们所听到过、见到过和经历过的东西。
>
> 于是一种新的商业事实——全球标准化消费品市场形成了，其规模之大是前所未有和令人难以想象的。适应这种新情况的公司从生产、分销、营销和管理的规模经济中获益。利用这些收益来降低价格，它们可以打败仍然以旧眼光看待世界的竞争对手。②

苏珊·P. 道格拉斯和塞缪尔特·C. 克雷格（1989）检验了国际营销各个阶段及它们的内在动力，引发公司从一个阶段到另一个阶段的运动的驱动力，强化用于区分各部分的基本问题和营销手段，并讨论全球营销策略的构成的含义：

> 公司面临的重要问题和紧迫任务会根据公司在国际市场上的经验和特性的程度不同而变化。在导入国际市场的初始阶段，一

---

① Adrian Payne & Pennie Frow, A Strategic Framework for Customer Relationship Management, *Journal of Marketing*, 69 (October) 2005, p. 167.

② Levitt, Theodore, "The Globalization of Markets", *Harvard Business Review*, 61 (May-June), 1983, pp. 81 – 82.

个重要的目标是公司在区域上的扩张，这是为了鉴别出适于现有产品和服务的海外市场及控制生产和营销中潜在的规模经济。一旦确立最初的阵地，重点将转移到发展国内市场，开发潜在的范围经济，建设现有的地理基地。在第三阶段，注意力将转移到利用多国经营形式潜在地协同作用进行公司的巩固和一体化。①

（四）营销组合

1. 产品研究。墨菲和恩尼斯（1986）用努力与价格相关的风险作为标准，进一步阐述了四类商品分类体系。他们认为，在一切营销交易、产品、服务和观念中，都可以运用他们的分类体系。他们提出了下述分类体系的定义：

便利品，是低努力和低风险的产品。也就是说，消费者既不会在购买这些产品上花费太多的时间和金钱，也不会视此决策包含重大风险。

偏好品，是努力和风险都较高的产品。事实上，偏好品和便利品之间的区别在于购买者察觉的风险。由于营销者的努力，特别是广告和品牌，消费者察觉的风险较高。

选购品，其名称包含了这些产品的特征。消费者愿意花费相当的时间和金钱去搜索和评价这些产品，因介入产品的程度很高，消费者察觉的风险水平上升。

特殊品，最高努力和风险水平的产品被称之为特殊品。选购品和特殊品之间的主要区别在于努力的水平，而不在于风险。货币价格通常较高，同样还有时间，极端的情况下，购买者不会接受替代品。②

他们非常强调开发一本《营销管理指南》的潜在管理意义：

---

① Douglas, Susan P. and Craig Samuet C., "Evolution of Global Marketing Strategy: Scale, Scope and Synergy", *Columbia Journal of World Business*, 24 (Fall), 1989, p.47.

② Murphy, Patrick E. and Ben M. Enis, "Classifying Products Strategically", *Journal of Marketing*, 50 (July), 1986, p.29.

产品分类的主要目的之一是引导管理决策，广泛且前后一致的营销战略应基于购买者察觉的产品特征。这里所建议的产品分类体系为战略发展提供了一个管理路线图谱：购买者感觉、营销者目标和基础战略及每个营销组合因素的特定战略。①

在产品生命周期研究方面，《营销学学报》1981 年秋季号刊发了一系列文章。虽然产品生命周期理论是迷人的，但乔治·戴（1981）作为该期杂志的嘉宾编辑指出了仍存在的某些概念性问题：

> 在营销学中存在着许多关于产品生命周期概念的矛盾。一方面，这个概念有持久的吸引力，因为关于产品的直觉逻辑顺序，即诞生—成长—成熟—衰退，建立在生物学的类推之上，所以，在用作解释市场动态的系统理论时，它有重要的描述价值。另一方面，特别是产品生命周期理论被用作预测模型展望变化发生的时间、一个阶段接着另一个阶段发生的时间，或用作规范模型建议在每个阶段应该考虑哪些选择性战略，该理论的简单性使它容易受到各方批评。②

产品生命周期理论是营销学界广泛接受的管理理论，但玛丽·拉姆金和乔治·戴（1989）对传统的产品生命周期理论提出批评，同时提出一种将这一理论与市场供求要素相联系的新概念。

上面引用的所有论文在内容上都是描述性的，着重于为生态模型的每一个术语找到营销学的相应意义，并非想要建立一个解释性模型或提出一个可检测的命题。因此这项工作可能被视作生态模型发展的第一阶段。第二阶段是扩展生态概念以解释竞争者随着市场

① Murphy, Patrick E. and Ben M. Enis, "Classifying Products Strategically", *Journal of Marketing*, 50 （July）, 1986, p. 35.

② Day, George S. "The Product Life Cycle: Analysis and Application Issues", *Journal of Marketing*, 45 （Fall）, 1981, p. 60.

的发展而具有不同的选择和适应性。①

加德纳（1987）研究了1975年以来发表的关于产品生命周期的文献，得出结论：产品生命周期不是理论，而且有许多不足。加德纳建议，对于生命周期现象进行重新概念化时，需要产生指导性的而非描述性的概念。

美国营销学会将品牌界定为"一种名称、名词、标记、符号或设计，或者这些要素的组合，其目的是借以识别某个销售者或某些销售者提供的产品或服务，并使之与竞争者的产品和服务相区别"，所以品牌是产品组合的重要组成之一。艾柯（1997）引入品牌个性的概念，他认为品牌拥有具体的人类特质组合，他写道：

> 在个性心理学中已有相当数量的研究解释人的个性，确定五大个性维度，探索每个维度的意义，但在消费者行为学中对于品牌个性至今没有类似的研究，结果在消费者行为学的文献中理解品牌的符号使用一直是有限的。在本次研究中，通过确定品牌个性的数量和维度的性质（能力、诚意、刺激、精密和耐用），作者开发一个品牌个性建构的理论框架；创立可信、有效、可推广的测量量表，以测量品牌个性的5个维度，最后讨论品牌的符号使用的理论和实践意义。②

2. 服务质量。帕拉素拉曼、泽丝曼尔和贝里（1985）对服务质量的性质进行了调查研究。他们认为服务质量可以通过对期望和绩效的比较进行定义和测量。他们采用其"差距"模式（图6.2）帮助了解、测量和管理服务质量。

3. 定价研究。定价问题是三篇综述性文章的主题（内格尔，1984；拉奥，1984；特里斯，1986），其他大量的文章研究各种定价问题，如

① Lambkin, Mary and Day, George S. "Evolutionary Processes in Competitive Markets: Beyond the Product Life Cycle", *Journal of Marketing*, 53（July），1989, p. 8.

② Aaker, J. L. "Dimensions of brand Personality", *Journal of Marketing Research*, 34（Aug），1997, p. 347.

价格谈判（埃文斯和贝尔特米尼，1987）、价格敏感性（休伯、霍尔布鲁克和卡恩，1986）和产品线定价（雷布斯坦和加蒂格诺恩，1984；佩德休伊斯和门罗，1987）。其中特里斯（1986）提出一种相对而言更具综合性的定价战略分类方法，并探讨了定价决策中所涉及的许多因素：

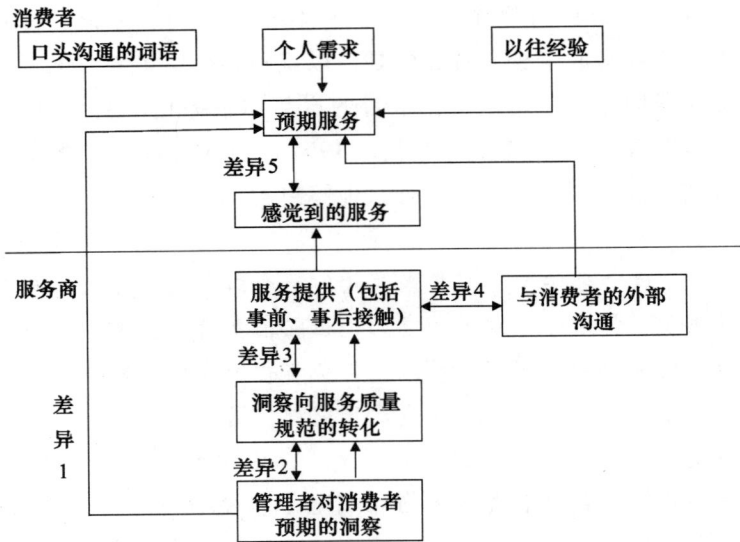

图6.2　服务质量的概念性模型 ①

　　本次研究将按以下顺序实现上述目的。首先提出分类（尽管它仅在文章末才能被完全认识到）。然后将每一战略从定价问题的角度以定量方式进行研究；在特定的需求、成本、竞争和法律环境下，一种特定的价格战略是唯一能够解决那个特定问题的战略。同时总结并讨论该战略理论和战略的福利方面的可操作性。最后解释战略间的相关性。②

---

① Parasuraman A., Zeithaml Valarie A. and Berry, Leonard L., "Conceptual Model of Service Quality and its Implications for Future Research", *Journal of marketing*, 49 (Fall), 1985, p. 44.

② Tellis, Gerard J. "Beyond the Many Faces of Price: A Integration of Pricing Strategies", *Journal of Marketing*, 50 (October), 1986, p. 146.

4. 促销研究。在人员推销方面，韦茨（1981）和苏简（1986）提出了理解推销效果的概念性理论。类似地，德怀尔、舒尔和奥（1987）研究了买卖关系的发展，威廉斯和斯皮罗（1985）讨论了销售人员—顾客互动过程中的沟通问题。在销售管理领域，学者们主要研究管理行为对销售队伍的影响（科利，1985）、销售队伍流动率（卢卡斯等人，1987）、销售队伍激励（苏简，1986）、销售队伍社会化（杜宾斯基等人，1986）和销售人员职业生涯的阶段（克龙和斯洛克姆，1986）。

瑞安斯和温伯格（1981）综合了人员推销和销售人员队伍管理的有关知识，并对如何指导和实施销售工作提出了丰富的见解：

> 我们提出一个关于人员销售和人员销售职能管理的三阶段概念模型。这个多层次框架结合了从营销组合的人员销售角色因素到销售人员个人因素，诸如角色知觉与动机。框架的三个层次反映出在人员销售职能管理中的主要决策制定层次——战略、战术、操作（或执行）层。……迄今为止，大部分实证研究都集中在操作层上，而没有充分考虑在战略与战术层的决策对操作层的影响，我们将仔细评论前两个层次的管理决策类型及对制定这些战略与战术管理决策的重要因素。[①]

广告继续是相当一部分学者文章的主题，有人强调广告中竞争的影响（埃里克森，1985；加蒂格诺恩，1984）、广告中的决策（塔尔等人，1986）、广告效果的决定因素（麦肯齐、卢茨和贝尔奇，1986；普雷斯顿，1982）。

（五）分销渠道

分销始终是学者们关注的焦点之一，因而文献特别丰富，为此笔者将分销研究单列，专门介绍它的发展。渠道学者们认为，权力、冲突、

---

① Ryans, Adrian B. and Weinberg, Charles B., "Sales Force Management: Integrating Research Advances", *California Management Review*, 24 (Fall), 1981, pp. 75 – 76.

控制和角色等概念与营销理论有着密切联系。为支持他们的论点，他们大量借用组织行为学、社会心理学和产业组织理论的观点。完整地回顾分销研究的广泛文献，超出本次研究的范围。笔者认为，几个激发研究兴趣的突出问题主要有：

1. 权力的来源。亨特和内文（1974）在弗伦奇和雷文（1959）研究成果的基础上，提出渠道可能拥有强制力和非强制力的权力来源：

> 经验案例中，能够将强制性权力与其他相区分，因为，它涉及潜在的惩罚，而其他所有非强制性权力，如奖励、合理/合法/嫡传、专家或参考等，个体愿意向其他人让渡权力。①

拉西和布朗（1982）拓展亨特和内文关于强制性和非强制性权力来源的理论，他们提出，使用一定的权力来源可能对渠道成员关于渠道关系的认识产生直接的影响：

> 对多种权力来源的分类及其影响可能并不像亨特和内文最初假定的那样，我们提出关于权力来源的分类是经济的（强制、奖励、合法性）和非经济的（参考、专门知识、传统和信息的），当我们从经济的权力向非经济的权力移动时，我们也由直接结果向间接后果控制移动。如果一个渠道领导者成功地实施了非经济权力来源，那么受影响的渠道成员将权力更少地归因于权力持有者，这种结果的发生是因为渠道成员采用了渠道领导者的标准和价值观，并据为己有，因而认为他们能够独立于权力持有者，结果帮助（非经济权力来源）的质量越高，受影响的渠道成员对渠道领导者权力的认识也就越低。②

在渠道成员的奖励权力来源和其实际权力之间存在着一种相反关

---

① Hunt, Shelby D. and John R. Nevin, "Power in Channel of Distribution: Sources and Consequences", *Journal of Marketing Research*, 6（spring）, 1974, p. 187.

② Lusch, Robert F. and James R. Brown, "A Modified Model of Power in the Marketing Channel", *Journal of Marketing Research*, 19（August）, 1982, p. 321.

系，加斯基（1987）在拉西和布朗（1982）研究成果的基础上，他设计试验检验假设，运用奖励的使用与权力对象的态度之间的相互作用解释这种"异常"。由于他的经验证据并不支持拉西和布朗的假设，因此他提出了另一种解释——未能有效地衡量权力。

2. 渠道成员的权力利用。卡素里斯和斯佩克曼（1980）对权力做了规范研究，提出营销管理者应该如何利用他们的权力来源：

> 渠道关系为一个成员影响另一个成员行为提供经常性的机会，任何渠道管理战略的最终目标是在渠道参与者中发展一定程度的合作。从协调渠道的努力中获得的效率将提高渠道与其他分销网络相比较的竞争地位，这意味着渠道管理者不应该近视地认为在渠道成员之间半心半意的和强制的同谋关系是成功的权力结果，而是应该努力地培植那些倾向于获得内在化和认同系统价值观和目标的权力基地。虽然在有些情况下企业必须依靠强制、奖励或契约式协议，但企业应该开发并大量运用能产生最大长期合作的权力基地。[①]

弗雷泽和萨姆斯（1984）用分销渠道关系中的边缘人员，研究了多种战略的使用问题。加阿斯基和内文（1985）在一项对现存的分销系统的研究中报道：

> 结果支持这种观点，即供应商使用强制权力来源比仅提出这些权力来源对经销商满意和渠道冲突产生更强烈的影响。而使用奖励权力来源似乎对那些依存变量只产生较小影响。[②]

麦卡利斯特、巴泽尔曼和费德（1986）有了一种中度外部设定获利约束的使用，这种约束是目标设定的一种机制，旨在控制渠道谈判

---

① Kasulis, Jack J. and Robert E. Spekman, "A Framework for the Use of Power", *European Journal of Marketing*, 14 (Number4), 1980, p.190.

② Gaski, John F. and John R. Nevin, "The Differential Effect of Exercised and Unexercised Power Sources in Marketing Channel", *Journal of Marketing Research*, 22 (May), 1985, p.139.

者。在一个试验性市场情境中，他们发现：

> 研究表明，这种约束对平等且高权力的渠道成员产生更多的利润，相同约束行为对低权力渠道成员则产生更低的利润。①

3. 权力的衡量。权力领域研究的最新成果集中在对权力框架进行有效且确实的衡量。在此方面，弗雷泽（1983b）坚持认为权力与任务执行直接相连：

> 如果认为"源企业"任务执行的水平较高，那么"目标企业"也应该受到较高的激励以保持交换关系。再者，若认为"源企业"的任务执行水平越高，"目标企业"能获得替代"源企业"的企业数量越少。通过详细说明"源企业"在渠道作用中的主要元素，可以确定代表"目标企业"在关系中对"源企业"的依存的要素范围。②

4. 权力和冲突的关系。在一项对汽车分销渠道的经验研究中，拉西（1976）着重研究权力与冲突之间可能的因果联系：

> 可以得出结论：非强制性和强制性权力来源对渠道内冲突产生重大影响，至少在美国汽车分销中如此。非强制性权力来源倾向于降低渠道内冲突，而强制性权力来源倾向于提高渠道内冲突。③

弗雷泽和萨姆斯（1986）的经验研究支持拉西（1976）的观点：

---

① McAlister, Leigh, Max H. Bazerman, and Peter Fader, "Power and Goal Setting Channel Evolution", *Journal of Marketing Research*, 23 (August), 1986, p. 228.

② Frazier, Gary L. , "On the Measurement of Interim Power in Channels of Distribution", *Journal of Marketing Research*, 20 (May), 1983b, p. 159.

③ Lusch, Robert F. , "Sources of Power: Their Impact on Intrachnnel Conflict", *Journal of Marketing Research*, 13 (November), 1976, p. 338.

在促进渠道关系的有效协调方面，我们研究的结果支持那些强调企业间权力有积极作用的渠道理论家的观点。制造商的销售代表看来不愿使用强制力，只有当其他种类的影响战略在重要问题上不能产生满意的反应时，才使用强制力。[1]

他们在同一个研究中还论述道：

在经销商对制造商权力的认识和制造商使用强制力之间的消极关系可能主要由于以下两个因素：（1）由于经销商依赖于这种企业间的关系，制造商有较大权力，制造商应用技巧，经销商倾向于更加和谐一致，在这种情况下，制造商能够更加有效地利用信息交换，这些因素有助于制造商进一步降低公开影响其经销商的需要。（2）当公开影响努力合适时，拥有较高权力的制造商能更好地利用非强制性影响战略（如要求），并由此避免使用强制力。[2]

5. 冲突的衡量。正如权力衡量一直是学术研究的领域一样，衡量冲突的最佳方法近期引起组织动态学理论家的注意。布朗和戴（1981）提供了最严密的论述，他们分析衡量显著冲突不同方法的效力：

分销渠道中的冲突是一个动态过程，在这个过程中，冲突从不和谐的潜伏状态向可察觉的冲突、再向感觉到的冲突、到最后显著冲突行为阶段不断发展，在显著冲突中，各个集团相互作用，对付令人灰心的行为。在此领域的研究中，衡量显著冲突最有希望的方法似乎是观察争议频率和冲突强度，即因渠道关系不同方面而发生争议的频率，及在书面或口头讨论争议时，发生的冲突性行为的典型强度。[3]

---

① Frazier, Gary L. and John O. Summers, "Perceptions of Interfirm Power and its Use Within a Franchise Channel of Distribution", *Journal of Marketing Research*, 23 (May), 1986, p. 175.

② Ibid. .

③ Brown, George H. and Ralph L. Day, "Measures of Manifest Conflict in Distribution Channels", *Journal of Marketing Research*, 18 (August), 1981, p. 272.

6. 权力对谈判过程的影响。渠道成员必须就其投入和从一个组织间关系中获取报酬进行谈判，因此，议价行为已变得越发重要。德怀尔和沃克（1981）在一个实验室研究中试图通过操作议价者之间的权力平衡，决定权力如何影响议价过程：

> 即使这是一个人为设计的环境，就不对称权力条件下议价的本质，仍可从这个研究中得出几个明确的结论：与更加平衡的权力环境相比，不对称市场的谈判过程更"有效率"。当权力对称分配时，议价者倾向于达成帕雷托最优方案的协议，并平等地分配总报酬。但是，在不平衡的条件下，如果特定的协议条款不是更可预知的，那么议价者倾向于使用更加直接的谈判方法，最初的提议更接近于最后的协议，结果，在获得解决方案之前，议价者很少让步且很少出价。[①]

7. 组织间系统的合作。虽然分销研究文献中关于权力和冲突文章占绝大多数，但一些学者正扩大讨论合作问题。奇尔德斯和鲁克特（1982）引用以前对合作的定义，提出了渠道网络中合作的新定义：

> 为取得组织间和组织内部的目标，两个或更多行动者的共同行为需要资源，而合作是对这种资源平衡交换的期望。对于这个定义，两个重要的思想是：合作源自共同努力；行动的背后是对平衡交换的期望。[②]

营销渠道成员不仅有共同目标，还有相互差异的个体目标，渠道个体虽然存在认同，但也有对抗，尤其是机会主义行为，即从其他合作方

---

① Dwyer, F. Robert and Oriville C. Walker, Jr. , "Bargaining in an Asymmetrical Power Structure," *Journal of Marketing*, 45 (Winter), 1981, p. 111.

② Childers, Terry L. and W. Ruekert (1982), "The Meaning and Determinants of Cooperation within an Interorgnization Marketing Network", in *Marketing Theory*: *Philosophy of Science Perspectives*, Ronald F Bush and Shelby D. Hunt, eds. , Chicago: American Marketing Association, p. 117.

取得收益的搭便车行为。如何缓和营销渠道中的机会主义？布朗、切科坦（2000）从产业组织理论出发，分析营销渠道中的机会主义的治理机制。

　　根据如何缓和营销渠道中的机会主义，作者分析了三种治理机制，将美国的旅店业作为研究背景，作者调查（1）所有权，（2）交易专用性资产投资，（3）关系型交换规范如何限制机会主义。作者也调查这些治理机制的多种组合如何影响旅店渠道中的机会主义行为。总体上，在管理营销渠道中的机会主义，结果通常支持强调关系型规范，结果也表明，作为治理机制，如果强化所有权或交易专用性资产投资，可以加深机会主义。[①]

　　8. 除了这些试图澄清特定的概念（如冲突、权力、合作）以外，许多学者构造组织间关系的一般模型。对这个一般模型有贡献的学者包括：罗比切奥克斯和埃尔－安瑟瑞（1975—1976）、卡多斯和斯特恩（1979）、斯特恩和里夫（1980）、阿克罗尔、里夫和斯特恩（1983）、弗雷泽（1983b）和加斯基（1984）。安德森和纳罗斯（1984）、阿纳德和斯特恩（1985）、埃利亚谢格等人（1986）、阿纳德和安德森（1987）、洛迪西和韦茨（1987）则研究了这些模型更加专业化的方面。

　　在这些一般模型的理论中，斯特恩和里夫（1980）将分销渠道作为政治经济体。采用政治经济观点，提出一套有助于理解和管理分销渠道行为的理论体系。他们的研究使我们进一步了解营销中的社会政治环境以及不同组织间的互动关系。斯特恩和里夫论述道：

　　政治经济学的研究方法基本上将一个社会系统看作是各种主要的经济的和社会政治力量的组合，这些力量相互作用，影响着集体行为和成就。

---

　　① Brown, J. R. Chekitan, S. D. and Lee. Dong-jin, "Managing Marketing Channel Opportunism: The Efficacy of Alternative Governance Mechanisms", *Journal of Marketing*, 64 (April), 2000, p. 51.

渠道理论被划分为两个似乎截然不同的学科导向：经济学方法和行为方法，前者试图将微观经济理论和产业组织分析方法运用到分销系统研究，并基本奉行"效率"导向，着重研究成本、职能差异和渠道设计［例如：巴莱和理查兹（1967）、巴克林（1966）、巴克林和卡曼（1974）、考克斯、古德曼和菲钱德勒（1965）］。后者则大量从社会心理学和组织理论中借鉴概念和理论，并且基本上一直奉行"社会"导向，着重研究权力和冲突现象［例如：奥尔德森（1957）、斯特恩（1979）］。还很少有学者试图将这两种观点结合起来。我们的确应该将这两种观点视为互补的，因为前者主要涉及经济的"产出"，而后者则关心行为的"过程"。①

弗雷泽（1983a）提出，学者没有必要再局限于有关组织间关系的观点，弗雷泽特别地假设，渠道成员间的交换可以分为开始、执行和回顾三个阶段过程：

在营销渠道文献中，以前的研究集中在组织间关系的执行和协调及企业间权力和冲突的理论。我在此提出的理论清楚地建议，为营销渠道领域将来的发展和理解，有必要扩大研究努力的范围，对以下几个问题应给予特别的注意：如何发起交换关系？其原因是什么？每个渠道成员如何回顾和评价从交换中所得的报酬和遭受的损失？由于包括开始、执行和回顾在内的结果的确彼此高度相关，若没有对其他两个过程的理解，不可能清楚地理解为协调不断发展的交换关系而付出的努力，包括权力和冲突的建立，反之亦然。因此，审视和解释交换关系现有状况时，既研究现有交换关系的末端"祖先"，也分析中间"祖先"，对于渠道研究人员将是有益的。②

有效的营销渠道管理的目标是建立长期的、互惠互利的合作伙伴关

---

① Stern, Louis W. and Torger Reve, "Distribution Channel as Political Economies: A Framework for Coparative Analysis", *Journal of Marketing*, 44（Summer）, 1980, p. 53.

② Frazier, Gary L., "Interorganizational Exchange Behavior in Marketing Channels: A Broadened Perspective", *Journal of Marketing*, 47（Fall）, 1983a, p. 75.

系，其中的信任至关重要。多尼和卡农（1997）整合几个学科所发展
的理论确定认知过程，通过这些过程产业购买者与供应商企业及其销售
人员形成信任关系，这些过程也为确定信任的先行变量提供理论框架：

　　　　作者发现，几个变量影响着供应商企业和销售人员的信任发
　　展。供应商企业的信任和销售人员的信任（通过供应商企业信任间
　　接运作）影响购买者与供应商的预期互动。然而，如果先前的经验
　　和供应商行为受控，销售企业的信任对当前供应商选择决策没有影
　　响，销售人员的信任也没有影响。[①]

三　消费者和社会主导的营销学范式

（一）购买者行为研究

　　对信息处理和多属性模型的反向反应已产生了有趣的且相互作用的
研究兴趣，包括仪式和象征主义（鲁克和利维，1983；鲁克，1985）、
实验性和幻想行为（霍尔布鲁克和赫希曼，1982）、宗教对消费者行为
的影响等，它也对定量研究产生了反向反应，并在动机研究的年代产生
了对更多定性研究传统的偏好。最后，出现了研究消费者行为中跨文化
和亚文化问题的兴趣。

　　霍尔布洛克和赫希曼（1982）认为，购买和消费不能代表买卖的
全部，消费行为是一种经验过程，是消费者在购买愉快享受时所获得的
乐趣以及感情的表达。在比较信息过程模型与个人经验模型的关系后，
他们得出结论：

　　　　利用常规信息过程理论，大多数的购买者行为都能够得到有效
　　的解释。但是，传统的研究忽视了消费者行为经验的一个重要方
　　面。因此我们可以用一种涉及面更广的方式加深我们对诸如休闲活
　　动消费、消费者审美观点、象征物含义、消费者对于多样性变化的

---

　　① Doney P. M. and Cannon J. P., "An Examination of the Nature of Trust in Buyer-seller Rela-tionships", *Journal of Marketing*, 61 （April）, 1997, p. 35.

追求、对于享乐消费的反应、产生心理情绪的原因、在艺术上的渴望、白日梦、创造行为、情感、娱乐等很多行为的理解。……抛弃传统的信息处理手段不可取。但是如果利用综合的消费经验观点补充和完善它，我们的研究必定会受益匪浅。①

购买者行为研究正发展和扩展为已明确的理论和概念。布洛奇、谢里尔和里奇韦（1986）提出了一个消费者搜索行为的扩展理论，哈尔福纳和霍尔布鲁克（1986）研究了情绪的两个竞争性类别，佩思密尔和汉德尔曼（1984）经验性研究了消费者行为中尘世生活的多样性。再者，劳伦特和坎普弗尔（1985）延伸了消费者介入领域的思想，豪泽（1986）研究了备选方案的选择或淘汰，韦斯特布鲁克（1987）探索了产品/消费基础情感反应和购买前行为的关系。

购买者行为研究内容相当丰富，并鼓励了新思想。阿尔巴和赫钦森（1987）研究了消费者报告，坚持认为消费者报告不同于与产品相关的报告，并鉴别了报告的五个方面（认知努力、认知结构、分析、细节和记忆），他们还研究了这些方面之间相互作用的关系。他们也提供了用这种新方法讨论这个问题涉及的许多附录，并列举了超过 450 条参考目录，用以引导此领域感兴趣的其他学者。

在购买者行为方面另一个新的研究领域是符号研究。正如赞吉亚和纳丁（1987）描述的，符号学是研究和分析符号在特定环境下如何作用并提供结构的学科。米克（1986）研究消费者在市场上如何理解符号所代表的概念。再者，关于符号学的一个特别会议，由西北大学（凯洛格管理研究生院）和印第安纳大学（语言和符号研究中心）共同主办，于 1986 年在西北大学举行。

许多其他新领域也已出现。鲁克（1985）扩展了仪式理论并作为诠释消费者行为的一种工具，他调查了年轻的成年人个人侍从仪式，在两个研究成果中提出了结论。加德纳提出了与消费者精神状态有关的概

---

① Holbrook, Morris B and Elizabeth C. Hirsehman, "The Experiential Aspects of Consumption; Consumer Fantasies, Feelings and Fun", *Journal of Consumer Research*, 9 (September), 1982, p. 138.

念性理论，描绘了精神状态的调解作用及其在消费者行为中潜在的重要性。比尔哈尔和蔡克拉瓦提（1986）研究了与消费者品牌选择过程中记忆和外部信息有关的八个问题，他们的研究为一系列关于消费者行为中记忆处理的观点形成了基础。

罗伯特森和加蒂格诺恩（1986）将创新扩散研究扩展到组织方面，尤其是他们利用假设模型研究和管理组织内部的技术扩散，在这一过程中，市场的竞争性因素起着重要的作用。他们指出，营销中扩散研究主要是从行为角度进行的实证研究，却几乎完全忽视了竞争因素，他们试图拓展现有的营销中创新扩散方面研究观念的范围，并描述了优化的组织扩散模型：

> 扩散发生在一个企业的范围之内，基于企业水平的扩散模式是单个企业采用决策的成果。这些单个企业采用决策受创新特征与潜在的采用单位特征的一致性程度的影响。是否采用还进一步受供应方竞争环境及买方竞争环境的影响与调解。①

贝特曼（1986）回顾消费者心理学的研究，总结了三个方面的主题，即个体决策过程（注意和知觉、信息获取和搜寻、记忆、劝说和态度、认知和情感之间的关系、广告处理、学习），群体和社会的影响（家庭决策过程，消费符号论），以及政策问题和消费者满意。

泽丝曼尔（1988）利用消费者行为研究和对以往研究成果的总结开创了一个关于管理价格、价值和质量的整合理论，20 世纪 90 年代的"价值导向"营销战略大都建立在这些理论的基础上（见图 6.3）。

科恩和查克拉瓦提（1990）总结了三个显著不同的课题吸引了研究注意力：1. 对消费者判断和选择的研究主要是处理驱动的；2. 分析消费者对营销者所发起刺激（如广告、包装和价格等）的反应，这些分析利用关于判断和选择的研究，但主要集中在刺激侧的变化；3. 对于那些旨在建立更现实的模型以及与主题更相关的理论而言，消费行为模式的描述性研究非常有利。他们写道：

---

① Robertson, Thomas S. and Hubert Gatignon, "Competitive Effects on Technology Diffusion", *Journal of Marketing*, 56 (July), 1986, p. 2.

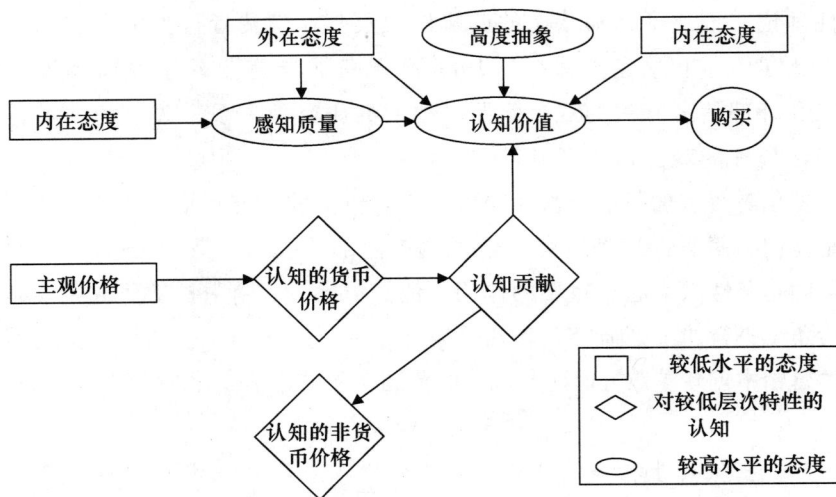

图 6.3　价格、质量和价值的消费目的模型 ①

　　在这些领域中消费者研究人员如何安排问题，有着普遍的差异。一种导向本质上是知觉的/认知的，这一研究强调能力、知识、记忆以及相关的信息处理的差异影响判断、选择和对营销刺激的反应，以及行为模式和产出。第二个导向集中在动机和先天特质的因素（如个体在价值观、个性、介入和情感状态方面的差异），为消费者行为的原因提供洞察力，并有助于细分市场。最后，社会环境导向从消费者总体差异（如群体成员、种族身份）的角度出发，或者分析增强或抑制选择和反应的环境和生活空间因素（如资源、角色义务、时间）。②

由于消费者行为的异常复杂性，特别需要整合的理论，因此他们认为：

　　这些研究领域和导向以重要的方式相互交叉。例如动机变量既影响决策过程，也影响对劝说的反应，而社会环境因素修改需要，

---

　　①　Zeithaml, Valarie A., "Consumer Perceptions of Price, Quality and Value: Means-End Model and Synthesis of Evidence", *Journal of Marketing*, 52（July）, 1988, p. 4.

　　②　Cohen, Joel B. and Dipankar Chakravarti, "Consumer psychology", *Annual Review of Psychology*, 41, 1990, pp. 243 - 244.

影响信息搜寻和慎思。似乎需要更整合的方法来进一步理解消费者
如何处理复杂的环境。我们试图将关于消费者判断和选择的微观分
析研究与消费者对营销刺激反应的研究相联系；我们寻求更广泛的
消费行为研究的触点，它们通常在描述性研究很丰富，并且对于微
观分析研究改进问题界定有意义。①

　　阿朗、莫里恩和贝克瓦提（2002）对比 1992 年到 1998 年 Journal of
Consumer Psychology 和 Journal of Consumer Research 发表文章的选题领域
差异，从中可见关于消费者行为研究的变化：从内生因素的探寻逐渐转
向广泛的外生因素的研究，但对于公共政策和问题关注更少。

表 6.1　　　　　1992 年到 1998 年之间 JCP 和 JCR 的内容领域

内容	JCP 篇目	JCP%	JCP 小计%	JCR 篇目	JCR%	JCR 小计%
广泛相关的贡献						
科学的哲学			0.9			7.8
研究方法论的进展			7.7			16.3
具体的研究领域						
信息处理			22.2			16.4
态度			14.6			5.9
情感			4.3			3.7
选择			7.7			9.7
影响信息处理、态度和选择的因素						
内生因素			16.3			14.8
外生因素			19.7			23.5
公共政策和问题			6.8			2.3
总计	117	100.0		268	100	

　　注：JCP 代表 Journal of Consumer Psychology；JCR 代表 Journal of Consumer Research。

　　资料来源：Anat Alon, Maureen Morrin, Nada Nasr Bechwati, "Comparing Journal of Consumer Psychology and Journal of Consumer Research", *Journal of Consumer Psychology*, 12 (1), 2002, pp. 15 - 20。

---

　　① Cohen, Joel B. and Dipankar Chakravarti, "Consumer psychology", *Annual Review of Psychology*, 41, 1990, p. 244.

洛肯（2006）回顾 1994 年到 2004 年间对消费者行为的基于理论的经验性研究，重点关注归类、推断、情感和劝说等。关于归类的经验性研究对象包括品牌类别、作为组织框架和判断动机基础的目标以及基于自我的处理等，关于推断的研究包括推断的多种类型，它们是以认知为基础的，或/和以经验为基础的。关于情感的研究包括情绪对处理过程的效果以及态度和意图的认知和非认知基础。关于劝说的研究主要集中在精致和双重处理的缓和作用，并包括对态度强度反应、广告反应以及消极与积极的评估维度。

（二）宏观营销研究

泽丝曼尔（1984）对社会营销或对营销在影响社会改变中的作用有相当的研究，他们认为，营销可以在管理其自身环境方面发挥重要作用，与此相关的是格林和米斯因（1984），他们研究与 NASA 宇宙飞船有关的营销决策问题（公共政策、技术和道德）。希西和纳尔逊（1985）审视了有关形象和广告的企业和公共政策，并着重研究 FTC、FCC、IRC 等机构提出的问题。再者，赫特、莫克瓦和夏皮罗（1986）研究了营销政治，提出与分销渠道并行的是政治"网络"，他们的研究是政治经济学理论的延伸：

> 经济和政治力量结合，形成"有组织的行为系统"和"驯服的市场范围"。相应地，可以按照增强和便于执行或阻碍营销交换的政党、关系、行为界定市场系统。①

阿恩特（1979）和科特勒（1986b）坚持认为，如果营销者希望在今天的市场环境下成功运作，就必须具备政治技巧。阿恩特（1979）讨论"内部的"或"驯服的"（domesticated）市场，并比较它与传统竞争市场的异同：

---

① Hutt, Michael D. , Michael P. Mokwa, and Stanley J. Shapiro, "The Politics of Marketing: Analyzing the Parallel Political Marketplace", *Journal of Marketing*, 50 （January）, 1986, p. 41.

　　……公开竞争的市场正处于被驯化、管制和关闭的过程，在"内部"市场的长期关系框架内，而不是在一个非正式的基础上，所发生的交易不断增加。……①

　　（在驯服市场）交易运动发生在一个公司内部（例如当购买者实际上与销售者合并时），或在承诺长期合作的企业群体内部。驯服市场的交易通常基于交换谈判规则之上的管理程序来处理。在公开竞争市场上，通过自然自发的集中决策过程执行事后合作，另一方面，驯服市场通过统一管理控制的程序事前协调，有意识地和直接地管理信息。②

　　阿恩特指出，在一个日益混乱的市场环境下，驯服市场提供降低不确定性的优势，但是在驯服市场上的运作，也需要更有想象力的营销，更加注意经济决策的政治，更加注意设计、执行和维持有效的政治间营销体系。这与传统上对营销组合（产品、价格、渠道和促销）的关注形成对照。

　　科特勒提出一个拓宽的营销观点，他重点研究与进入封闭或保护市场有关的问题。由于封闭或保护市场的存在，科特勒认为营销正不断地成为一种政治权力运用：

　　对于希望在某市场上运作的公司而言，日益需要掌握向团体而非目标顾客提供利益的艺术。这种需要超过了对正常中介（如代理、分销和商贩）的服务与满足，我是在讨论第三方——政府、劳工组织和其他利益集团，它们单独或集体地阻碍有利可图的市场进入。③

---

　　① Arndt, Johan, "Towards a Concept of Domesticated Markets", *Journal of Marketing*, 43 (Fall), 1979, p. 69.

　　② Ibid., p. 70.

　　③ Kotler, Philip, "Megamarketing", *Harvard Business Review*, 64 (March/April), 1986b, p. 119.

科特勒继续坚持认为，面对封闭或保护的市场，营销者必须从事"大营销"（Megamarketing），这个概念强调权力和公共关系：

> 除了4Ps营销战略（产品、价格、渠道和促销）之外，经理人员必须加上两个——权力（Power）和公共关系（Public Relation），我称这个战略思想为大营销。
>
> 营销是向目标顾客安排需要——满足和获利机会的一项任务，但是有时需要在恰当的时机向非顾客制造恰当数量的附加激励和压力，因此对于进入某些市场并在该市场运作所需的技巧和资源，大营销持扩大的观点和态度。除了准备为顾客提供有吸引力的机会外，为了从"守门人"那里获得期待的反应，大营销可能采用劝诱和制裁的办法。[①]

非营利性组织和政府机构的营销经常要求进行社会变化。谢斯和弗雷泽（1982）为计划社会变化提出了战略组合选择模式并阐明了这一模式的适用性，这一模式在行为理论中有坚实的基础，不仅可以为非营利组织运用，也可以为工商业所使用。以汽车合乘为范例，收集并分析了与汽车合乘和个人驾驶者有关的数据，他们建议：

> 变革策划者不要只考虑普遍的战略方法，而应把人口分成不同部分，且从强化、诱导、合理化、对抗性等方法中选取一个，然后以该选择为基础，开发有影响力的战略组合。[②]

（三）保护消费者主义研究

在保护消费者主义研究方面，学者们继续对不道德营销实践进行研究。学术界努力从理论上评价营销道德的本质和作用。主要的发展成果是《营销道德：管理者指南》的出版，此书由拉克兹尼尔克和墨菲等

---

① Kotler, Philip, "Megamarketing", *Harvard Business Review*, 64 （March/April）, 1986b, p. 119.

② Sheth, Jagdish N. and Gary L. Frazier, "A Model of Strategy Mix Choice for Planned Social Change", *Journal of Marketing*, 46 （Winter）, 1982, p. 25.

人（1985）研究广告、人员推销、市场调研、定价和跨国营销中的道德问题。

拉克兹尼尔克（1983）提出分析营销道德的框架，并评论了金科玉律般的"道德箴言"、功利主义原则、康德的绝对规则、职业道德和电视检验等，在评价这些格言之后，他得出结论：

> 尽管不是没有价值观，但这些有限的道德理论阻碍营销管理者的道德分析，它们也已导致营销教育者在课堂上讨论道德问题时倍感不适，简言之，许多营销教育者羞于讲授营销道德，因为现有分析营销道德的理论过分简单，且缺乏严密性。全面结果是，对营销道德理论的明显缺乏，已阻碍营销道德的教学、实践和研究。①

费雷尔和格雷沙姆（1985）提出一个临时的理论框架用以评价营销组织中的道德决策：

> 所提出关于审视道德/不道德决策的理论框架在本质上是多维的、过程导向的和临时性的，在这个模型中，变量可以被分为个人的和组织的偶发事件，个人变量由个人背景和社会化特征组成，如教育和商业经历，组织特征由组织向外使用组织产出的影响（顾客、其他企业）和内部组织的影响（如同事和上司）组成。这些变量相互依存，最终直接或间接地影响独立变量——道德/不道德营销行为。

罗宾和赖登巴赫（1987）考虑将道德和社会责任事务整合到战略营销过程：

> 在营销规划的开始和整个过程中，若不整合有关道德和社会责任的事务，那么组织文化可能不提供发展有道德和社会责任营销规

---

① Laczniak, Gene R., "Framework for Analyzing Marketing Ethics", *Journal of Macromarketing*, 5 (Spring), 1983, p. 8.

划所需的控制和平衡。企业关于利润和效率的价值观通常主宰组织文化，特别是在缺少公开增加道德和社会责任价值观的平衡力量情况下。这种情况的出现是因为加强各级成员在获取利润或效率方面的目标。虽然利润和效率在文化中保持中心地位，但它们必须由其他价值观平衡。其他价值观包括两类：一类价值观帮助企业确定其获取利润和效率的活动界限，另一类价值观描述其他重要的道德和社会责任行为。①

此外，几位学者研究营销和广告对消费者的影响，试图为管理者和政策制定者提供指南。老一套的广告造成顾客对广告或高或低的恼怒，阿克和布鲁兹恩（1985）试图确定产品类别和广告的典型特征。波利（1986）走出营销学文献，研究人类学和社会科学的学者提出的关于广告的理论和思想，他得出如下结论：

> 简言之，他们将广告视作侵扰的和环境的，视广告效果为不可逃避的和深奥的，他们视广告增强了物质主义、怀疑主义、非理性、自私、焦虑、社会竞争、性迷惑、无能为力和/或失去自尊。②

加勒特（1987）在对 30 个顾客抵制研究和大量文献综述的基础上指出，在 20 世纪 60 年代的顾客抵制是消费者运动的早期征兆，他提出了关于抵制效果的理论，并假设了决定这种效果的三个因素：经济动力、形象压力和政治保证。

1982 年创刊的 *Journal of Public Policy & Marketing* 是美国营销学会的重要刊物，从社会性、公益性、宏观性等视角关注营销及其社会影响等问题。斯普罗特和米亚扎基（2002）的出色回顾表明，JPP&M 自 1982 年成立以来所有发表的文章可以分为四类：（1）消费者保护，（2）竞争

---

① Robin, Donald P. and R. Eric Reidenbach, "Social Responsibility, Ethics, and Marketing Strategy: Closing the Gap Between Concept and Application", *Journal of Marketing*, 51 (January), 1987, p. 52.

② Pollay, Richard W., "The Distorted Mirror: Reflections on the Unintended Consequences of Advertising", *Journal of Marketing*, 50 (April), 1986, p. 18.

和营销者保护，（3）政策和政策制定，（4）社会问题。消费者保护是
引用最为频繁的主题（所有文章的23%），因此它的贡献可以进一步细
分为子领域，如欺骗/不公平待遇的信息补救、警告和信息披露、对儿
童的广告、营养标签和宣示、隐私和环境营销/可持续性（安德鲁斯，
2007）。

表 6.2 **JPP&M 文章的研究主题（2002）**

研究主题	1982—2001 年 （比/篇）	第一个 10 年 （比/篇）	第二个 10 年 （比/篇）
消费者保护			
信息提供	22.9（104）	29.0（47）	19.5（57）
产品绩效和安全	16.3（74）	13.6（22）	17.7（52）
欺骗和不公平商业行为	6.2（28）	5.6（9）	6.5（19）
隐私	4.0（18）	2.5（4）	4.8（14）
营销者保护			
反托拉斯	6.8（31）	3.7（6）	8.5（25）
赔偿责任	5.1（23）	8.6（14）	3.1（9）
商业言论	4.6（21）	4.3（7）	4.8（14）
自我规制	2.9（13）	3.1（5）	2.7（8）
知识产权	2.9（13）	1.2（2）	3.8（11）
合同和协议	2.2（10）	1.9（3）	2.4（7）
政策和政策制定			
美国行政部门	9.7（44）	11.1（18）	8.9（26）
对政策制定过程的投入	7.9（36）	9.9（16）	6.8（20）
美国立法部门	6.6（30）	4.9（8）	7.5（22）
美国司法部门	5.9（27）	4.3（7）	6.8（20）
多国政策制定者	2.0（9）	.0（0）	3.1（9）
非美国的政策制定者	1.1（5）	1.2（2）	1.0（3）
社会问题			
企业社会责任	10.8（49）	6.8（11）	13.0（38）
一般的社会问题	10.3（47）	6.2（10）	12.6（37）
环境保护	7.9（36）	14.2（23）	4.4（13）

研究主题	1982—2001 年（比/篇）	第一个 10 年（比/篇）	第二个 10 年（比/篇）
政治和公共意见	4.4 (20)	6.2 (10)	3.4 (10)
生活质量	4.0 (18)	4.3 (7)	3.8 (11)
社会营销	3.3 (15)	3.7 (6)	3.1 (9)
国际问题	2.6 (12)	3.7 (6)	2.0 (6)

注：表格单元包括给定时间内所有文章中关于特定主题代码的比例，圆括号中的数字表示特定代码的文章数量，例如所有文章的 6.81% (31/455) 包括与反托拉斯相关的研究主题，比例总和大于 100%，因为每篇文章可以最多有两个代码，所有的 683 个代码分配至 445 篇文章。

资料来源：Sprott, David E. , Miyazaki, Anthony D. "Two Decades of Contributions to Marketing and Public of Public Policy & Marketing", *Journal of Public Policy & Marketing*, 21 (Spring), 2002, pp. 105 – 125。

安德鲁斯（2011）作为 JPP&M 的编辑（1998 年秋—2002 年春），回顾此间所发表文章的重要主题，包括关于健康/营养/膳食补充剂/健康宣示、烟酒、环境问题、处方药、社会营销、隐私、道德、宏观营销、商标/版权（知识产权）问题、信贷准入、弱势群体等。虽然许多文章集中在传统的消费者保护和竞争/反托拉斯的问题，但这一期间真实地反映了广泛的营销和社会利益。

安德鲁斯（2011）认为，营销和公共政策的学者在这个不断变化的领域应继续努力更新知识，包括对既定问题的多重视角（如从消费者行为/心理、经济、法律和消费者保护主义者的视角），对于公共政策感兴趣的所有人而言，明智的是不仅使自己重新认识这个不断变化和复杂的问题，而且考虑如何让我们的发现有助于那些关键的政策制定者。

四 营销学理论综合的趋势

随着营销学理论研究的发展，有学者坚持以系统论为指导，以交换或市场行为为营销学的核心概念，提出了营销学的综合理论。

（一）系统观点

系统思维强调将要素和活动与整个系统、网络、联系、相互作用、反馈、系统—调节、生存和发展等相结合，使得管理哲学和营销观念广受欢迎。为获得行为的整个系统，管理哲学和营销观念都强调营销成分之间的合作、整合和联系。为复杂系统的建模和分析，开发新的数学技术，其中部分技术在营销系统中将得到应用，产生新的理论、概念和分析方法。道林（1983）将前人的系统思想与营销相联系，写道：

> 因为营销子系统帮助企业获得动态均衡并保持其特征，它表现出了一个复杂自调节机制的许多特征。例如，营销的一个传统职能是从环境的某些部分获取信息并将信息传递到企业的其他部分，在执行此项职能时，按照营销系统对企业需要的认识，对信息进行解码和重组，这个解码和记录步骤对信息将如何改变企业行为至关重要。显然对营销作为自调节机制而发挥作用有一定的限制，可以用企业的其他内部子系统、环境和系统/环境交换关系的种类和数量界定这些限制。[1]

为系统地阐述营销未来的命题，道林（1983）审视了依存系统的演进过程，在堪称经典的一篇文章中，他将四种营销管理哲学即生产、销售、营销、社会营销，划分为四种环境，这四种环境最初由埃默里和特里斯特（1965）提出：

> 环境复杂性的每个层次依赖于环境中事物的不同组织和这些事物一定时间内变化的多种速度。这些事物可以被描述为或有积极属性，即它们代表目标；或有消极属性，即它们被认为是有害或应避免的。[2]（道林，1983）

---

[1]　Dowling, Grahame R. , "The Application of General of Systems Theory to an Analysis of Marketing Systems", *Journal of Macromarketing*, 3 (Fall), 1983, p. 24.

[2]　Ibid. , p. 30.

由此他得出结论，"最好用企业试图对其多种相应的外界经营条件
警觉和反应程度描述营销的演进"。基于这个结论，他提出了关于未来
的观点：

> 未来所有的社会系统环境都以不断增加的不确定性为特征。
> 最好用为其母系统和企业执行复杂的自调节职能定义营销
> （亚）系统。这一边界作用使营销更加有助于监控环境变化，提供
> 必要的信息，并有助于在母企业结构内发起变化。
> 营销系统实现其自调节职能的能力将部分地决定企业观察环境
> 并对环境做出反应的方式。①

表6.3 **营销与环境之间的关系**

	环境	有关的/相应的 不确定性	企业的规范反应	类似的 营销管理哲学
1	平静的 偶然的	低	自动反应	生产观念
2	平静的 集群的	低—中	战略	销售观念
3	不安的 活跃的	中—高	战略、战术和操作	营销观念
4	狂热的	高	发起系统的变化	社会营销观念

资料来源：Dowling（1983）。

霍华德（1983）用系统方法整合需求和供给的周期、产品等级、
竞争结构、顾客决策模型等描述性概念，形成了企业的营销理论。按照
霍华德的观点，营销管理者由于缺乏系统的知识指导决策而遭受损失，
他坚持认为，要对管理者有用，必须将零零星星的营销知识组织成一个
超级结构，因此他提倡将营销视作系统。

作为分析的另一种方法，赖登巴赫和奥利瓦（1983）运用开放系

---

① Dowling, Grahame R., "The Application of General of Systems Theory to an Analysis of Marketing Systems", *Journal of Macromarketing*, 3（Fall），1983, p. 30.

统的增熵特征分析营销。他们得出结论：作为一个社会，我们面临着宏观层次环境和微观层次环境的平衡。他们坚持认为，为了延缓污染和资源的增熵进程，营销必须从强调需求创造转向强调共存、维持，甚至降低和破坏需求：

> 如果采取更加负责的行为，必将产生大量的由政府控制的负责规制转化过程的宏观机构，相伴而生的是社会和经济自由的降低。[①]

毫无疑问，系统观点将为营销思想的发展提供许多有益的知识，但它尚未能实现其潜力。迈克尔·波特（1980，1985）的研究成果为此提供了希望。

（二）交换概念

营销是实现生产者和消费者潜在关系的"运动"或活动。因此营销的本质任务主要与市场相关，在最广泛意义上，营销的定义是实现商品和服务的生产者和使用者之间潜在市场关系的任何活动。

最早论述交换概念学者是 W. 奥尔德森和迈尔斯·W. 马丁（1965），他们共同提出的"交换定律"，用以解释双方决定介入一起交易的原因：

> 假定 X 是集合 A_1 的一个要素，Y 是集合 A_2 的一个要素，如果具备以下三个条件，则 X 可与 Y 相交换：
> 1. X 不同于 Y；
> 2. 降低 X 而增加 Y 可以增加集合 A_1 的潜力；
> 3. 降低 Y 而增加 X 可以增加集合 A_2 的潜力。[②]

决定交换最大化，奥尔德森交换概念的关键特征是交换行动者认识

　　① Reidenbach, R. Eric and Terence A. Oliva, "Towards a Theory of the Macro-Systemic effects of the Marketing Function", *Journal of Macromarketing*, 3 (Fall), 1983, p. 39.

　　② Alderson, Wroe and Miles W. Martin, "Towards a Formal Theory of Transactions and Transvections", *Journal of Marketing Research*, 2 (May), 1965, p. 121.

和偏好的中枢作用:

> 从决策的一方考虑交换,我们可以说,如果他宁可选择 X 而不愿选择其他可获得的替代物,那么交换是最合适的;若从决策的另一方,如果他宁可选择 Y 而不愿选择其他可获得的替代物,那么对他而言,交换也是最合适的,可以假定,在提供交换机会的一个具体条件下,实际上提供给每一方的备选替代物在数量上不是无限的,而是仅限于几个。决策时,个体必须受其对备选方案现有知识及该情况下其偏好排序的支配。①

为澄清对于营销基本中心的认识,1972 年科特勒提出营销的一般概念:

> 营销学的学科焦点是什么?营销学的核心概念是交易,交易是两个集团之间的价值交换,有价物并不局限于商品、服务和货币,还包括其他资源,如时间、能量和感觉等。②

显然,科特勒认为交易或交换是营销学的核心概念,为了进一步增强这个观点,他研究了营销者如何努力促进和塑造交换关系:

> 如何从目标市场获得有价值的反映,营销是考虑这个问题的一个独特途径。必须确定交换价值,营销程序必须基于这些交换价值。……营销者试图增大顾客所获价值与所放弃价值之间的比例。营销者必须擅长理解人类需要和价值。③

20 世纪 70 年代巴戈齐认为交换是营销的根本基础,并在一系列的

---

① Alderson, Wroe and Miles W. Martin, "Towards a Formal Theory of Transactions and Trans-vections", *Journal of Marketing Research*, 2 (May), 1965, p. 122.

② Kotler, Philip, "A Generic Concept of Marketing", *Journal of Marketing*, 36 (April), 1972a, p. 48.

③ Ibid., p. 53.

文章中（1974，1975，1978，1979）改进和详述这个观点，这个观点无疑有助于发展营销学的一般理论。1974 年巴戈齐开始定义交换系统为"一系列社会行动者及其相互关系，在这些关系中影响社会行动者行为的内生的和外生的变量"。

巴戈齐（1974）的一个主要贡献是批评了以前未能确定因果关系的交换理论：

> 不幸的是，传统的交换理论很少阐释决定交换的原因——结果关系。仅说明 X 与 Y 相交换，双方都认为他们的集合将得到改进，对于一个理论而言，是不充分的，营销者需要了解个体采取特定行动的原因和时机。[1]

在 1975 年的论文中，巴戈齐继续其关于交换概念的观点，并认为："假定营销理论涉及两个问题：（1）人们和组织为何参与交换？（2）如何创造、解决和避免交换？"此外，他还建议，在交换概念的基础上建立营销的综合理论：

> 虽然难以确定营销的定义和界限，但营销者有必要确定这个学科的特定中心，如果不能如此，将阻碍该学科的发展及其绩效。交换是营销的中心概念，它可作为"综合营销理论"的基础。[2]

1978 年巴戈齐提出了发展和重组交换概念的新思想。他认为，应该将交换过程看作一种社会活动，而非孤立的、单独决策的个人，建议交换关系是三种广泛决定因素的函数。

> 销售者和购买者不再被视作仅对刺激做出反应或发出信号的孤立行动者，相反，营销行为应是一种社会固有的活动，在这种活动中，

---

① Bagozzi, Richard P., "Marketing as an Organized Behavior System of Exchange", *Journal of Marketing*, 38（October）4，1974，p. 79.

② Bagozzi, Richard P., "Marketing as Exchange", *Journal of Marketing*, 39（October），1975，p. 39.

交换的结果取决于买卖之间的议价、谈判、权力、冲突和共同意图。

交换关系是三种广泛决定因素的函数：

1. 社会行动者变量：包括吸引力、类似性、专长、声望等；

2. 社会影响变量：双方之间的特定行动、沟通和传递的信息；

3. 情境变量：包括满足需要备选来源的可获得性、物理和心理、法律和规范环境。[①]

1979 年巴戈齐在一篇以"营销交换的规范化理论"为题的论文中，全面地重申和澄清了交换观点，评价了交换的分类体系：

> 如果交换概念被用作解释而非纯粹的描述，那么将以一种或多种方式反映变化的现象，并使之理论化。作者坚信，将交换理解为结果、经历和行动三个部分构成的范畴，是非常重要的，结果、经历或行动都因行动者是个人、合伙或/和分享而变化。在每次交换中，结果指作为关系的后果而归于行动者的实体的、社会的、象征的事物或事件……经历是心理状态，它们由感情的、认知的或道德的方面组成。通过交换的事物、交换执行的职能和交换的意义，象征性地传递经历。表现交换的最后一个变量是行动者执行的行动，它是行动者执行的行动，是他们相互交换的结果，可能表现了单独的选择和反应或联合的承诺。[②]

关于将交换或交易作为建立营销理论的基础，亨特（1976，1983a）的论述最有说服力。在回顾营销是科学还是艺术的争论和不同的科学哲学之后，亨特认为：

> 与大多数营销理论家的观点（奥尔德森，1965；巴戈齐，

---

① Bagozzi, Richard P., "Marketing as Exchange: A Theory of Transactions in the Marketplace", *American Behavior Scientist*, 21 (March-April), 1978, p. 536.

② Bagozzi, Richard P., "Towards a Formal Theory of Marketing Exchanges", in *Conceptual and Theoretical Developments in Marketing*, O. C. Ferrell, Stephen W. Brown, and Charles W. Lamb, Jr., eds., Chicago: American Marketing Association, 1979, pp. 435 – 436.

1974，1978，1979；科特勒，1972）相一致，笔者建议营销学的基本主题是交换关系或交易。①

他进一步论述道：

　　先前的讨论意指营销科学是试图解释交换关系的行为科学。鉴于营销科学的这个观点，采用习惯的传统，称交换的一方为"购买者"，另一方为"销售者"，可以合乎逻辑地获得营销学的基本解释对象。营销科学四组相关联的基本解释对象是：导向完成交换的购买者行为；导向完成交换的销售者行为；导向完成交换或／和有利于交换的机构组织；购买者行为、销售者行为和导向完成交换或／和有利于交换的机构对社会产生的后果。②

　　休斯顿和加森海默（1987）系统研究了有关交换的文献，认为交换是营销学的核心概念，应在区分营销学和其他学科中发挥作用。在回顾文献的基础上，他们将交换视为在特定条件下方式的目标——寻找行为的结果（如奥尔德森、科特勒和巴戈齐的讨论），并由价值或效用转让组成。他们讨论交换关系，视其为一个更加丰富的概念而非一个孤立的行动：

　　推动交换的力量是需要的满足。我们将需要的满足表述为效用的实现，而效用职能被描述为什么商品满足需要。③

　　谢斯、加德纳和加勒特（1988）认为营销学研究市场行为，正如心理学研究人类，社会学研究群体或社会行为。市场行为包括购买者、销售者、中间人的行为及交换关系中的管理者。市场行为作为营销学的中心议题，当商品和服务的生产者和使用者通过交换满足各自需要时，

　　① Hunt, Shelby D. , "General Theories and the Fundamental Explananda of Marketing", *Journal of Marketing*, 47 (Fall), 1983, p. 12.

　　② Ibid. , p. 13.

　　③ Houston, Franklin N. , and Jule B. Gassenheimer, "Marketing and Exchange", *Journal of Marketing*, 51 (October), 1987, p. 16.

市场由此而生。在交换经济中，生产者和消费者的关系，即市场，是一种一般的事实。但是仅仅这种关系的事实是不足以产生交换的。市场关系的存在是交换的基础而非替代，虽然生产者和消费者因市场而相联，但若无其他力量帮助，将无交换可言，这种力量使潜在市场交换变为一种现实市场交换，就是为人熟知的营销：

> 从这一角度看，市场存在于交换的潜力。无论市场被看做地理范围（区域）、机构、过程或活动的分类，区别都不大。无论有无面对面的交换，当存在着购买者和销售者时，市场即存在。①

对于市场关系的分类，谢斯、加德纳和加勒特（1988）提出四类关系，即竞争和选择、合作和协调、分配和依存及战略联盟和政治。表6.4 总结上述四种结合。

表 6.4 **市场关系分类**

		购买者	
		一个	许多
销售者	一个	合作和协调（纵向一体化）	分配和依存（管制性行业）
	许多	战略联盟和政治（国防工业）	竞争和选择（竞争性行业）

> 可见，将营销学的研究范围界定为市场行为，可以将前述特定角色、过程和职能等从彼此分立中统一起来，同时容许已经存在的研究按照各自的意愿继续其理论研究。②

第四节 小结与简评

为应对经济全球化的挑战，美国民众倾向新保守主义。在价值观方

---

① Sheth, Jagdish N. , David M. Gardner and Dennis E. Garrett, *Marketing Theory*: *Evolution and Evaluation*, John Wiley & Sons, Inc. , 1988, p. 192.

② Ibid. , p. 193.

面，20 世纪 80 年代开始新保守主义成为 80 年代后影响美国各方面的主要思潮。在经济方面，为克服 80 年代初经济发展中出现的衰退，里根、布什、克林顿和小布什政府尽其所能，调整经济结构，使美国经济在 20 世纪 90 年代恢复强劲的国际竞争力。为提升美国的国际竞争力，营销者主导的营销学范式复兴，消费者和社会主导的营销学范式也有一定的发展，既有分化，又有综合。

营销者主导的营销学范式处于领导地位，可归结为战略营销、关系营销和全球营销、营销组合等方面。在战略营销方面，许多学者贡献了有价值的创见。自特劳特 1969 年提出定位概念，至今它仍是营销学理论重要的概念。科利和杰沃尔斯基分析了营销观念的含义和关联性，使用市场导向这一术语描述营销观念的执行情况。市场是动态的、竞争性的，组织必须不断预计未来的变化，并做出相应的反应。"战略窗口"概念作为及时应对战略变化的框架，要求考虑动静两个方面的因素。波特基于系统观点，创立的关于看待竞争者和制定可持续发展竞争战略的理论，堪称战略理论的里程碑，对战略营销产生了巨大的影响。PIMS 项目是以事实而非理念为依据的战略原则的唯一来源，将一系列独立的指导原则与具体情况紧密结合，实践证明，这在大多数产业的营销管理中是非常有价值的。戴提出的产品计划综合方法，是指导战略思想和行为的分析方法，刻画了战略计划和资源分配的内在联系。

在关系营销和全球营销方面，韦伯斯特认为战略联盟和网络组织正在替代传统的组织形式，因而需要重新界定营销职能，将其焦点放在向顾客提供超值服务的关系管理上。弗雷泽、斯佩克曼和奥尼尔展示了在营销中交换意见的效力以及营销关系管理的重要性，呼吁营销学界重视适时制关系，思考、争论和实证研究适时制关系。西奥多·莱维特首次明确提出了"全球营销"的概念，并呼吁跨国公司实行全球标准化营销。道格拉斯和克雷格检验了全球营销各个阶段及它们的内在动力，强化用于区分各部分的基本问题和营销手段，并讨论全球营销策略的构成。

在营销组合方面，墨菲和恩尼斯以与价格相关的风险及努力程度为标准，进一步阐述了四类商品分类体系。而对以描述为主的产品生命周期理论，大多数学者都有微词。帕拉素拉曼、泽丝曼尔和贝里认为服务质量可以通过对期望和绩效的比较进行定义和测量，并用其"差距"模式帮助了解、测量和管理服务质量。特里斯则提出了一种相对而言更具综合性的定价战略分类方法，探讨定价决策中所涉及的许多因素。瑞安斯和温伯格综合了人员推销和销售人员队伍管理的有关知识，对销售工作提出规范性见解。

在分销渠道方面，学者们认为，权力、冲突、控制和角色等概念与营销理论有着密切联系。为支持他们的论点，他们大量借用组织行为学、社会心理学的观点，围绕权力的来源、渠道成员利用他们可获得的权力、权力的衡量、权力和冲突的关系、组织间系统的合作、权力对谈判过程的影响、组织间关系的一般模型等课题，发表许多概念性和经验观察性论文。

在消费者和社会主导的营销学范式研究方面，购买者行为研究正发展和扩展为明确的理论和概念，如消费者搜索行为的扩展理论、情绪的两个竞争性类别、尘世生活的多样性等。霍尔布洛克和赫希曼认为，消费行为是一个经验过程，是消费者在购买愉快享受时所获得的乐趣以及感情的表达。许多其他新领域也已出现，如符号研究、象征和仪式理论、消费者精神状态、消费者品牌选择过程中记忆和外部信息等。罗伯特森和加蒂格诺恩将创新扩散研究扩展到组织方面，泽丝曼尔利用消费者行为研究和对以往研究成果的总结开创了一个关于管理价格、价值和质量的整合理论，成为"价值导向"营销战略的理论基础。谢斯和弗雷泽为计划社会变化提出了战略组合选择模式并阐明了这一模式的适用性。

以系统观点为指导，以交换或市场行为为营销学的核心概念，有学者提出了营销学的综合理论。系统观点作为发展营销理论的一种整合框架，最显著的观点是总体大于部分之和，拉泽和凯利、道林、霍华德、赖登巴赫和奥利瓦、波特等对营销系统论观点作出贡献。也许由于营销学向系统观点发展得太快，它对系统的理解比较松散和肤浅，远未实现其潜力。

奥尔德森首倡"交换定律"，科特勒等有力地证明营销学不仅可以运用到经济交易，而且可以运用到所有的社会交易。有些学者（如巴戈齐、科特勒）认为交换构成了一般营销理论的基础，休斯顿和加森海默认为将交换作为营销理论的中心，与其他理论相联系并成为中枢，但尚未实现。谢斯等认为营销学以市场行为为中心议题，市场行为包括购买者、销售者、中间人的行为及交换关系中的管理者，则可以综合营销学的各方面研究。

同时，正如心理学包括许多分支学科（社会心理学、团体动力学、儿童心理学、临床心理学、群体心理学、组织心理学等），营销学也包括许多分支，如服务营销学、工业营销学、国际营销学、直接营销学、非营利营销学，等等。与此相似的心理学对人类行为的研究有着许多视角和解释（学习、支配、激励、观察、信息处理等），营销学对市场行为也有许多视角和解释（商品、职能、机构、管理、购买者行为、社会），正是由于学者们从不同的角度研究营销，使得学术研究异彩纷呈。

第七章

营销理论在中国

在前面几章中，笔者从范式变迁的视角阐释了营销学理论的历史，现在有必要结合营销理论在中国的发展，分析在中国改革开放背景下营销理论的导入、传播、应用及发展的进程，并对中国营销研究的范式变迁进行述评，根据 21 世纪社会经济的需要，总结影响未来营销学发展的重点研究趋势。

第一节　渐进式市场化是营销理论
在中国发展的基础

1978 年的十一届三中全会拉开了中国以市场为导向的经济体制改革的序幕，在 20 多年的市场化进程中，中国经济迅速发展，实现了体制转轨和快速增长的良性互动。笔者认为，中国经济市场化取得成功的根本原因，是中国正确选择了独具特色的"渐进式"市场化道路，它也构成了营销理论在中国传播和研究的基础。

一　"渐进式"市场化是中国经济市场化的主要特征

所谓"渐进式"市场化，是指积极稳妥地推动计划经济向市场经济转轨。时间上不追求人为的长短，长短结合；速度上是先慢后快；策略上是先易后难、先局部后整体、先农村后城市、先外围后纵深、先试验后调整再推广。笔者以市场主体培育、价格市场化、市场体系培育、市场区域等为反映市场化程度的基本指标，阐述中国经济"渐进式"市场化。

（一）市场主体培育过程呈现"渐进式"特征

中国市场主体培育过程的"渐进式"特征，主要表现在以下两个方面。一是市场主体的培育从非公有制经济开始，使之充当市场经济的排头兵，然后推动公有制经济改革，使之逐渐走向市场；二是国有经济改革经历了从放权让利到现代企业制度的逐渐推进过程。

（二）价格市场化进程呈现"渐进式"特征

价格市场化是价格反映供求关系、进行有效配置资源的前提条件。价格体制改革的策略是"先调后放"、调放结合，即先对不合理的价格体系进行调整，此后逐步放开实物商品和服务价格，再后逐步放开实质商品和服务价格；生产资料价格先采取计划内价格与市场价格双轨并行，然后双轨价格并为市场价格，最后再启动生产要素价格向市场价格转变。

（三）市场体系培育过程呈现"渐进式"特征

中国市场体系培育是不均衡推进的，主要体现在两个方面：一是消费品市场首先发展，生产资料市场次之，生产要素市场发展滞后；二是在城市与农村之间表现出极大的非均衡性，这两方面构成市场体系培育的"渐进式"特征。

（四）市场化的区域推进是"渐进式"过程

中国的改革开放呈"点—线—面"梯度推进态势，即从经济特区到沿海开放城市、再到沿江沿边城市、再到内地城市，市场化区域也大致呈东部、中西部渐进推进的态势。个体、私营经济和外商投资经济是市场化的先导力量，东部地区尤其是经济特区、沿海开放城市政策优惠，环境宽松，基础设施好，商品经济基础强，个体、私营经济首先在东部发展起来，其规模和档次远远超过中西部地区。伴随着国家西部大开发战略的实施，东部地区资本向内地、沿边省、市扩张，正是中国经济市场化从东向西推进的一个表现。

总之，市场主体、客体、区域和价格等多方面改革相互交织、相应促动，共同开创了独具特色的渐进式市场化道路。

二 渐进式市场化是营销在中国发展的基础

中国 20 多年的营销演变实质是一场社会的变革。中国营销的发展轨迹与整个国家的改革开放发展，特别是与市场经济发展的脉搏一起跳动。中国 20 多年的营销演变实际是一段计划经济向商品经济转化和过渡的发展史。从计划经济到市场经济，营销扮演了催化其过程成熟、反映其跌宕起伏的角色。

（一） 市场总体态势由卖方市场向买方市场渐变

改革开放之初到 20 世纪 90 年代中期，中国市场化改革不断深化，市场机制对经济运行的调节作用不断增强，但从总体上看，这一时期计划经济所表现出的短缺性或者说短缺状态的经济并没有根本性的改观。1985—1989 年被称为改革开放以来主要商品短缺最为严重的时期，持续时间长，涉及商品范围最广。此间粮、油、肉、禽、蔬菜、水产品和食糖等副食品，曾不同程度出现短缺，一些大、中城市对猪肉采取了控制投放、限量供应或凭票定量的办法。部分工业消费品供不应求，优质名牌冰箱、彩电供应偏紧，棉毛针纺制品和火柴、肥皂、洗衣粉等处于求大于供状态。市场价格持续性上涨，就商品零售价格而言，1997 年以前的 20 年，总指数逐年上升，1997 年为 1978 年的 380.8%。其中，1984 年至 1989 年的 5 年间，零售价格指数上升了 72.7%，1991 年至 1996 年的 5 年间，则增长 76.9%。毋庸置疑，物价涨幅基本上反映众多商品求大于供的态势。而在生产资料领域，由于几度经济过热，价格涨幅比消费品还要高，1996 年的生产资料出厂价格水平，相当于 1991 年的 200.5%，同期原材料工业品出厂价格则增加了 1.86 倍。突出的如冶金工业 1993 年出厂价格比上年上涨 57.7%，造纸工业 1995 年出厂价格比上年上涨 44.5%，建材工业 1993 年出厂价格比上年上涨 42.8%。显然，这个时期属于卖方市场时期，但它已为进入买方市场奠定了初步的基础。

从 20 世纪 90 年代中期开始，随着国民经济市场化进程进一步加快和经济的快速发展，市场供求关系发生根本性的变化，卖方市场悄悄"离去"，买方市场慢慢"走来"，到 90 年代中后期，中国经济生活和经济运行已具有明显的买方市场特征。国家内贸局商业信息中心对 600 余种商品的供求情况排队分析表明，从 1998 年上半年起，这些商品的供求关系发生了历史性的变化，以往一些供应紧张的商品已经变为供求平衡或供过于求。1998 年下半年，供求基本平衡和供略大于求的产品占 94.7%，供不应求的商品只占 5.3%。截至 1999 年 12 月，社会商品零售价格，已连续 27 个月同比下降，居民消费价格指数连续 21 个月同比下降。国家统计局的资料显示，中国社会总供给超过总需求约 10%。据有关方面统计，到 1998 年底，全国各种产品的库存累计已达 3 万多亿元，相当于全国国内生产总值的 40%。在生产资料领域，由于多年来累积的生产能力过大，新增资源快速增长，总体市场货源充裕，继续为供大于求的买方格局。以往制约经济发展的所谓"瓶颈"已开始发生变化，交通运输能力出现了一定的闲置，电力在一些地区已供大于求，相当多的工农业产品生产能力过剩，开工不足，一旦需求扩大，供求形势变化，很快就能增加供给，继续维持供求平衡与供大于求的格局。这些情况表明主要工农业产品，无论是消费资料或是生产资料，基本供给层面上的商品已不存在供不应求，中国目前的市场已具备买方市场的主要特征。

（二）营销主体由外资、民营和乡镇企业向国有企业渐进

从 1979 年《天津日报》在全国率先恢复报纸商业广告，可口可乐第一次进入中国大陆市场，推出"可口可乐添欢乐"的广告，标志外资企业进入中国市场。日本的西铁城手表首次在中央电视台播出广告让中国人感到耳目一新，此后，以日本为代表的外国产品进入中国市场，特别是家用电器产品的广告在中国的主要城市投放，并成为这个时期广告的主流。从最早进入的精工手表、SONY 电视、可口可乐到"味道好极了"的雀巢咖啡、丰田汽车和夏普电器，它们以独特新颖、制作精良的户外广告和电视广告打动中国老百姓的心，让中国的企业以最感性的

方式领略了营销的魅力。

20 世纪 80 年代中期的非国有经济在改革中日益壮大，导致中国企业主体结构多元化，包括集体经济、个体经济和私营经济在内的非国有成分在竞争中占据重要地位。由于其经济活动取决于市场，竞争意识和危机感强于国有企业，所以，随着中国市场化进程的加快，以及局部性市场经济的成熟，它们构成最为活跃的力量。乡镇企业有别于国有企业的"体制外先行"的战略使乡镇企业最早由朴素的推销而逐步转向营销，成为中国营销实践的先行者，发展至今，"红豆"、"美的"、"阳光"等品牌越来越强盛，已成为民族工业的一面旗帜。90 年代初在全国家喻户晓的"飞龙"延生护宝液，产品广告全年投入 8000 万元，产品遍销中国各大城市，一年赢利达 2 亿元，更是创造了民营企业营销的神话。

1989 年市场疲软几乎导致各个行业纷纷求助五花八门的促销渡过难关，最终演变成了一场横扫中国城乡的促销运动。1989 年，长虹——中国最大的国有家电企业，在中国营销历程记下重要一页：每台彩电让利消费者 350 元，由此点燃彩电行业在全国开展降价促销的战火。此后，熊猫、海尔、金星等国有家电企业相继参与一轮又一轮的价格战，近来海尔的实践已接近现代营销的真谛。

（三）营销哲学由生产观念向社会营销观念变化

营销观念是在一定的经济基础上产生和形成的，并随着社会经济的发展和市场的形势而发展变化。以汽车工业为例，虽然中国汽车市场的营销观念并不是完全的按"生产观念→产品观念→推销观念→营销观念"直线式发展的，而是错综复杂的混合式发展状态，目前营销观念在大部分企业特别是在国家重点企业当中得到迅速的推广和发展，还有一些企业的营销观念仍停留在产品观念上。从整体上中国汽车业营销观念发生了三次根本性的变革，并将向社会营销观念转变。

从 1956 年中国第一辆自行生产的"解放牌"汽车诞生到 20 世纪 80 年代中期，基本上是完全的生产观念。此间生产率很低，无论是货车、客车还是轿车都供不应求，卖方几乎没有竞争；买方争购，选择余地也不够，完全是卖方市场，企业的重点是抓生产、抓货源。

20世纪80年代中后期到90年代初期，随着科学技术和生产力的发展，以及市场供求关系的变化，生产观念的适用范围越来越小，取而代之的是产品观念。全国各大汽车厂家纷纷通过合资合作等形式引进资金、技术和管理经验，提高汽车的质量和性能。这时期只要产品好，肯定有销路。

从20世纪90年代中期开始，随着市场经济进一步发展，市场范围进一步扩大，国产车、CKD组装车、进口车（边贸、免税）产品竞争日趋加剧，以上海通用、广州本田等为代表的企业贯彻营销观念，标志着营销观念在中国汽车市场最终诞生，企业以顾客为中心，以市场为导向，以销定产，并在产品售出后了解用户对产品的意见和要求，据以改进产品的生产和经营。同时为用户提供各种售后服务，力求比竞争者更有效、更充分地满足用户的需要。通过满足顾客需要获得顾客的信任和自己的长远利益。在今后相当长的一段时期，营销观念在中国汽车市场将占主导地位。

随着社会经济的不断发展和人类文明不断进步，由于单纯营销观念而带来的能源短缺、汽车噪音、汽车污染和汽车事故等环保安全等问题，需要更加科学完善的营销观念——社会营销观念。它不仅要满足消费者的需要和欲望，并由此获得企业利润，还要符合消费者的自身和整个社会的长远利益。近年来发展起来的电动汽车、使用无铅汽油、加装三元催化剂装置，等等，无不是这一观念的体现。

（四）营销策略由单一策略向营销组合发展

随着国有企业自主权的扩大，国有企业也开始在市场上发挥自己的"积极性"，模仿境外产品在户外和大众媒体上投放广告。1982年江苏盐城燕舞公司第一次进京展销，首先在《人民日报》、《北京日报》和北京电视台投放收录机广告，继而在中央电视台连续播出燕舞广告，巨大的市场效应和社会效应让生产厂家始料不及。"燕舞现象"无疑给后来中央电视台引来无数的广告追踪者，从此让企业对营销有了最直接的感性认识。从1981年至1985年，家用电器广告集中代表了中国营销发展的路向：原始而直率，并且开始将客户利益置于产品广告中，这不能不说是中国企业营销观念的一个巨大进步。1982年上海飞跃电视机倡导的"飞跃"精神就是:"一切为用户着想。"

1986—1991年间国外直接投资总额为186亿美元,投资范围也从沿海向内地渗透,投资结构多元化,产品从家用电器、化妆品到方便面、药品,从快餐、啤酒到汽车和飞机,境外知名消费品牌以独资、特许经营或合资的方式进入中国大陆市场,进入中国的企业实际运作知名品牌,将西方上百年积累的营销经验呈现在中国的营销管理人员面前,让他们不仅亲身参与市场调研、产品开发、消费者研究、广告和一系列促销策略的制定,而且经历激烈的市场竞争。例如美国宝洁公司1989年继在中国市场推出海飞丝洗发水之后,又成功将飘柔、潘婷、舒肤佳和碧浪品牌打响,其品牌在市场研究、品质管理、分销策略、促销手段和广告创意方面的一系列做法,为后来中国的许多民族品牌的发展起到潜移默化的作用。

国有企业将建立以"产权清晰、权责明确、政企分开、管理科学"为特征的现代企业制度,国有大中型的公司化改革进入实施阶段。特别是党的十五大报告提出以公有制为主体、多种所有制经济共同发展的基本经济制度后,彻底改变市场竞争的格局,加快中国营销发展的步伐。中国营销方式在外部条件的配合下,开始引进西方先进的促销和经营方式,这些营销方式不仅改变中国传统的经营观念和经营模式,而且大大开阔中国经营者的视野,他们已从单纯注重广告宣传开始将产品策略、价格策略、营业推广策略和公关策略同时并用。经过1989年的促销运动、20世纪90年代中期的价格战,家电业降价的空间越来越有限,以海尔、长虹等为代表的家电产品更新换代的寿命周期不断缩短,产品研发和市场调研、消费者行为研究融入企业整体发展战略,企业市场竞争的武器不再只是价格,相继选择以科技开发为重点的营销战略,2001年长虹推出拥有自主知识产权的"背投"彩电,标志产品创新将中国营销竞争的起点提高到与国际营销相接近的水平。产品创新策略是中国企业营销的一个质的飞跃,企业营销策略由"单打"向组合发展。

(五)营销对象由产品行业向服务行业渐进

中国营销全方位的展开,营销领域由产品行业(生活资料和生产资料）向服务行业（主要是生产要素）扩展，标志着中国市场的进一步开放和市场经济社会步伐的加快。从郑州亚细亚在中央电视台投放广告开始，引发上海、北京、广州等大中城市全面拉开中国零售业营销的序幕，此后受境外香格里拉、麦当劳、肯德基等服务品牌营销的示范影响，服务营销在传统行业，如饮食、旅游、酒店及连锁业的应用实践，带动中国餐饮、酒店业的营销竞争。

20 世纪 90 年代中期中国服务营销的革命性变化，突出表现是国有垄断性行业引入市场竞争机制，从而牵动传统捧铁饭碗的铁路、民航、电信、银行、保险、证券和医疗等行业，全面进入服务营销。以中国联通为例，它以现代企业组织方式进入市场后，打破由中国电信长期垄断市场的局面，开辟垄断市场服务营销的先河，运用营销观念建立自己的品牌形象，无论是推广 130 手机电话服务，还是在全国范围推广 190、191 传呼服务，"一切为了沟通"的营销理念，让国人看到了服务市场领域的竞争带给老百姓的实惠，联通率先建立了中国第一块以市场竞争为导向的服务品牌。

由于中国服务行业开放较晚，还不具备丰富的营销经验，在加入 WTO 后，它们就必须面对来自国内与海外竞争品牌的挑战。目前铁路、民航、电信、银行、保险、证券和医疗等行业在 WTO 允许的保护期内（最多五年），还没有直接受到外国品牌的强烈挑战，但最终服务营销上演的肯定是一场生与死的决斗。

第二节　营销理论在中国的发展

20 世纪三四十年代，营销学在中国曾有传播，对市场学的教学和研究仅限于几所设有商科或管理专业的高等院校，教师和研究人员主要是欧美留学归来的学者。对于中国最早的市场营销教科书有两说，吴健安的发现是丁馨伯编译的《市场学》，由复旦大学于 1933 年出版[①]；而据李飞的考证，中国最早以"市场学"为名称的书籍由侯厚吉编写，

---

① 吴健安主编：《市场营销学》，高等教育出版社 2000 年版，第 10 页。

1935 年由上海黎明书局发行①。由于当时经济发展水平的限制，研究和应用有一定的局限性。1949—1978 年间，除港澳台地区的学术界、企业界对这门学科有广泛的研究和应用外，在整个中国大陆，由于实行计划经济而否定商品经济，营销学研究基本中断，中国内地学术界对国外营销学发展知之甚少。从 20 世纪 70 年代末 80 年代初至今，中国确定了以经济建设为中心、实行改革开放的基本方针，逐步明晰建立社会主义市场经济体制的改革目标，从而为中国重新传播和研究营销学创造了良好条件。

对于营销学在中国的发展，学者们的观点不尽一致。郭国庆（1995）认为，1978—1982 年为营销理论的引进时期，1982—1985 年为传播时期，1985—1988 年为应用时期，1988—1992 年为扩展时期。纪宝成（1998）将 1978—1984 年划为市场营销理论的引入期，1984—1992 年为传播期，1992 年至今为营销理论与实践中国化时期。王方华（1998）认为，20 世纪 70 年代末开始一直到 80 年代中期，可以称为现代营销的导入阶段，从 80 年代中期到 90 年代中期，是现代营销在中国广泛应用阶段，90 年代中期以来，是现代营销理论在中国的发展阶段。吴健安（2000）认为，1978 年到 1985 年是营销学再次引进中国并初步传播时期，1985 年到 1992 年是营销在中国进一步传播与应用时期，1992 年以后是营销理论研究结合中国实际提高、创新时期。李飞（2008）将 30 年的学术发展划分为三个阶段：学习引进期（1978—1990）、消化吸收期（1991—2000）和模仿创新期（2001—2008）。笔者认为，虽然营销理论在中国的最初发展并不是当时经济实践的需要，但是理论终究来源于实践，中国市场经济的发展历程，特别是企业市场竞争的态势，决定了营销理论的发展阶段，同时营销理论的引入、传播、应用和研究不可能严格划分，比如在研究时期，由于理论发展和学术交流的需要，西方营销理论在 20 世纪 90 年代中后期仍然不断引入中国。据此笔者认为，中国市场的态势可以概括为：1979—1989 年为卖方市场时期，企业市场竞争强度较低，绝大多数企业主要关心生产和产

---

① 李飞：《中国营销科学 30 年发展历史回顾》（http://www.crrc.org.cn/Upfiles/200971475611.pdf）。

品，对市场和营销的重视程度很低；1990—1992 年为调整时期，市场疲软要求企业密切注视市场动态，营销受到大部分企业的重视；1993—1996 年为经济扩张时期，企业普遍关注生产资料的生产；1997 年以后基本呈现买方市场特征，营销成为企业市场竞争制胜的关键之一。据此笔者将营销理论在中国的发展概括为：1979 年至 1989 年以营销理论导入传播为主要特征，1990—1996 年以营销理论的初步应用为主要特征，1997 年至今以营销理论发展为主要特征。

一　营销理论导入传播阶段（1979—1989 年）

1978 年以前，在单一指令性计划经济体制下，中国没有也不需要营销。党的十一届三中全会开启了中国改革开放的序幕，这场伟大变革的一个中心环节是确立企业在生产和流通中的主体地位，增强企业活力，不断提高经济活动的微观效益和社会效益，如何使企业真正成为自主经营、自负盈亏、自我发展、自我约束的市场主体，如何造就出一大批懂经营、会管理的社会主义企业家，成为两个突出的问题。党的十二届三中全会指出，中国的经济建设必须坚持计划经济和市场调节相结合原则，1987 年党的十三大又指出，社会主义的计划商品经济体制应该是计划与市场内在统一的体制，因此市场化取向的改革从理论上、体制上为中国导入营销理论创造了条件。然而，1978 年中国步入改革开放的轨道之后，更多的关注是国有企业体制的变革，宏观环境中政策的影响一直成为国企改革的主导，整个社会改革的重点是扩大国有企业自主权，提高企业职工增产增收的积极性。所以，在这个时代的营销概念严格地来讲，对中国企业来说还是一个空白。

虽然改革开放之初中国企业的营销实践是一个空白，但在学术界的推动下，营销理论已开始导入中国。由于受传统体制的影响，当时的中国企业对西方国家先进的管理方法了解甚少，更不清楚西方国家发展了几十年的营销理论。1980 年，国家经委与美国政府联合举办了以厂长、经理为对象的大连培训中心（设在大连工学院），聘请美国著名的营销学专家讲课，对营销理论方法的实际运用起了推动作用。在此后 3 年多的时间内，该培训中心开设营销师资培训，由美国的营销学教授系统地讲授现代营销理论，培训了上百名中国商校营销学教师，他们陆续成为全国各高等院校第一批营销学师资。香港中文大学闵建蜀教授发起全国范围的营销学演讲，众多的归国学者、港澳台教授和国内老一辈营销学家向各类企业进行了上千次的演讲，广泛地宣传现代营销理论。国内少数高等学校的有关学者，如中国人民大学的邝鸿教授、上海财经学院的梅汝和教授、暨南大学的何永祺教授等，及时将西方营销理论引入大学讲坛，率先开始研究西方营销理论，为西方营销学的研究、应用和人才培养做了大量工作，他们通过论著、教材翻译评价、到国外访问、考察和学习、邀请境外专家学者来华讲学等方式，系统地引介了现代营销的理论和方法，并将营销理论逐步推向社会。

1984 年 1 月，为加强学术与教学研究，推进营销学的普及与发展，全国高等财经院校和综合性大学市场学教学研究会成立。该会聚集了全国 100 多所高校的营销学者，每年定期交流研讨，公开出版论文集，对营销学的传播、深化和创新运用作出了积极贡献。1987 年该研究会的研究重点由过去单纯的教学研究，扩展到基本理论的应用研究，转向营销理论与中国实际的结合，该研究会更名为"中国高等院校市场学研究会"，并取得一定的研究成果。许多省、市（区）也逐步成立了营销学会，广泛吸纳学者和有影响的企业家参与研讨活动。各类学会举办多种形式的培训班，通过电视讲座和广播讲座，推广传播营销知识。他们在学术研究和学术交流的同时，陆续出版了一些介绍营销基本知识的著作和教材，如罗真嵩、黄燕、江一舟编写的《销售学原理与应用》、中国工业科技管理大连培训中心编著的《市场学》（1981），还有试图结合中国实际而编写的营销著作，如全国十所重点大学管理系合编的《市场经营学》（1984），这类著作虽然多属介绍性著作或"板块式"结合的著作，但毕竟是探索中迈出的重要一步，它们对营销知识在中国的导入发挥了重要作用。一些西方营销原著的中译本也陆续出版，如麦肯锡的《基础营销学》、科特勒的《营销管理：分析、规划和控制》，它们对中国营销学的学科建设产生了重要影响。

1982 年，中国以往曾长期采用凭证限量供应的消费品，大部分可以敞开供应；不少流行适销的商品，已出现滞销积压；就是名牌产品，供求矛盾也有了很大的缓和。但好景不长，《经济参考报》1983 年 5 月

30 日报道《一些商品由买方市场转为卖方市场》。1985 年至 1989 年是中国改革开放以来主要商品短缺最为严重的时期，在此期间，粮、油、肉、禽、蔬菜、水产品和食糖等副食品，曾不同程度出现短缺，一些大、中城市对猪肉采取控制投放、限量供应或凭票定量的办法，部分工业消费品供不应求，优质名牌冰箱、彩电供应偏紧，棉毛针纺制品和火柴、肥皂、洗衣粉等处于求大于供状态，生产资料同样供不应求。在卖方市场条件下，企业主要关心的是生产，只要产品好，自然会有销路，企业对营销知识的需求并不强烈，企业对营销的理解也仅仅局限在推销和广告方面，营销工作也未真正展开，因此，营销理论的发展主要表现为导入和传播西方现代营销理论。

　　但营销理论的导入和传播使中国企业界增加了市场和营销知识，为以后营销在企业的应用奠定了基础，就像 20 世纪初营销学诞生帮助企业解决产品销售问题一样，营销理论的导入和传播为当时中国部分企业进入市场、推销产品提供有效方法，促进企业经营能力和盈利水平的提高。例如合肥日用化工总厂于 1981 年、1982 年分别花费 17 万元和 20万元为其"芳草"牙膏做广告，获得良好的经济效益。

二　营销理论初步应用阶段（1990—1996 年）

　　继农村改革取得明显成效后，中国改革的重点转向城市，转向企业经营方式的变化。两权分离理论的提出，承包制和租赁制的推行，使企业有了自主经营的动力；放权让利的结果，又使企业初步得到开展生产经营活动的决策权力；国家控制范围的逐步缩小、市场调节范围的逐渐扩大，以及部分产品定价权在一定程度上的放开，增加企业对市场的依赖度和自主经营的压力。1988 年、1989 年由于成本推进和需求拉动的双重作用，通货膨胀使全国上下为之震惊，从 1989 年开始，政府不得不治理整顿经济领域的混乱状况，经过一段时期的努力，通货膨胀得到控制，但市场疲软随之而来，企业面临前所未有的市场环境，开始从单纯生产型向生产经营型转变，开始面向市场从事生产经营，营销理论也从此初步应用于企业的经营管理，1989 年开始横扫中国城乡的家电促销运动是企业初步应用营销理论的序曲。1992 年邓小平南巡讲话奠定了建立社会主义市场经济体制的改革基调、党的十四大及十四届三中全会明确了社会主义市场经济体制改革的目标和建立现代企业制度的要求，为营销理论的应用提供了理论、制度保证。

这个阶段的主要特征有：（1）企业界重视营销。适应国内深化改革、经济迅速成长和市场竞争加剧的环境，企业界营销意识开始形成，营销应用从外贸企业、商业企业、乡镇企业逐步扩展到国有企业，从消费品市场扩展到产业用品市场。1991年以业界为主、由企业界和学术界共同参加，成立中国市场学会，学会组织各种形式的学术研究会、专题研讨会和传统交流会，进行各种层次的营销理论培训、营销技巧培训和营销案例分析，开展各种形式的企业服务，不仅有力地推动了现代营销理论的广泛传播，促进学术界和企业界、理论与实践的结合，而且还有力地促进了现代营销在中国的应用。全国各地的营销学术团体，改变了过去纯学术界、教育界人士参加的状况，开始吸收企业界人士参加。（2）乡镇企业是中国实践营销理论的先行者。它们最早由推销观念而逐步转向市场导向观念，"红豆"、"美的"、"健力宝"等不再停留在简单的广告模仿和营销概念解释的层面上，而是从体制和观念的彻底变革中去探索和体验其内涵。这些企业运用现代营销理论，并很好地结合了特殊的市场环境，以崭新的营销手段在国内抢先争夺市场。1990年北京亚运会上，中国企业健力宝集团花巨资购买了专用运动饮料专利权，并出资1600万元赞助第十一届亚运会，成为国内最大的广告赞助商。现在健力宝已成为中国饮料业的著名品牌。（3）营销人才培养初见成效。社会对营销知识和管理人才提出了旺盛的需求，为适应经济发展对营销人才的需要，不少学校开设营销本科、专科专业，招收营销方向的研究生，部分高校在20世纪90年代初期开始培养营销方向博士生，一些重点院校内涌现出了一批学有专长、富有影响的营销学教授，培养了大批营销学专业的本科生、研究生，这些教授与学生成为中国营销理论和实践的中坚力量。（4）营销的理论研究深入发展。（5）出版了一大批现代营销的教材。据不完全统计，在这个阶段出版的教材约为80种，尽管这些教材水平参差不一，但满足了高等院校营销学教学、各类成人教育和干部职工培训的需要，在推广和应用营销理论上发挥了很大的作用。

经过较长时期的探索和实践，中国最终明确市场经济体制的改革目标，为营销理论的应用奠定了理论基础和制度基础。但是由于计划经济的惯性，许多中国企业只能是对营销理论部分的、局部的吸收和应用。

三　营销理论的发展（1997 年以后）

经过 1993—1996 年的经济高速增长，为保持经济健康、稳定、快速的增长和降低通货膨胀率，形成良好的经济运行态势，1996—1997年政府审时度势，实行适度从紧的宏观经济政策，同时众多改革措施全方位展开，国内经济结构发生明显变化，中国国民经济成功地实现了"软着陆"，在物价指数回落的基础上促进了卖方市场向买方市场的转变，买方市场特征逐步明显。西方营销理论和实践证明，在买方市场条件下，市场竞争进一步加剧，市场和营销将是企业竞争成功与否的关键之一。因此，从 1997 年起，伴随着外资企业的大量进入，在买方市场的形势下，强化营销和营销创新成为企业的重要课题，决定了中国营销从封闭、垄断状态、初步应用向开放和理性发展，营销学在中国进入理论发展的新阶段。

有中国特色的营销理论的发展主要体现在：（1）学术界开始研究和探讨社会主义市场经济条件下营销管理、中国营销的现状和未来、跨世纪中国营销面临的机遇、挑战与对策等问题，扩展了营销学在中国的研究领域。（2）总结中国企业成功的营销经验。从 90 年代中期开始，各行业的跨国大企业纷纷进入中国市场，在国内市场竞争国际化过程中，一些优秀的中国企业（如长虹、海尔、小天鹅等公司）脱颖而出，学术界认真研究了它们的成功经验。（3）中国的营销学界开始和世界接轨。一方面是大量出版了最新版本的营销学原版著作和翻译了其中具有深刻影响的代表作，如科特勒的《营销管理：分析、规划和控制》（第 13 版）（2010）、恩尼斯等的《营销学经典：权威论文集》（2001），另一方面中国营销学家也开始研究与探讨面向 21 世纪的营销理论，例如，王方华等（1998）的《新概念营销》丛书研究了现代营销理论六个方面的问题，系统地论证了富有前瞻性的学术观点，陈启杰（2001）的《可持续发展与绿色营销研究》系统地论证了许多原创性观点，刘凤军（2000）的《品牌运营论》、黄瑾（2000）的《市场占有论》则对专题问题进行了深入探讨；北京大学和香港大学合作翻译并出版的《中国营销经典论文（1978—2002）》（涂平、谢贵枝，2004），汇集28篇在国际顶级学术期刊发表的关于中国营销的学术论文，使得更多的中国营销学者了解了营销的规范研究方法。这些研究受到了企业界与学术界的高度重视。（4）营销教学有了新进展。国内许多大学普遍开设营销课程，教育部也将营销学列为工商管理类专业的核心课程之一；全国专业教师超过4000人，编著并出版了营销教材、专著400多种，发行量超过1000万册。（5）创办学术期刊。2004年第一届JMS（Journal of Marketing Science）中国营销科学学术会议在清华大学举行，中国第一本营销科学学术期刊《营销科学学报》，由清华大学出版社"以书代刊"的方式于2005年正式创刊，汇集中国营销学者的大量高水平论文，起到榜样和示范作用。（6）学术研究方法逐渐趋向定量的实证研究，从2005年开始，定量的实证研究开始成为中国营销研究的主流，诸多的研究正在由定性分析向定量分析以及实验方法转变，研究方法日益严谨和科学（李东进、王大海，2008），体例大体包括问题提出、文献回顾、理论框架、研究方法、数据分析、研究结论、理论和实践意义，以及本书研究局限等内容。

2002年以来所取得的创新性成果尤其值得注意，这些成果主要集中在品牌、渠道和服务等方面。邹德强和王高（2007）发现功能性、象征性价值对品牌忠诚存在非线性的影响，并且其影响在不同性别、品牌之间存在差异。王海忠和王晶雪（2007）研究表明，原产国和价格对消费者的感知质量和购买意向均有显著影响；品牌是影响与驱动顾客价值的重要因素，并作用于服务质量和顾客关系进而影响顾客感知价值（白长虹和范秀成，2002）。庄贵军和周筱莲（2002）发现，在中国工商企业的渠道行为中，一个渠道成员的权力越大，它将越倾向于少使用强制性权力，多使用非强制性权力；使用强制性权力会导致渠道成员之间较高水平的冲突，而使用非强制性权力对渠道成员之间的冲突则没有显著性影响。服务方面的成果主要集中于顾客满意、忠诚和价值等。王高和李飞（2006）发现，影响中国大型连锁综合超市顾客满意度的要素依次为物美价廉，购物体验，商店服务；而服务忠诚模型包括服务质量的五个维度，其中无形维度比有形维度影响更大（范秀成和杜建刚，2006）；服务补救后顾客满意度和情感承诺与拥护一项存在着正相关关系，其中服务补救后顾客满意度的作用更加强大（郭贤达等，2006）。优秀的研究成果发表在国际顶级营销期刊上，如范秀成与香港中文大学许敬文等合作的研究成果《服务过程何时要紧？》（When does the Service Process Matter：A Test of Two Competing Theories）发表在 2004 年 9 月期的《消费者研究学刊》（*Journal of Consumer Research*）上，这是中国大陆营销学者首次在国际顶级营销学术期刊发表研究成果。

四　中国营销理论研究范式变迁：一个简单述评

经过 20 多年的发展，营销理论已在中国扎根，中国的社会主义市场经济实践为营销理论的发展提供了丰富的"土壤"和广阔的"空间"。从上述营销理论在中国的发展，我们依稀可见中国学者关于营销理论研究的范式变迁。笔者认为，由于中国社会经济的发展，中国的营销理论研究同样遵循着营销者主导范式向消费者和社会主导范式的变迁。从 20 世纪 70 年代末营销理论导入中国，营销者（包括生产者和中间商）一直是营销理论研究的中心，绝大多数文献运用经济学研究方法，从效率和效益的角度，论述了营销者从事营销的必要性和可能性，介绍和分析营销战略和营销策略，有一些学者还对中国企业的营销实践进行实证研究，取得了较大的进步，在此笔者不再详述。与此同时，一些企业忽视消费者和社会的利益，为了追求短期利益而不择手段，产品及服务质量低劣，采用欺骗性定价和促销方式，缺乏职业道德和社会公德，对消费者和社会的呼声置若罔闻，有些违法行为令人触目惊心，严重地损害了消费者利益、国家利益和社会利益。许多企业承袭传统的粗放式经营模式，追求最大利润，一切都是以局部的短期利益的取得为最高原则，必然导致环境的严重破坏、资源的过度开发和浪费，因此环境问题关系到整个社会的全面稳定和经济的可持续发展，营销道德问题事关中国社会经济的长期发展和国际形象，为此，从 20 世纪 90 年代中期开始，学术界开始研究营销道德、经济的可持续发展和绿色营销问题。笔者认为，这是中国学者营销理论研究的范式变迁的重要标志。

万后芬（1994）呼吁企业必须重视绿色营销，王修祥（1995）重点讨论了绿色营销观念，刘宇伟（1996）探讨了绿色消费观念和绿色产品理论，井绍平（2004）分析了绿色营销及其对消费者心理与行为的影响。刘宇伟（2008）借助计划行为理论，提出绿色消费行为的整合理论模型。王方华和张向菁（1998）提出了绿色企业、绿色广告和绿色渠道等新概念。陈启杰（2001）系统深刻地研究了可持续发展和绿色营销，他认为，绿色营销的基础是可持续发展观，而可持续发展观的形成是人类对自身及其社会的发展历程进行反思的结果，它的认识论和方法论的基础则是系统思想和系统论；绿色营销体现了人类社会的长期、稳定和持续发展的核心思想，是市场营销发展的一个新阶段，是服从于全球社会经济可持续发展的整体营销系统。应对生存危机提出的挑战是绿色营销产生的直接原因，而企业绿色意识的确立和社会责任感的提高，同时为了树立良好的企业形象、获取良好的经济效益，则是企业发展绿色营销的内在原因。在绿色营销中，消费者对绿色消费的态度是需求的基本内容，只有弄清绿色消费的总体状况和有关材料，企业在绿色营销过程中才能取得成功，为此，陈启杰和楼尊（2001）界定了绿色消费和绿色消费模式，论述了建立绿色消费模式的意义，系统地分析了实现绿色消费模式的机制，并从吃、穿、用、住、行等方面详细阐述了绿色消费模式的内容。可以说，中国学者关于绿色营销的理论研究已取得相当的成就。

加强企业营销道德的建设已迫在眉睫，营销学者责无旁贷。甘碧群（1994）呼吁重视营销道德研究，此后她撰写了一系列文章和著作，分析中国的营销道德问题。1996年她介绍了西方学者关于营销道德界限的判定和结合道义论与目的论的营销道德理论，并结合中国实际提出了一些建议。1998年她介绍了利用现代化管理技术，构建企业营销道德评价指标体系的方法和模式，并利用计算机建立营销道德测试与评价系统及开发实施方法。寇小萱（1999）从企业实践的要求、相关学科的发展以及营销学本身的发展等不同的角度论述了研究营销道德问题的必要性。王红卫（1998）提出防止营销不道德行为的途径有四条：企业自律，消费者提高自我保护意识，完善法律法规以及加强行业协会管理。为促进中国企业营销活动沿着正确的轨迹运行，为确保广大消费者和社会的利益，加强营销道德问题的研究势在必行。

虽然中国目前除少数企业外，大多数企业不具备绿色营销意识，实施绿色营销战略困难重重，但是绿色营销必将成为主流。虽然营销道德研究并未得到应有的重视，但为确保广大消费者和社会的利益，加强营销道德问题的研究势在必行。

经过 30 多年的发展，中国已涌现出一批营销卓越的企业如长虹、海尔等，已造就了一批知名的营销专家学者，这些专家学者的经验和理论研究为发展营销理论研究提供了丰富的内容和良好的理论基础。笔者认为，营销本土化是世界各国营销实践的一个基本趋势，同时，中国买方市场的形成为发展营销理论研究奠定了客观基础，将现代营销学原理与中国社会经济实际紧密结合起来，探索一条适合中国国情的营销发展道路，形成营销学的新学科，不仅有利于更好地指导中国营销实践，验证、丰富和发展现代营销理论，而且能够为世界许多发展中国家提供借鉴。

发展有中国特色的营销理论研究任重而道远，因为营销学在中国发展的时间有限，学术研究缺乏积累，完整的有中国特色的营销理论体系尚未建立起来；学者与企业界联系不够，研究存在脱离实践的倾向；实证研究方法尚未得到广泛认同，开展国际性学术交流存在很多障碍。这些都有待学术界在营销理论研究与发展中不断修正。

第三节　中国特色营销理论研究

一　21 世纪初中国社会经济的发展趋势

（一）中国社会主义民主政治发展

在坚持民主与法制相结合的前提下，中国将根据人民的内在价值和资源，根据中国的社会历史、政治、经济、文化环境和社会现实条件，并学习和借鉴人类历史上政治发展先进的经验和理论，探索自身的政治发展道路。21 世纪中国将进一步发展社会主义民主政治，依法治国，建设社会主义法治国家，使国家的各项工作逐步走上法制化和规范化，广大人民群众在中国共产党的领导下，依照宪法和法律规定，通过各种途径和形式参与国家管理工作，管理经济、文化事业，管理社会事务，逐步实现社会主义民主的制度化、法律化。将继续推进政治体制改革，实行民主选举、民主决策、民主管理和民主监督，保证人民依法享有广泛的权利和自由，尊重和保障人权。继续加强人民代表大会的立法和监督工作，发挥人民政协的政治协商、民主监督、参政议政作用。政府工作法制化，依法行政，从严治政。将深化司法改革，严格执法，公正司法。将深入开展反腐败斗争，廉政建设将取得实效。将强化法制教育，增强全体公民的法制观念。

（二）中国经济与社会发展的总体预测与展望

21世纪中国将坚持把发展作为主题，坚持把结构调整作为主线，坚持把改革开放和科技进步作为动力，坚持把提高人民生活水平作为根本出发点，坚持把经济发展和社会发展结合起来，发挥大国优势、后发优势和改革效应，使中国国民经济健康、持续、稳定发展。

中国社会科学院数量经济与技术经济研究所课题组采用由系统动力学与投入产出方法相结合的模型，对中国1991—2050年长达60年的经济、社会大系统的动态变化进行了预测，预测结果表明：

1. GDP增长率。1991—2050年中国的GDP年均增长率将达到6%左右，其中：20世纪90年代为10%左右；2001—2010年为8%左右，2011—2020年为6%左右，2021—2050年为3.5%左右，即按1990年不变价计算，到2020年中国的GDP可达17万亿元左右，人均GDP为11330元；到2050年，全国GDP可达48万亿元左右，人均GDP为30000元左右。经济总规模到下世纪中叶中国也将进入世界强国之列。

2. 经济结构将发生重大变化。未来几十年，是中国经济起飞和走向成熟的阶段，也是结构发生迅速变化的阶段，这些结构包括产业结构、劳动力配置结构、区域结构、城乡结构等。根据测算，2050年，第一产业在GDP的比重，将由1990年的27.1%和1995年的19.6%下降为7%左右；第二产业的比重，则将由1990年的41.6%和1995年的49.1%下降为37%左右；而第三产业的比重，则将由1990年和现在的31.3%上升为56%左右，即第一产业和第二产业的比重明显下降，第三产业比重大幅上升，大抵相当于目前人均 GNP 3000 美元的国家的情况。劳动力配置结构也有类似的变化，即第一产业劳动力占全部劳动力的比重，将由 1990 年的 60%、1995 年的 52.2% 下降为 2050 年的 11%；第二产业的比重将由 1990 年的 21.4%、1995 年的 23.0% 变为 2050 年的 34%；第三产业的比重则将由 1990 年的 18.6%、1995 年的 24.8% 上升为 2050 年的 55%。城乡人口结构也将有很大变化，城市人口由 1990 年占人口总数的 26% 上升为 2050 年的 68%，即伴随着工业化进程，城市化水平将有很大提高。

3. 主要产业的发展趋势。1990—2020 年间平均增长速度低于 GDP 年均增长速度（7.8%）的产业为农业、能源开采、采矿、能源加工，接近或稍低于 GDP 速度的产业为制造业、电、水、供热和运输、邮电业，高于 GDP 速度的产业为建筑业、商贸业、非物质生产部门。2020—2050 年预测 GDP 年均增长速度为 3.5%，各产业增长速度与 GDP 增长速度相比其趋势与 1990—2020 年的基本相同，仅建筑业增长速度 1990—2020 年高于 GDP 的增长速度，而 2020—2050 年也将低于 GDP 的增长速度。中国未来 60 年内在实现工业化和基本完成现代化的过程中，轻、重工业都将保持较快的发展速度，而重工业的发展速度略快于轻工业。导致重工业发展速度较快的主要原因，是居民对住房、汽车、通信工具等长期耐用消费品需求的迅速增长和加快基础设施建设的迫切要求，因之诸如交通运输设备制造业、电子及通信设备制造业、大型成套设备制造业、电力工业、建筑业等部门在未来 60 年内都将以较快的速度发展，可以称之为"主导产业"，是一组对经济增长贡献相对突出的行业。

4. 人口发展趋势。中国人口基数大，即使今后仍然实行严格的计划生育政策，总人口仍将是上升趋势。1990 年人口自然增长率为 14.39‰，1995 年为 10.55‰，预测 1991—2050 年期间的年均人口增长率为 4‰。这样，到 2020 年中国人口总数约为 14 亿人，2040 年达到最高峰，约 16 亿人，以后才开始缓慢下降。中国人口过多对经济发展与社会进步形成持久的巨大压力，成为制约经济发展的一个因素。中国人口发展的另一个趋势是人口老龄化。根据 1994 年 10 月 1 日全国人口抽样调查的数据，65 岁及以上的老年人已占人口总数的 6.2%，预测到

2020 年将上升到 23% 左右，到 2050 年将达到 32% 左右。造成人口老龄化的主要原因是中国实施严格的人口政策，生育率很低，而由于生活水平的提高和医疗条件的改善，平均预期寿命又有延长。人口老龄化将带来一系列经济、社会问题。

5. 资源、环境压力继续加大。尽管中国许多自然资源储量巨大，但人均水平大都很低，许多指标大大低于世界平均值，而且许多矿产资源储量由于自然条件恶劣和技术要求高，还难以开发利用，因而对经济发展形成一定的约束。生态环境由于工业的快速增长有可能进一步恶化。据预测，在大幅度提高环保投资（由 20 世纪 80 年代环保投资占 GDP 的 0.5%逐渐增加到 2050 年的 2.6%）的条件下，二氧化硫和烟尘排放量仍将是 1990 年的 1.6 倍左右，水污染量将是 1990 年的 3 倍左右，而二氧化碳的排放量可能要增加 3 倍以上。尽管按人均排放量在世界各国中是比较低的，但总量过高仍是很严重的问题。因此，必须进一步增加环保投资，采取积极措施，治理环境、植树造林、绿化荒山、保持水土、治理沙化，坚持可持续发展战略，实现经济、社会、环境协调发展。

6. 消费变化趋势。中国的居民消费水平将逐步提高，随着农业技术水平的提高和农村劳动力的向外转移，城市化进程加快，传统的消费观念会有较大的变化，同时，随着人民收入水平的提高，消费结构也会急剧地变化。在这个阶段，消费需求和消费结构变化的主要特点是：生存消费需求的比重逐渐下降，发展和享受消费需求的比重逐渐上升；从追求数量扩张的消费模式向追求质量、品牌、档次的消费模式过渡；从消费需求的同步化向个性化、高档化过渡；在全部消费中，商品消费的比重逐渐下降，服务性消费比重上升，物质消费比重下降，精神文化消费比重上升；在各类消费中，食品消费比重下降，衣着消费比重比较稳定，而住房、交通（包括私人轿车）、通信、教育、文化、休闲旅游、卫生保健、养老保险等方面的消费将明显上升。在居民消费水平提高和消费结构变动的同时，随着消费观念的改变和消费领域的扩大，居民的消费倾向也呈现明显的下降趋势。

（三）科技发展

21 世纪中国将弘扬中华民族优秀文化，吸收各国先进文化，依靠科教进步，集中力量发展社会主义市场经济。中国将优先发展以微电子技术、计算机技术与卫星和光缆为载体的综合数字网络为核心的信息技术，将实现生产过程、流通过程、生活方式和国家安全带的信息化。21世纪将是生命科技的世纪，分子和细胞发育生物学的进展，神经生物学和脑科学的突破，人类基因组计划、水稻基因组计划的成功，将引起农业新的绿色革命，许多疾病如癌症、艾滋病、糖尿病等将从根本上得到控制和防治，人的衰老过程可能延缓，对认知奥秘的新的认识，将不但可能带来教育科学的革命，而且将引起信息技术新的变革。中国正积极参与生命科技领域的国际合作，力争取得革命性的突破。

21世纪将可能是新材料和新的制造技术的时代。具有超常性能的结构材料和功能材料将层出不穷，对环境友善的材料及制备工艺将被优先利用。纳米科技将带来材料和微细加工新的革命。以信息、工艺与管理的计算机集成为特征的虚拟工厂将遍及世界，从而使制造业的产品品质、交货期、成本和售后服务达到前所未有的水平。由于人们消费多样化、个性化的特点，功能性商品将被功能艺术性商品代替，大批同一造型和规格的产品将被中小批量，甚至于单件性产品所代替。制造业将进入柔性、智能、敏捷、精益制造时代。21世纪人们将愈加重视生存环境，注意保护自然界动植物的多样性和生态恢复，重视有限资源的合理利用和可再生。21世纪也将是人类继续向空间、海洋和地球深部拓展的世纪。人类将获取新的知识，寻求和利用新的资源和新的生存空间。21世纪也将是全球合作和竞争的世纪，其中文化是先导，科教是关键，经济是基础。中国将在上述领域迎头赶上，使科技和人的智力资源成为中华民族最重要的取之不竭的，并可持续发展的资源和动力。

（四）社会主义文化建设

21世纪中国将巩固和加强马克思主义的指导地位，用马列主义、毛泽东思想、邓小平理论教育人民，树立正确的世界观、人生观、价值观。弘扬爱国主义、集体主义、社会主义精神。将努力建立适应社会主义市场经济发展的思想道德体系，把依法治国与以德治国结合起来。将普及科学知识，反对愚昧迷信，倡导文明健康的生活方式。将坚持为人民服务、为社会主义服务的方向和百花齐放、百家争鸣的方针，生产出更多更好的精神产品。将高度重视新的信息媒体的建设和管理，将深化文化体制改革，推动有关文化产业发展。反映建设有中国特色社会主义的伟大实践，为贯彻党的基本路线，促进改革、发展和稳定服务；培养全民族的共同理想和信念；提高全体公民的思想道德、文明素质和科学文化水平，促进健康有序的经济和生活规范的形成；满足和丰富人民群众健康的精神需求、审美享受；平衡、调节和规范社会心理。

二　营销理论研究中应采取的态度

由于营销理论从西方引入中国，在建立和发展具有中国特色的营销理论中，我们对这门学科应采取合理的态度，否则理论研究将失去意义。

1. 认真学习西方营销理论，并密切跟踪世界营销的最新发展。西方营销理论所总结出的营销原理、决策思路和具体方法，内容丰富，色彩纷呈，在不同程度上反映了社会化大生产条件下经营活动的规律，包含着市场经济内在的一般要求。引入营销理论，吸收其科学成分，用以为中国社会主义经济建设服务，不仅完全必要，而且势在必行。正如邓小平同志所指出的那样，资本主义已经有了几百年的历史，各国人民在资本主义制度下所发展的科学和技术，所积累的各种有益的知识和经验，都是必须继承的，因此应认真学习西方营销理论。进入八九十年代以来，世界营销领域的发展日新月异，新概念、新理论不断涌现。中国营销学者要缩短中国营销理论和当代世界营销理论发展的差距，建立和发展自己的理论，必须掌握、消化和吸收国外最新成果，必须及时了解国际学术界的最新动态。笔者认为，中国营销学界可借助如下方式来跟踪国际营销的最新发展：与国外学术机构（大学、研究机构、协会等）建立稳定的交流关系；积极参加国际学术会议，争取在国际学术刊物上发表学术成果；充分利用现代科学技术手段（如 Internet 等）获得最新的学术信息，参与学术探讨。

2. 认真研究西方营销理论在中国的适用性。认真学习不等于盲目崇拜、照抄照搬，我们在学习西方营销理论时，应充分注意到中国的经济制度、经济运行机制、企业运行机制、历史传统和文化背景。营销学作为一门应用科学，其中许多原理是社会大生产和市场经济条件下通用的，但也有一些与具体国情密切相连，不能照搬照抄。中国营销学者在引进西方营销理论的过程中，至少应肩负起两个使命：一是力求使社会化大生产和市场经济条件下可通用的营销原理和方法科学地应用于中国的企业营销实践；二是要甄别那些与国情相关的营销理论，使之与中国的具体营销环境相适应，并结合中国实际对其进行适当的修正，以便趋利避害，达到"为我所用"的目的。比如，传销在西方国家是一种富有成效的营销方式，它在确保产品上市的及时性、加速新产品扩散、满足人民生活需要等方面起了十分积极的作用。而在中国，由于对其负面作用认识不够，缺乏理论上的研究和法律上的规范，以致出现了非法传销，不仅损害了消费者利益，甚至影响到社会安定。这固然与法律不健全、消费者素质较差等因素有关，但与中国营销理论工作者对有关问题研究、宣传不够也有很大关系。

3. 密切联系中国营销实际。学者们在导入和传播营销理论的同时，也要善于总结自己的经验，逐步建立和完善符合中国国情的营销学体系。营销学的创新、发展和成熟的过程，是随着环境的不断变化，及时总结、概括企业营销实践经验，进而予以理论化、科学化的过程。中国的营销理论要想有效地指导实践，进而在国际学术舞台上占有一席之地，必须密切联系中国具体的营销环境，善于从卓有成效的企业营销实践中汲取营养。随着改革开放和社会主义市场经济建设的发展，中国企业在应用营销理论、改进企业管理的同时，也在不断地实践过程中创造了颇具中国特色的营销方法和技巧。例如，邯郸钢铁公司的"成本否决法"，看起来是生产问题，但笔者认为它是以价格为中心的营销管理过程，因为它要求调查研究特定产品的市场可接受价格，然后，以此为基础核定生产成本，进而通过各个工序的严格成本控制，达到最终以市场满意的价格出售产品，从而实现企业利润的目的。实质上它是营销理论在中国的具体应用，或者说是中国企业界对营销理论的创新与发展。在中国社会主义市场经济建设的实践中，类似的创造和创新已经出现很多并将继续大量涌现。作为营销理论工作者，应对这些新生事物有一种责任心和使命感，及时调查研究，认真总结提高，使中国的营销理论体系不断充实和丰富。

4. 积极开展以实证研究为主的营销理论研究。20 世纪 30 年代以后，实证经济学在西方国家逐渐取得了主导地位，经济学研究由"前提—推论"转变为"假设—推论"。由于经济学与营销学的渊源，实证思想也开始向营销学研究渗透。20 世纪六七十年代以实证研究为主的心理学和社会学研究方法，随着学者们向营销学借用心理学和社会学理论而进入营销学的主流，采用实证研究方法使营销学获得了越来越高的学术声望，越来越多的人开始排斥价值判断的倾向。另外，规范思想的"前提—推论"模式只是一种经验方式，在证伪方面较困难；实证思想的"假设—推论"模式则是先提出假设，然后用数据分析的方法加以验证，改变了规范营销理论概念性的和定性的传统分析方法。至 70 年代中期，实证营销理论取得了主导地位。中国的营销理论研究一直以规范性的演绎法和归纳法为主，鲜见实证研究活动。这种重规范轻实证的倾向使营销理论与营销实务严重脱节，理论的形成是从理论到理论，理论的应用效果得不到验证，违背了"实践—理论—再实践"的认识论基本规律，对营销实务缺乏指导意义，研究成果缺乏实践经验的支持，基本概念带有很大的抽象性和主观性。要克服这些缺陷，必须开展实证营销理论研究。同时，中国经济转轨过程中出现的新情况、新问题也迫切要求开展实证营销理论研究。营销领域的实证研究势在必行。

三 需要深入研究的若干营销理论课题

随着中国营销实践在广度和深度的发展，中国营销理论的研究也将上一个台阶，开始全方位、深入地进行营销理论的研究。所谓全方位是指扬弃过去一直沿用的局部研究方法，站在宏观的角度重新审视营销在中国整个经济社会中的地位和作用，全面修正和深化已有的营销理论，以更好地指导营销实践。所谓深入是指将西方营销理论与中国实践深入结合起来，建立中国宏观营销环境、企业环境战略分析、中国消费者行为研究等有中国特色的营销理论。中国营销理论研究已进入借鉴国外新兴的营销理论，并积极探索中国营销发展途径的阶段。笔者建议围绕下述主要课题建立和发展有中国特色的营销理论：

（一）大营销

大营销（Maga-marketing）理论由美国著名的营销学者科特勒于 1986 年首次提出，它适应了 20 世纪 80 年代美国拓展国际市场的要求。其核心思想是：企业为了进入特定的市场，打开封闭的或保护的市场，并在那里从事商业活动，需要运用政治的、心理的、公共的技能，赢得参与者（政府人员、传媒、消费者等）的合作，即在贸易保护的情况下，企业的营销手段除了传统的 $4P_s$ 以外，还得增加政府力量（Power of Government）和公共关系（Public Relationship），$4P_s$ 也就发展成为 $6P_s$。因此，大营销理论是对传统营销组合战略的扩展。笔者认为，对大营销理论的研究必将改变企业的营销思路，研究特定的国别和区域市场及其相应的营销手段，将成为当前和今后中国营销理论研究和实践探索的一个重要内容。

（二）全球营销

随着经济全球化进程的加快，营销活动逐渐趋于全球化，企业在全球范围内寻求比较优势和利润增长点，而不是指企业简单地进入几个外国市场。加入 WTO 后，中国国内市场已是全球营销的重要方面，中国是拥有 13 亿人口的大国，庞大的国内市场吸引着越来越多的外资及其商品，中国市场日趋国际化。同时，中国的企业必须适应经济全球化的趋势，优秀企业逐步走向全球融资、全球投资、全球生产、全球采购和全球营销，为数众多的国内企业应努力融入跨国公司的全球采购网络。因此，增强企业的全球营销能力，是中国学术界必须重点探索的一个重要课题。现阶段中国企业及学术界已认识到全球营销的重要性，对如何防范国外企业的竞争有了一定的研究，如民族品牌保护，并提出种种相应的对策，但对外全球化经营方面的研究还停留在介绍国别市场和区域市场的现状，缺乏深入全面的分析和研究。因此，需要进一步深化全球营销的理论研究。

（三）合作营销

合作已逐渐成为目前国际营销的基本策略。随着产品生命周期的日益缩短、R&D 费用的不断上升、国际贸易保护主义的抬头，企业间的合作已涉及越来越多的领域。合作营销的理论渊源可以追溯到 1966 年爱德勒（Adler）在《哈佛商业评论》上发表的题为"共生营销"（Symbiotic Marketing）的文章中提出了共生营销的概念。所谓共生营销即由两个或两个以上的企业联合开发一个营销机会。这是合作营销理论的雏形（郭国庆等，1995）。此后学者们对合作营销的优缺点、合作营销的形式和合作营销的管理等进行了深入的探讨。

通过必要的合作营销，可避免大起大落，增强全行业的整体竞争能力，也有利于为消费者和社会提供更好的产品和服务。但实践证明，中国企业间的合作营销存在许多困难，许多企业间的合作营销都以失败而告终。因此借鉴西方的合作营销理论，深入研究中国企业间合作的成败，探索有中国特色的合作营销新模式并建立管理体系和机制，发展合作营销理论，指导中国企业的营销实践，这是我们的职责。

（四）战略联盟

从 20 世纪 80 年代开始，世界经济全球化和区域经济一体化的进程加快，科学技术飞速发展，资源环境控制越发严格，为开拓国际市场和实现规模经济，促进研究与开发，提高竞争力和降低经营风险，许多企业不断更新竞争武器，联盟是其中代表性组织变革之一。韦伯斯特（1992）认为，战略联盟和网络组织正在替代传统的组织形式。笔者认为，战略联盟是两个或更多的企业为增强企业间的长期竞争优势和实现同一战略目标而建立的合作性的利益共同体。战略联盟的形式多种多样，格玛沃特、波特和罗林森（1986）把战略联盟分为 X 和 Y 两类，X 类指垂直联盟，即在某个生产经营活动的价值链中承担不同的公司之间的联盟；Y 类指水平联盟，即在价值链中承担相同环节的公司之间的联盟，他们还分别根据法律性质（合资、许可证、供给协议）和职能因素（技术开发、生产与后勤供应、营销服务）来对战略联盟进行了分类。尽管战略联盟多为跨国公司所采用，但绝不仅限于跨国公司，作为一种经营战略、组织形式和管理方法，同样适用于以国内经营为主的中小企业。中国学者对此问题的研究尚处于介绍和吸收阶段（曾忠禄，1999）。以战略联盟为代表的全新组织形式的革新运动正方兴未艾，它需要我们对新组织中营销职能的作用进行重新定义。

（五）绿色营销

粗放型生产和生活模式，必然导致环境的严重破坏、资源的过度开发和浪费。为确保整个社会的全面稳定和经济的可持续发展，绿色营销已是必然。对可持续发展和绿色营销的理论研究，中国学者已取得了相当的成就。但中国大多数企业缺乏绿色营销意识，实施绿色营销战略困难重重，需要企业、政府、学术界及社会各界共同努力，推动绿色营销事业的顺利发展。

（六）关系营销

关系营销是指企业为了建立、发展、保持长期的和成功的市场关系而进行的所有营销活动，是全球市场竞争激化的结果。自 1985 年芭芭拉·B. 杰克逊首先提出关系营销的概念以来，中国学者已对关系营销作了一定深度的研究。牛海鹏和王明止（1995）较早地向国内介绍关系营销，马迎贤（1999）阐述了关系营销的含义、特征和经济学意义，常志有（2000）介绍了西方学者关于关系营销的六个学派。王方华和洪祺琦（1998）在专著《关系营销》中深入系统地论述了关系营销的内涵、本质和流程系统，分析了关系营销的基本模式和价值测定，并结合中国实际论述了内部关系营销、竞争者关系营销、顾客关系营销、流通市场关系营销和影响者关系营销等，提出了许多适合中国市场环境的新概念，但是该书尚未引发必要的学术争鸣。关系营销的技术支持系统——客户关系管理（CRM）并未引起学术界的重视，反映了当前研究中存在的重理论而轻应用的倾向。一般认为，传统上企业进行的是交易营销（Transaction Marketing），在交易营销观念下，企业与顾客之间是一种纯粹的交易关系，而关系营销假设的是，建立良好的关系，有利的交易自会随之而来。笔者认为，关系营销较之交易营销更好地抓住了营销观念的精神实质，代表营销学的一个重要发展方向，中国学者应在现有研究的基础上更上一层楼，结合中国的实际应用，采用实证研究方法，验证关于关系营销的各类假设和模型，逐步建立和发展关系营销理论。

（七）服务营销

随着科学技术和管理水平的全面提高，消费者的购买能力不断增强，需求日趋多样，服务在竞争中成为新的焦点。西方发达国家 20 世纪 60 年代步入了服务经济社会，服务业为经济增长作出了巨大的贡献。世界银行 1996 年世界发展报告表明，1994 年全世界服务产业已占世界 GDP 的 52％，而服务业在中国国民生产总值中所占比重偏低，且发展不平衡。随着中国经济的高速发展，21 世纪中叶中国将达到中等发达国家发展水平，届时也将进入服务经济社会，因此，研究服务营销，既顺应了世界经济发展的潮流，也是当前经济发展之需。国内学者对服务营销的研究已有相当的进展，大多围绕服务市场细分、服务市场定位、服务产品促销策略等。王方华等（1998）强调服务营销的功能研究，突出服务功能为中心的企业营销，而不是仅将服务营销视为"服务业的营销"，并突出了价值让渡、顾客满意度、品牌忠诚度和服务质量评估等概念。而以汪纯孝为代表的实证研究独树一帜，朱沆和汪纯孝（1999）运用因果关系分析方法，检验两个饭店宾客满意程度模型，并认为饭店管理人员应根据各类属性对宾客满意程度的不同影响，确定服务质量管理工作的重点，以便有效地提高宾客的满意程度。王卫东、汪纯孝、岑成德和朱沆（1999）利用统计分析方法，对顾客期望、需要的满足程度、顾客感觉中的服务实绩与顾客满意程度的关系进行了实证研究。笔者建议在现有的基础上，区分不同行业、产品、地区和消费者，运用实证研究方法，进一步研究服务营销，以期指导企业实践和政府规制。

（八）网络营销

当今国际网络发展一日千里，并且成为全球企业竞争的利器与企业经营不可或缺的工具。中国的网络营销已呈现出强大的生命力，但毕竟是刚刚起步，与西方发达国家相比，总体水平还很落后，网络营销意识尚未成为社会共识，网络硬件落差大，网络营销方式单一，网络物流跟不上需要，网络分销机制不健全，网络营销尚无法律保障，网络营销缺乏超前的理论指导。虽然在美国以网络为代表的新经济发展受挫，但学者们对网络营销仍然充满信心。国内学者对网络营销已有一定的研究，来自台湾中山大学管理学院的刘常勇（1997）在《中国软科学》中全面地介绍了网络营销的特性、应用与策略、对企业经营的影响及其未来的发展趋势。为帮助企业适应网络交换而产生的营销变革，王方华、吴盛刚和朱彤（1998）提出了一系列适应这种变革的营销理念、营销方法和营销手段。石晓军和李恒金（1999）认为，网络营销的理论基础是整合营销、软营销、直复营销，并提出一个网络营销理论框架，概要地讨论了网络营销的主要内容。使用互联网进行企业网络营销服务，顾客仍是其中的焦点，需要利用网络建立和使用数据库进行顾客管理，注重顾客终身价值、顾客价值管理，并与雇员、顾客、供应商及分销商结成战略伙伴，网络营销与关系营销相结合，将产生巨大的竞争优势。

（九）整合营销

20世纪90年代美国学者舒尔兹（1993）等人提出了整合营销传播（Integrated Marketing Communication，缩写IMC）理论，在营销理论研究者、企业管理者中得到广泛认同，整合营销传播被誉为营销传播理论的里程碑。该理论认为，企业的营销传播活动通常由不同部门负责，由于部门主义的影响，部门间缺乏有效的沟通和协调，且分别按照各自认识、计划或从各自利益出发制订传播计划，确定营销传播内容，因此，同一企业可能向消费者传达出两种或两种以上互不协调，有时甚至相互抵触的信息，结果既造成消费者的认识困难，又影响企业营销传播活动的效果，浪费人力、物力、财力。为克服上述弊端，舒尔兹等（1993）认为，整合营销传播是一种看待事物整体的新方式，它是信息传播的重新编排，使之看起来像一股无法辨别源头的信息流，是更符合消费者看待信息传播的方式。在传播学者和营销学者的共同推动下，整合营销传播学日趋成熟，既有理论，又有可供操作的决策过程模式。竺培芬（1998）较早地向国内介绍整合营销传播理论。随着市场经济的发展，随着三资企业与国有企业的发展，整合营销传播学的研究也正提上议事日程。康国伟和王恩胡（1999）结合中国营销传播工作中存在的问题，提出了针对性建议。王方华等（1998）在其专著《整合营销》中独辟蹊径，运用系统论和权变理论解释营销学，提出了系统的动态的营销这个概念。笔者认为，整合营销理论研究应遵循公认的研究模式，结合中国的实际情况，指导中国的营销传播。

（十）营销道德

随着中国市场经济的发展，企业为社会和消费者提供了越来越多的产品，极大地丰富了市场。但是，一些企业的营销道德问题严重地损害了消费者利益、国家利益和社会利益。学术界对商业道德的研究也处于起步阶段。为确保广大消费者和社会的利益，促进中国企业营销活动沿着正确的轨迹运行，加强营销道德问题的研究势在必行。

总之，西方营销理论在中国的"落户"，促进了中国企业营销水平的提高。虽然有的营销理论尚处于引入时期，但经过 20 多年的发展，具有中国特色的营销理论研究已取得一定的成绩，并随着中国社会经济和企业营销实践的发展，中国的营销理论将在广度和深度上得到进一步发展和完善。

第四节　小结与简评

在前面几章中笔者从范式变迁的视角阐释了营销学理论的历史，现在有必要结合营销理论阐释其在中国的发展状况。本章回顾营销理论在中国的发展历程，对中国营销研究理论研究的范式变迁进行述评，并探讨如何建立和发展具有中国特色的营销理论。本章特别强调，营销学界应在认真学习西方营销理论和研究方法的基础上，认真研究中国企业营销实践，努力提高中国营销学者的国际学术地位。

1978 年党的十一届三中全会开启了中国市场导向经济体制改革的序幕，在 20 多年的市场化进程中，由个体、私营企业向国有企业、由价格双轨向价格并轨、由消费品市场向生产资料市场和生产要素市场、由东部沿海向中西部地区，中国改革基本循着市场化道路而渐进，构成了营销理论在中国导入和传播、应用及发展的基础。由于中国经济改革和发展的不平衡性，经济体制改革和企业改革呈现明显的阶段性，因而，中国企业营销的发展一直具有地区、行业、企业和所有制等方面的不平衡性和阶段性，市场总体态势由卖方市场向买方市场渐变，营销主体由外资、民营和乡镇企业向国有企业渐进，营销哲学由生产观念向社会营销观念变化，营销策略由单一策略向营销组合发展，营销对象由产品行业向服务行业渐进。在将来一段时期内，中国营销实践和理论研究将继续呈多元化、多层次状态。

从 20 世纪 70 年代末 80 年代初至今，营销学由学术界导入、企业界应用和政府推动而步步深入，经历了导入和传播、应用及发展三个不同的阶段，营销实践和理论研究有了极大的发展。笔者认为，由于中国社会经济的发展，中国的营销理论研究同样有范式变迁，以绿色营销研究和营销道德研究的兴起为代表，标志营销者主导范式向消费者和社会主导范式变迁。笔者建议中国营销学者结合中国国情，克服存在的不足，努力建立有中国特色的营销理论体系，这样的事业需要几代学人的共同努力。

21 世纪中国的国民经济将继续保持健康、持续、稳定的发展，营销实践和理论研究也将迎来新的机遇。由于营销理论从西方引入中国，在建立和发展具有中国特色的营销理论中，我们应认真学习西方营销理论和研究方法，并密切跟踪世界营销的最新发展，认真研究西方营销理论在中国的适用性，密切联系中国营销实际，积极开展以实证研究为主的营销理论研究，逐步建立和完善符合中国国情的营销理论体系。

逐步建立和完善符合中国国情的营销理论体系，不仅要在营销一般理论研究上下工夫，例如，中国营销环境、中国消费者购买行为、中国企业营销部门的设立及其职能等，都是尚未深入研究的重要课题，而且要对各个分支学科进行深入研究，不断提出新概念、新观点、新理论，丰富世界营销理论宝库，进而缩小与发达国家学术水平的差距。笔者围绕十个课题，概要地回顾了中国学者的研究情况，根据社会经济发展的需要，笔者建议继续围绕上述课题，深入结合中国实践，全面修正和深化已有的营销理论，建立和发展有中国特色的营销理论。

第 八 章

结 论

　　巴特尔斯、谢斯、布卢姆和郭国庆等分别从编年体、学派和机构等角度，对美国营销思想史进行了研究。库恩历史主义范式变迁理论堪称科学史研究中的里程碑，它作为一种重要的方法论，已被运用到自然科学和社会科学的许多分支学科的研究，对营销学范式变迁研究同样具有指导意义。笔者认为，范式理论与营销学的结合是营销理论研究的一个新视角。因此，在研究思路上，笔者以范式变迁理论为指导，从分析不同时期占主流地位的文化、经济、社会和政治价值体系开始，揭示了营销学为适应历史变化而调整其研究中心、研究视角和研究方法的轨迹（即营销学范式变迁），阐释了营销学理论发展的历史。

　　营销学范式与库恩意指的范式概念含义一致，即是营销学研究人员对该学科所研究的基本问题共同掌握的信念、基本理论、基本观点和基本方法的理论体系，是思考和认识营销活动、营销关系的理论模式或框架，是几代营销学人不断努力探索的结果。库恩科学发展的过程概括为一个模式，即前科学（原始时期）—常规科学—危机—科学革命—新常规科学……回顾营销学理论的发展，笔者认为，以营销者或消费者及社会为出发点，以经济的或社会心理的研究方法为视角，概述营销学范式的变迁：营销学前科学阶段的学说纷争→以营销者为中心、以经济学研究方法为主的营销学范式→范式变迁→以购买者和社会为中心、以社会学和心理学研究方法为主的营销学范式→营销学范式的分化发展与综合趋势→……

　　营销学范式变迁研究有助于深入了解某一概念或理念在何种背景下提出的，又是如何经受"达尔文适者生存的考验"不断加以完善的。这对于中国学者提出自己的概念和理论具有重要的帮助和指导意义。

第一节 美国营销学范式的变迁

一 营销学前科学阶段的学说纷争

营销学从经济学中分离出来时，借用了许多经济学的观点和方法，它以规范的归纳研究为主要研究方法，形成了商品研究、职能研究、机构研究等学说，它们之间相互竞争，推动营销学范式的形成。

1. 商品研究主要分析产品的物理特征及其分类体系。营销学在1900年左右开始形成，当时一些学者的逻辑体系非常简单：既然营销学关注的是商品从生产者到消费者的运动，那么营销学就应该着重研究交易对象，即产品。由于营销学主要由农业经济学和农产品营销学发展而来，即使研究对象是制造包装商品而不是农产品，这种观点仍被认为是商品研究。

由于先进学科都基于广泛的分类体系，若将商品划分为几个合理的类别，那么营销学将在获得科学遗产方面迈出一大步。同时，若能产生和进一步发展商品分类体系，许多商品彼此接近，则可以将它们集合为一个相似的类别，运用相同的营销程序和技巧，营销学者能够告诉实践者应该如何销售产品。因而形成了以科普兰（1923）为代表的分类体系，即便利品、选购品和特殊品。

2. 职能研究分析营销交易所需的活动。与商品研究基于营销的"什么"因素形成鲜明对照，职能研究则分析营销交易所需的活动，基于"如何"营销的因素。著名的有肖（1912）的"五职能"和韦尔德（1917）的"六职能"，然而从事职能研究的学者们未能就营销职能标准达成共识。因此，职能研究未能引起营销学术界的重视，但企业中营销部门正是按照职能范围和专长来组织的，大学营销系的学术课程也反映了职能研究的影响。

3. 机构研究主要分析营销过程中的组织。从农业区域移居城市的消费者抱怨中间商未能带来相应价值，反而增加了太多成本，因此，几位营销学者决定评价从事运输和转移商品（从生产者到消费者）的组织及其职能与效率，确定它们对营销的贡献，从此机构研究开始着力研究渠道系统的结构及其演进。分析执行职能（使商品从生产者流向消费者）的组织，对营销学的发展也大有裨益。巴特勒（1923）强调中间商为生产者和消费者创造的效用，包括基本效用、形式效用、地点效用和时间效用。布雷耶（1934）强调市场的重要性，将市场作为营销和机构研究的基础。

4. 商圈研究学者更加重视买卖之间实体分离的问题。他们视营销为一种经济活动，设计这种活动，可以跨越买卖之间的地理或空间距离，理解具有不同资源和需要的地区之间商品的流动。

二　营销学范式的形成

营销学作为一门独立的学科，其出发点是什么？营销学研究对象是什么？研究的方法是什么？早期学者从各自的研究领域（营销的对象、活动、主体或商圈）出发，归纳了各自主张，提出了相互竞争的理论。第二次世界大战后，以营销者为出发点、以经济学研究方法为主的管理研究应运而生，它以营销实践为研究对象，并对商品研究、职能研究和机构研究进行了很好的归纳和总结，提出了营销观念、"营销近视症"、营销组合、产品生命周期、市场细分等概念，并将商品研究、机构研究和职能研究归入营销组合研究，集规范的归纳研究大成，并倡导分析研究。乔尔·迪安、约翰·霍华德、温德尔·史密斯、尼尔·鲍顿、威廉·拉泽、西奥多·莱维特、菲利普·科特勒等学者共同努力，形成了管理导向的营销学，构成了营销者主导范式的营销学范式。

三　营销学范式变迁

从 20 世纪 60 年代开始，许多学者们重点研究营销中消费者和社会因素，分析对营销产生的社会、行为或心理影响及社会经济环境对营销产生的影响，营销者主导向消费者和社会主导发展。同时，经验统计分析方法和其他自然科学研究原理被引入营销学研究，营销学研究变得日益精密而复杂化，传统的三段式（命题＋论证＝结论）研究因其过于简单，已在研究中渐渐难以奏效，规范研究失去了向心力，实证研究逐渐取得了研究的领导地位，营销学的研究方法由规范的归纳研究向实证研究发展。所有这些研究代表了研究导向和方法的显著转变，构成了营销学范式的变迁，也导致了营销学理论在发展延续性方面的中断。

在新的营销学范式研究中仍然存在学说争论，具体表现为从不同的视角研究营销问题：

1. 购买者行为研究主要分析市场中的消费者。除人口统计信息所反映的情况（如有多少消费者、消费者是谁），购买者行为研究试图论述消费者市场行为的原因。而前述研究范式基本上全部研究生产者或销售者，因而它们形成鲜明的对照。购买者行为研究中主要学者认为，将购买者作为一个努力分配有限收入满足其无限需要的经济人，是不能令人满意的，并建议营销学者分析消费者的行为，努力探究决定消费者行为更复杂、更现实的原因，因此，这些学者开始从心理学、社会学等其他学科中借用概念，并在营销学中加以应用。但这样造成了许多关于消费者行为的不完整理论，每个理论都基于一个特定心理学、社会学和人类学的主张，从多种行为科学中大量平行借用理论和方法，产生了如"盲人摸象"一样的现象，就消费者消费的原因，每个理论都提出合理的但不同的解释。

在购买者行为研究中，学者们开始运用行为科学的实证方法论，如观测小组会谈、实验检验，也开始应用与生理心理学相关的实验方法（包括感觉刺激、物质现实知觉过程），导致了瞳孔扩张、皮肤电流压力和其他测量消费者生理反应方法的应用。

2. 由宏观营销这一术语和《宏观营销学报》足见环境研究的发展程度。宏观营销研究开始分析和理解社会需要和忧虑对营销产生的影响。以罗伯特·霍洛韦和乔治·菲斯克为代表的一些学者认为应更加重视环境和社会因素，强调对营销实践活动产生重大影响的不可控环境因素研究，是该研究最有价值的贡献。他们认为营销活动必然受到外部环境的影响，而这种影响可能有损于对效率最大化的追求。宏观营销研究的独到之处在于严肃地科学地尝试理解营销在社会中的作用，并提供了一个理论框架，用以解释普通民众的消极认识。

3. 保护消费者主义研究倾向于以偏颇的、情绪化的方式批评营销对环境的影响，它从个别消费者和特定产业或公司角度出发，而不是从营销者的角度出发，着重研究买卖之间的权力不平衡和个别企业在市场上的不法营销行为。现在已有一大批有关产品安全、消费者满意/不满意、弱势消费者、产品处理对环境影响和区域社会责任等一系列的研究成果。

四　营销学范式的分化和综合趋势

20 世纪 80 年代后期，有学者认为商品研究、职能研究、机构研究和管理研究形成的知识是内容丰富的思想资源，而营销思想中的这种不连续性导致这些遗产和资源的丧失。也有学者坚持认为，购买者行为研究正在回归营销学。笔者认为，当前的营销学研究分化和综合的趋势并存。营销者主导的营销学范式处于领导地位，在战略营销、关系营销和全球营销、营销组合等方面，许多学者贡献了有价值的创见，服务营销研究所运用的理论和方法，与商品研究的近似，整合营销传播、战略营销、定制营销、4C 营销组合研究等都是管理研究的进一步发展。在消费者和社会主导的营销学范式方面，20 世纪 90 年代以来，对营销道德等问题的研究方兴未艾，它反映了社会对环境和营销道德的关注，实际上是宏观营销研究和社会营销的继续。由于社会经济环境和企业竞争的变化，对上述问题的研究将沿着各自的发展方向继续深化。

同时，以系统观点为指导，以交换或市场行为为营销学的核心概念，有学者提出了营销学的综合理论。系统观点作为发展营销理论的一种整合框架，最显著的观点是总体大于部分之和，如果不能保存理论研究的整体性，我们将失去重要的思想。拉泽和凯利、道林、霍华德、赖登巴赫和奥利瓦、波特等对营销系统论观点作出贡献。也许由于营销学向系统观点发展得太快，它对系统的理解比较松散和肤浅，远未实现其潜力。将交换作为营销理论和营销学范式的中心，使之成为与其他理论相联系的中枢，奥尔德森首倡"交换定律"，巴戈齐和科特勒认为交换构成了一般营销理论的基础，休斯顿和加森海默认为将交换作为营销理论的中心，与其他理论相联系并成为中枢。谢斯等认为营销学以市场行为为中心议题，市场行为包括购买者、销售者、中间人的行为及交换关系中的管理者，则可以综合营销学的各方面研究，所有这些努力尚未实现其目标。即便如此，也能够依稀可见学者们为综合的营销学理论而付出的努力。例如，霍华德的企业营销理论在此方面大有可为。

能否实现营销学的一般理论和综合的营销学范式？笔者的答案是肯定的，系统哲学和管理研究可以作为一般营销学理论研究和营销学范式的基石。因为这两种研究采用综合的观点，营销学确实应该包括环境、所有相关的行动者和非传统的要素，而且这两种观点能够融合前面所概括的关键性组成要素。

第二节　推动营销学范式变迁的历史力量

营销思想是多种学科的综合，也是历史力量的产物，多种学科的发展和历史变迁共同推动了营销学的发展。这一研究使我们了解经济、社会文化价值和政治的变迁以及个人和制度安排的消长是如何影响营销学范式变迁的。在组织化的努力中，人们关于资源分配和利用的思想很大程度上受其环境的影响。但是，人并不是奴隶，并不是被动的，也不是预先决定或命中注定要在某一伟大的文化阶段扮演自己的角色。人们的观念反过来又在相互作用的历史进程中塑造和改变着他们的环境。

自产业革命以来，科学技术日新月异，这种发展对研究营销的学者及实际营销人员形成了应付更新、更困难问题的持久压力。

一　美国经济环境变迁

20 世纪初美国由农业国迅速向工业国转变，使美国在产品、服务业、国民收入和人民生活水平方面都处于世界领先地位。美国已进入了一个新的时代。1900—1929 年美国的发展与繁荣，农业经济实现工业化，制造业由作坊到工厂迅速发展，市场规模迅速扩大，分销系统发生深刻变化。然而 20 世纪 30 年代的大萧条打破了美国人持续繁荣的梦想，"罗斯福新政"推行国家干预措施使得美国终于走出大萧条，也标志着"国家干预经济"逐渐形成为资本主义国家的一种宏观经济政策体系。

经过 20 世纪 30 年代的大萧条的重创和第二次世界大战的洗礼，在"国家干涉经济"的思想指导下，美国战后经济保持了持续繁荣。战争刚结束时，政府开支锐减，但战后迸发出来的私人开支浪潮，使美国得以避免了一次经济紧缩。此后政府开支重新扩大，满足各州和地方上建立、建设学校、公路、医院和消防设施的迫切需求。与此同时，冷战的形成，特别是朝鲜战争的爆发，大幅度增加了军费的开支，成为国民经济的主要刺激因素。

第二次世界大战后美国得益于教育和基础科学及其应用研究，美国的绝大多数技术进步应用于工商业部门。美国经济的精湛技术深入人心，"阿波罗登月"只是这种精湛技术中最引人注目的例子。美国的纯科学，尤其是生物化学和物理化学的进步令人瞩目，1951 年制成第一台商业电子计算机，大量新兴的通信技术、运输技术、"数控"冶金技术、合成材料、冷冻干燥技术被用于开发新产品、新流程，并广泛采用了新的管理技术，如操作系统、系统分析和数字编制程序等，这些技术极大地推动了美国的战后繁荣。

但因技术和生产的不当使用而造成的社会、环境等问题也越发突出。汽车制造噪音，污染环境，造成实体废品，阻塞交通，破坏城市和乡村的风景。在产量增长中，美国能源消耗速度几乎是其他物质最发达国家的两倍。美国只有世界人口的 6%，而在 20 世纪 70 年代初，却消耗了世界上可耗自然资源年消费量的 1/3 以上。

经过战后繁荣，20 世纪 70 年代美国决策者面临着通货膨胀和高失业率之间的两难选择，上升到失业率抵消了控制通货膨胀带来的好处，减少失业率的结果则是通货膨胀重新抬头。1977 年民主党卡特政府时期，美国经济的困境进入了一个死胡同，紧缩的经济政策产生痛苦的后果：失业率从 1979 年的 5.8% 上升到 1980 年的 7.1%，1980 年通货膨胀率达到 12.4%，了不起的繁荣在前所未有的"滞胀"中结束。

进入 20 世纪 80 年代，面对经济全球化且日趋激烈的国际竞争，美国知识界出现了一场激烈论战："复兴的形象"还是"衰落的形象"更接近美国的现实？美国经济学家罗斯托教授对比研究了近一个多世纪以来英、美两国的实力演变过程，提出了"我们是否正步英国 1870 年以后所走的老路"的疑问。时隔不久，柏格斯腾著文宣称："美国独霸"已不可能，"美日合霸"势在必行。此后，美国不少学者纷纷著书立说，宣扬美国衰落的主题。麻省理工学院教授罗瑟等人不仅揭露了美国衰落的纷繁现象，更强调指出了美国衰落的原因，并指出，若不采取对策，就要像当年英国那样，由于竞争能力削弱，国力衰微，将从世界一流大国的地位降为二流国家。美国经济生活的现实确实令人沮丧，不仅增长乏力，而且日趋破落。1981 年，里根上台后不久，就大声疾呼："整个美国已经历着许多经济学家所说的自大萧条以来最严重的经济紧张时期。"在里根总统强有力的督导下，暗淡的美国经济得到充分的曝光。民意调查的数据也反映不同阶层人的感受，美国大多数人都在为美国经济地位的下降而担心。

为克服经济发展中出现的问题，联邦政府尽其所能，大幅度调整经济结构，企业界锐意进取，学术界积极探求振兴之道。美国从自由贸易政策转向战略贸易政策；增加研究与开发投入，促进高技术产业发展；推动企业兼并改组，并购活动涉及飞机制造、钢铁、汽车、化工、金融、IT、交通、旅游、国防工业、娱乐、医疗保健、商业零售等行业，交易额在数千亿美元以上；推动企业内部管理结构的"再造"或"重新设计"及企业经营战略的调整；加强对传统工业的技术改造，为传统工业注入了新的活力；依靠风险资本和小企业开发高技术，发挥中小企业技术创新的灵活机制，为高技术产业提供了宽松的国内外市场环境等。

在官、产、学的共同努力下，持续不懈的结构调整，推动了"新经济"的形成和发展，彻底扭转了困扰美国经济多年的颓势，恢复了强劲的国际竞争力，重新确立了在全球经济中的领导地位。经济持续稳定增长，联邦预算赤字大幅度削减，出现财政盈余；就业人口大幅度增加；失业率不断下降，通货膨胀得到有效的控制；企业利润大幅度增加，出口增长强劲；企业国际竞争力得以加强，自 1996 年开始，美国连续 3 年居世界各国竞争力评估的第一位；高技术产业快速发展，成为 20 世纪 90 年代以来美国经济增长的主要动力；经济持续强劲增长，且无通货膨胀压力，从 1995 年股市呈现出异常繁荣。

二　美国社会政治环境变迁

时代的经济特征形成一个时期内占统治地位的社会价值，而态度和志向是人们力量的源泉。由于美国特殊的历史地理环境，以富兰克林为代表的美国缔造者秉承新教伦理的信条，以其生活和著作塑造了美国的价值观，即个人主义、平等自由、节俭勤奋、乐观进取、自由竞争，这种精神激励和鼓舞了一代又一代的美国人民和企业家为富国强民而奋斗。

19 世纪末和 20 世纪初，在这种精神的指导下，政府实行自由放任的社会经济政策。这一政策适应了内战后美国经济发展的客观要求，促进了美国经济的迅速发展，极大地调动了美国资本家创业的积极性。美国人民普遍接受了自由放任思想，认为个人财富不应受到限制，每一个人都有通过自己勤奋劳动发家致富的机会，因而商人成了社会的中心人物。正是在这种思想的驱使下，无数的美国劳动人民拼命地工作、辛勤地劳动，推动了美国经济的迅速发展。无数个人追求自身利益的活动逐步汇成了资本积聚的洪流，成为经济增长的源泉。

然而，对于许多人来讲，沉重的经济负担则使以前所持有的每一个人都能成功和丰足的假说破灭。经过 30 年代的大萧条，社会关系和指导人们行为的假设发生了显著变化。经济上的灾难打击了所有的工人和企业家，他们感到自由受到新的威胁，人们在资本主义和新教伦理的个人主义中感到孤独，需要某种比他们自己伟大的事物——上帝、国家、公司、工会或者其他事物，以便自我得到认同和消失，因而新教伦理信条削弱而社会伦理逐渐兴起。伴随着个人主义的破灭，该时代的社会伦理学贬低了个人奋斗的成就，白手起家的概念已被拒绝作为经济秩序的一种保证，对实业家尊敬程度也日渐下降。

大萧条后的"罗斯福新政"和战后的国际形势使美国政治发生新的变化：经济干涉主义和"冷战"。《劳工—管理当局关系法》（1947）原则上责成联邦政府负责维持"最大限度的就业、生产和购买力"。它表达了国民的一致意见：不再容许发生大批失业，以免遭遇 30 年代曾经出现过的那种大批失业，它是新兴的混合经济的最显著标志，是一种在无可奈何失业情况下为使美国人民得到经济上的公正而给予的人道主义关注。1947年杜鲁门政府制定了同年希腊危机中首次使用的对苏钳制政策。杜鲁门主义声称，美国的政策必须支持自由世界的人民，抵抗武装的少数派或外来势力企图进行的征服。在美国的混合经济中，至少有四分之一个世纪，军费开支在中央政府自由开支中占绝对优势。总之，"大萧条"和第二次世界大战后的世界政治经济新格局带来对政府作用的新解释。

20世纪50年代末60年代初美国处于一个由工业社会向后工业社会转变的时代，美国人的价值观和意识形态也发生了变化，同时各种社会问题日渐突出，黑人追求种族平等，反对种族歧视；妇女追求男女平等，反对性别歧视；青年学生摒弃主流价值观念和异化生活方式，反对越南战争，反对正统文化；肯尼迪总统的特别咨文界定了现代消费者运动的内容，拉尔夫·纳德为提高消费者地位确定了一系列目标，民权运动、妇女解放运动、反文化运动、消费者权益保护运动等社会运动风起云涌，促使人们反思进而批判现成的价值观、文化、生产方式和生活方式。在这个批判和反省的年代，工商业受到集中的批判，许多人认为工商业是越南战争的共谋，营销和广告被认为给贪婪的物质主义添砖加瓦，并欺骗和剥削了公众，营销学科经历了一场身份危机。

20世纪60年代后期70年代初期美国面对的是"苏攻美守"的冷战态势和此起彼伏的社会运动，国内外局势严重混乱，美国需要寻找另一种思想武器和治国良方应对冷战和激进运动。作为对20世纪六七十年代社会激烈动荡的一种反思，新保守主义强调个人的自由和自主，反对扩大政府；保卫"自由"的传统，主张负责任的、审慎的自由；主张"机会平等"，反对"结果平等"、"处境平等"、"福利国家"；信奉自由市场经济和企业竞争力，重视市场发挥有效的资源配置而同时政府提供必要的保障和支持。它既强调私人企业的活力与市场的完美，又主张政府有责任指导社会向传统法则或其他公共利益相一致方向发展，因而迎合了中产阶级的价值观念，符合中产阶级的利益，20世纪80年代新保守主义取得支配地位并开始全面地影响美国。

20世纪80年代共和党政府贯彻其新保守主义的主张，"里根经济学"的实施，实现了在低通货膨胀率下长达 75 个月的经济持续增长。20 世纪 90 年代克林顿民主党政府选择了"中间道路"，充分发挥市场经济的作用，扩大国际自由贸易，打开其他国家的市场，削减社会福利支出，加强军备和实力，确保美国的长期繁荣，强化美国的国际霸主地位。20 世纪 90 年代初期新保守主义受到挫折，1994 年中期选举后新保守主义卷土重来，代表新保守主义势力的共和党人夺得国会两院的多数席位，在各州州长选举中共和党获得多数州长职位。在 1996 年的大选和 1998 年的中期选举中，共和党继续占有参众两院的多数。2000 年大选中共和党人小布什当选总统，这些事实说明冷战后新保守主义思潮和势力在美国的社会、经济和政治生活中占据主导地位，在可以预见的未来，新保守主义思潮仍将在美国的政治、经济和社会生活中占支配地位。

第三节　建立和发展有中国特色的营销学理论

1978 年党的十一届三中全会拉开了中国市场导向经济体制改革的序幕，渐进式改革开放构成了营销理论在中国导入、传播和应用、研究及发展的基础。由于中国经济改革和发展的不平衡性和阶段性，中国企业营销的发展一直具有地区、行业、企业和所有制等方面的不平衡性和阶段性，中国营销实践和理论研究将继续呈多元化、多层次状态。

由于经济发展的需要，从 20 世纪 70 年代末 80 年代初至今，营销学由学术界导入、企业界应用和政府推动而步步深入，经历了导入和传播、应用及发展三个不同的阶段，营销实践和理论研究有了极大的发展。对营销道德、经济的可持续发展和绿色营销等问题的研究是中国学者营销理论研究的范式变迁重要标志。中国营销的实践需要有中国特色的营销理论，但建立中国营销学理论体系任重而道远，它需要几代学人的共同努力。

21 世纪的中国发挥大国优势、后发优势和改革效应，国民经济将继续保持健康、持续、稳定的发展，营销实践和理论研究也将迎来新的机遇。在建立和发展具有中国特色的营销理论中，我们应认真学习西方营销理论和研究方法，密切联系中国营销实际，例如，中国营销环境、中国消费者购买行为、中国企业营销部门的设立及其职能，积极开展以实证研究为主的营销理论研究，围绕大营销、全球营销、合作营销、战略联盟、绿色营销、关系营销、服务营销、网络营销、整合营销、营销道德等，全面修正和深化已有的营销理论，不断提出新概念、新观点、新理论，逐步建立和完善符合中国国情的营销理论体系。

主要参考文献

英文参考文献：

Aaker, David A. and Donald E. Bruzzone, "Causes of Irritation in Advertising", *Journal of Marketing*, 49 (Spring), 1985.

Achrol, Ravi Singh, Reve, Torger and Stern, Louis W., "The Environment of Marketing Channel Dyads: A Framework for Comparative Analysis", *Journal of Marketing*, 47 (Fall), 1983.

Adler, L., "Symbiotic marketing", *Harvard Business Review*, 44 (6), 1966.

Alba, Joseph W. and J. Wesley Hutchinson, "Dimensions of Consumer Expertise", *Journal of Consumer Research*, 13 (March), 1987.

Anand, Punam and Louis W. Stern, "A Sociopsychological Explanation for Why Marketing Channel Members Relinquish Control", *Journal of Marketing Research*, 22 (Nov.), 1985.

Anand, Punam., "Inducing Franchisees to Relinquish Control: An Attribution Analysis", *Journal of Marketing Research*, 24 (May), 1987.

Andersen, Alan R., "Attitudes and Consumer Behavior: A Decision Model", in *New Research in Marketing*, Lee E. Preston, ed, . Berkeley: Institute of Business and Economic Research, University of California, 1965.

Andersen, Alan R., *The Disadvantaged Consumer*, New York: Free Press, 1975.

Anderson, Erin, Leonard M. Lodish, and Barton A. Weitz, "Resource

Allocation Behavior in Conventional Channels", *Journal of Marketing Research*, 24 (Feb.), 1987.

Anderson, James C. and James A. Narus, "A Model of the Distributor's Perspective of Distributor-Manufacturer Working Relationships", *Journal of Marketing*, 48 (Fall), 1984.

Andreasen, Alan R., "Judging Marketing in the 1980's", *Journal of Macromarketing*, 2 (Spring). 1982.

Andrews, J. Craig, "Broadening Journal of Public Policy & Marketing's Outreach: My 'Tour of Duty' as Editor", *Journal of Public Policy & Marketing*, 30 (Spring), 2011.

Armstrong, Garry M., C. L. Kendall and Frederick A. Russ, "Applications of Consumer Information Processing Research to Public Policy Issues", *Communication Research*, 2, 1975.

Armstrong, Gary M., Metin N. Gurol, and Frederick A. Russ, "Detecting and Correcting Deceptive Advertising", *Journal of Consumer Research*, 6 (Dec.), 1979.

Arndt, Johnan, *Word of Mouth Advertising: A Review of the Literature*, New York: Advertising Research Foundation, Inc., 1967.

Aspinwall, L., "The Characteristics of Goods and Parallel Systems Theories", in *Managerial Marketing*, Eugene J. Kelley and William Lazer, eds., Homewood, Illinois: Richard D. Irwin, Inc., 1958.

Backman, J., "Is Advertising Wasteful?" *Journal of Marketing*, 32 (Jan.), 1968.

Bauer, R. A. and S. M. Cunningham, *Studies in the Negro Market*, Cambrideg, Massachusetts: Marketing Insitutes, 1970.

Bauer, Raymond A., "Consumer Behavior as Risk Taking", in *Dynamic Marketing for a Changing World*, Robert S. Hancock, ed., Chicago: American Marketing Association, 1960.

Betsy D. Gelb, Richard H. Brien, Survival and social responsibility: Themes for Marketing Education and Management, *Journal of Marketing*, 35 (April), 1971.

Bettman, James R. , *An Information Processing Theory of Consumer Choice*, *Reading*, Massachuetts: Addison-Wesley Publishing Company, Inc. , 1979.

Bettman, James R. , "Consumer psychology", *Annual Review of Psychology*, 37, 1986.

Biehal, Gabriel and Dipankar Chakravarti, "Consumers' Use of Memory and External Information in Choice: Macro and Micro Perspectives", *Journal of Consumer Research*, 12 (Mar.), 1986.

Bloch, Peter H. , Daniel L. Sherrell, and Nancy M. Ridgway, "Consumer Search: An Extended Framework", *Journal of Consumer Research*, 13 (Jun.), 1986.

Brown, G. H. , "Brand Loyalty—Fact or Fiction?" *Advertising Age*, 23 (June 9), 1952 – 1953.

Browne, M. Neil, and Paul F. Haas, "Social Responsibility and Market Performance", *MSU Business Topics*, 19 (August), 1971.

Bullock, Henry Allen, "Consumer Motivations in Black and White", *Harvard Business Review*, 39 (Jul. /Aug.), 1961.

Cadotte, E. R. and L. W. Stern, A process model of interorganization relations in marketing channels, in *Research in Marketing*, J. N. Sheth, ed. , Volume 2, Greenwich, Connecticut: JAI Press, Inc. , 1979.

Cadotte, Ernest R. , Robert B. Woodruff, and Roger L. Jenkins, "Expectations and Norms in Models of Consumer Satisfaction", *Journal of Marketing Research*, 24 (Aug.), 1987.

Cash, Harold C. and W. J. E. Crissy, "A Point of View for Salesman", *The Psychology of Selling*, Volume 1, New York: Personnel Development Associations, 1958.

Cron, William L. and John W. Slocum Jr. , "The Influence of Career Stages on Salespeople's Job Attitudes, Work Perceptions, and Performance", *Journal of Marketing Research*, 23 (May), 1986.

Cunningham, Ross M. , "Brand Loyalty—What, Where, How Much?" *Harvard business Review*, 34 (January/February), 1956.

Cyert, Richard M. and James G. March, *A Behavioral Theory of Firm*, Englewood Cliff, New Jersey: Prentice-Hall, Inc. , 1963.

Darnay, Arsen J. , "Throwaway Packages—A mixed blessing", *Environmental Science and Technology*, 3 (April), 1969.

Davis, Harry L. and Benny P. Rigaux, "Perception of Martial Roles in Decision Processes", *Journal of Consumer Research*, 1 (June), 1974.

Dawson, Leslie M. , "Marketing Science in the age of Aquarius", *Journal of Marketing*, 35 (July), 1971.

Dawson, Leslie M. , "The Human Concept: New Philosophy for Business", *Business Horizons*, 12 (December), 1969.

Dichter, Ernest, "The World Customer", *Harvard Business Review*, 40 (Jul/Aug), 1962.

Dither, Ernest, *Handbook of Consumer Motivation: The Psychology of the World of Objects*, NewYork: McGraw-Hill Book Company, Inc. , 1964.

Dither, Ernest, "Psychology in Market Research", *Harvard Business Review*, 25 (Summer), 1947.

Dowling, Grahame R. , "The Application of General of Systems Theory to an Analysis of Marketing Systems", *Journal of Macromarketing*, 3 (Fall), 1983.

Dubinsky, Alan J. , Roy D. Howell, Thomas N. Ingram and Danny N. Bellenger, "Salesforce Socialization", *Journal of Marketing*, 50 (Oct.), 1986.

Dwyer, F. Robert, Paul H. Schurr and Sejo Oh, "Developing Buyer-Seller Relationships", *Journal of Marketing*, 51 (Apr.), 1987.

Edwards, Ward, "Behavior Decision Theory", *Annual Review of Psychology*, 12, 1961.

Eliashberg, Jehoshua, Stephen A. LaTour, Arvind Rangaswamy and Louis W. Stern, "Assessing the Predictive Accuracy of Two Utility-Based Theories in a Marketing Channel Negotiation Context", *Journal of Marketing Research*, 23 (May), 1986.

Engel, James F. , David T. Kollat, and Roger D. Blackwell, *Consumer*

Behavior, New York: Holt, Rinehart and Winson, Inc. , 1968.

Evans, Kenneth R. and Richard F. Beltramini, "A Theoretical Model of Consumer Negotiated Pricing: An Orientation Perspective", *Journal of Marketing*, 51 (Apr.), 1987.

Farley, John U. , John A. Howard, and L. Winston Ring, *Consumer Behavior: Theory and Applications*, Boston, Massachusetts: Allyn and Bacon, Inc. , 1974.

Festinger, Leon, *A Theory of Cognitive Dissonance*, New York: Row, Peterson and Company, 1957.

Fishbein M. and I. Ajzen, *Belief, Attitude, Intention, and Behavior: An Introduction to Theory and Research*, *Reading*, Massachusetts: Addison Wesley Publishing Company, 1975.

Fishbein, Martin, "An Investigation of the Relationships between Beliefs About an Object and the Attitude Toward that Object", *Human Relations*, 16 (August), 1963.

Fishbein, Martin, ed. , *Readings in Attitude Theory and Measurement*, New York: John Wiley& Sons, Inc. , 1967.

Fisk, G. , *Marketing System: An Introductory Analysis*, New York: Harper and Row, 1967.

Ford, Gary T. and John E. Calfee, "Recent Developments in FTC Policy on Deception", *Journal of Marketing*, 50 (Jul.), 1986.

Frank, Ronald E. , "Brand Choice as a Probability Process", *Journal of Business*, 35 (January), 1962.

Frazier, Gary L. and John O. Summers, "Interfirm Influence Strategies and their Applications within Distribution Channels", *Journal of Marketing*, 48 (Summer), 1984.

Freud, Sigmund, *The Standard Edition of the Complete Psychological Works of Sigmund Freud*, J. Strachey, ed. 24 Volume, London: Hogarth Press, 1953.

Gardner, David M. , "Deception in Advertising: A Receiver Oriented Approach to Understanding", *Journal of Advertising*, 5 (Fall), 1976.

Gardner, Meryl Paula. , "Mood States and Consumer Behavior: A Critical Review", *Journal of Consumer Research*, 12 (Dec.), 1985.

Gary M. Erickson, "A Model of Advertising Competition", *Journal of Marketing Research*, 22 (Aug.), 1985.

Gaski, John F. , "Interrelations Among a Channel Entity's Power Sources: Impact of the Exercise of Reward and Coercion on Expert, Referent, and Legitimate Power Sources", *Journal of Marketing Research*, 23 (Feb.), 1986.

Gaski, John F. , "The Theory of Power and Conflict in Channels of Distribution", *Journal of Marketing*, 48 (Summer), 1984.

Ghemawat, Pankaj, Michael E. Porter, and Richard, A. Rawlinson, "Patterns in International Coalition Activity", in *Competition in Global Industries*, M. E. Porter, ed. , Boston, MA: Harvard University Press, 1986.

Greene, C. Scott and Paul Miesing, "Public Policy, Technology, and Ethics: Marketing Decisions for NASA's Space Shuttle", *Journal of Marketing*, 48 (Summer), 1984.

Grether, E. T. , "Regional-Spatial Analysis in Marketing", *Journal of Marketing*, 47 (Fall), 1983.

Hall, Edward T. , "The Silent Language in Overseas Business", *Harvard Business Review*, 38 (May/June), 1960.

Hauser, John R. , "Agendas and Consumer Choice", *Journal of Marketing Research*, 23 (Aug), 1986.

Havlena, William J. and Morris B. Holbrook, "The Varieties of Consumption Experience: Comparing Two Typologies of Emotion in Consumer Behavior", *Journal of Consumer Research*, 13 (Dec.), 1986.

Heath, Robert L. and Richard Alan Nelson, "Image and Issue Advertising: A Corporate and Public Policy Perspective", *Journal of Marketing*, 49 (Spring), 1985.

Hirsehman, Elizabeth C. , "Innovativeness, Novelty Seeking, and Consumer Creativity", *Journal of Consumer Research*, 7 (December), 1980.

Holloway, Robert J. and Robert S. Hancock, eds. , *The environment of*

Marketing Behavior: Selections from the Literature, New York: John Wiley & Sons, Inc., 1964.

Holloway, Robert J. ed., *A Basic Bibliography on Experiments in Marketing*, Chicago: American Marketing Association, 1967a.

Holloway, Robert J., "An Experiment on Consumer Dissonance", *Journal of Marketing*, 31 (January), 1967b.

Holton, Richard H., "The Distinction Between Convenience Goods, Shopping Goods, and Specialty Goods", *Journal of Marketing*, 23 (July), 1958.

Howard, Carl I., Effects of the Mass Media of Communication, in *Handbook of Social Psychology*, Volume 2, Gardner Lindzey ed., Cambridge, Massachusetts: Addison Wesley Publishing Company, 1954.

Howard, John A. and Jagdish N. Sheth, *The Theory of Buyer Behavior*, New York: John Wiley & Sons, Inc., 1969.

Howard, John A. and James Hulbert, *Advertising and the Public Interest: A Staff Report to the Federal Trade Commission*, Chicago: Crain Communications, Inc., 1973.

Howard, John A. and Spencer F. Tinkham, "A Framework for Understanding Social Criticism of Advertising", *Journal of Marketing*, 35 (October), 1971.

Howard, John A., "Marketing Theory of the Firm", *Journal of Marketing*, 47 (Fall), 1983.

Howard, John A., *Consumer Behavior in Marketing Strategy*, Englewood Cliffs, New Jersey: Prentice-Hall, Inc., 1988.

Howard, John A., *Consumer Behavior: Application of Theory*, New York: McGraw-Hill Book Company, 1977.

Howard, John A., *Marketing Management: Analysis and Decision*, Homewood, Illinois: Richard D. Irwin, Inc., 1963b.

Howard, R. A., "Stochastic Process Models of Consumer Behavior", *Journal of Advertising Research*, 3 (Sep.), 1963.

Huber, Joel, Morris B. Holbrook and Barbara Kahn, "Effects of Competitive Context and of Additional Information on Price Sensitivity", *Journal of Marketing Research*, 23 (Aug.), 1986.

Hui, Michael K; Xiande Zhao; Xiucheng Fan; Kevin Au, "When Does the Service Process Matter? A Test of Two Competing Theories", *Journal of Consumer Research*, 31 (Sep.), 2004.

Hull, Clark L., *A Behavior System: An Introduction to Behavior Theory Concerning the Individual Organism*, New Haven, Connecticut: Yale University Press, 1952.

Hunt, H. Keith and Ralph L. Day, *Refining Concepts and Measures of Consumer Satisfaction and Complaining Behavior*, Bloomington / Indianapolis: Department of Marketing, School of Business, Division of Research, Indiana University, 1979.

Hunt, H. Keith, ed., *Conceptualization and Measurement of Consumer Satisfaction and Dissatisfaction*, Cambridge, Massachusetts: Marketing Science Institute, 1977.

Hunt, Shelby D., "General Theories and the Fundamental Explananda of Marketing", *Journal of Marketing*, 47 (Fall), 1983a.

Jackson, Barbara, B. *Winning and Keeping Industrial Customers*, Lexington, KY: Lexington Books, 1985.

Jacoby, Jacob and Constance Small, "The FDA Approach to Defining Misleading Advertising", *Journal of Marketing*, 39 (October), 1975.

Jacoby, Jacob, Donald E. Speller and Carol A. Kohn, "Brand Choice Behavior as a Function of Information Load", *Journal of Marketing Research*, 11 (Feb), 1974.

Kassarjian, Harold H., "The Negro and American Advertising, 1946 – 1965", *Journal of Marketing Research*, 6 (Feb.), 1969.

Katona, George C. and Eva Mueller, *Consumer Attitudes and Demand: 1950 – 1952*, Ann Arbor: *Survey Research Center*, Institute for Social Research, University of Michigan, 1953.

Katona, George C. and Eva Mueller, *Consumer Expectations: 1953 – 1956*, Ann Arbor: *Survey Research Center*, Institute for Social Research, University of Michigan, 1956.

Katz, Daniel, "The Functional Approach to the Study of Attitudes", *Pubic Opinion Quarterly*, 24 (Summer), 1960.

Katz, Elihu and Paul F. Lazarsfeld, *Personal Influence: The Part Played by People in the Flow of Mass Communication*, New York: The Free Press, 1955.

Kelly, Eugene, William Lazer, *Managerial Marketing: Perspectives and Viewpoints*, Homewood, Illinois: Richard D. Irwin Inc., 1958.

Kohli, Ajay K.; "Some Unexplored Supervisory Behaviors and Their Influence on Salespeople's Role Clarity, Specific Self-Esteem, Job Satisfaction, and Motivation", *Journal of Marketing Research*, 22 (Nov.), 1985.

Kotler, Philip, and Gerald Zaltman, "Social Marketing: An Appoach to Planned Social Change", *Journal of Marketing*, 35 (July), 1971.

Kotler, Philip, and Sidney J. Levy, "A New Form of Marketing Myopia: Rejoinder to Professor Luck", *Journal of Marketing*, 33 (July), 1969b.

Kotler, Philip, and Sidney J. Levy, "Broadening the Concept of Marketing", *Journal of Marketing*, 33 (Janaury), 1969a.

Kuehn, Alfred A., "Consumer Brand Choice as a Learning Process", *Journal of Advertising Research*, 2 (December), 1962.

Laczniak G. R., P. E. Murphy ed., *Marketing Ethics: Guidelines for Managers*, Lexington, Massachusetts: Lexington Books, 1985.

Laurent, Gilles and Jean-Noël Kapferer, "Measuring Consumer Involvement Profiles", *Journal of Marketing Research*, 22 (Feb.), 1985.

Lavidge, Robert J., "The Growing Responsibilities of Marketing", *Journal of Marketing*, 34 (Janaury), 1970.

Leonard L. Berry, James S. Hensel, *Marketing and the Social Environment: A Readings Text*, Petrocelli Books, 1973.

Loken, Barbara, "Consumer Psychology: Categorization, Inferences, Affect, and Persuasion", *Annual Review of Psychology*, 57 (1), 2006, pp. 453 – 485.

Lucas Jr., George H., A. Parasuraman, Robert A. Davis, and Ben M

Enis, "An Empirical Study of Salesforce Turnover", *Journal of Marketing*, 51 (Jul.), 1987.

Luck, David J., "Broadening the Concept of Marketing—Too Far", *Journal of Marketing*, 33 (July), 1969.

MacKenzie, Scott B., Richard J. Lutz and George E. Belch, "The Role of Attitude Toward the Ad as a Mediator of Advertising Effectiveness: A Test of Competing Explanations", *Journal of Marketing Research*, 23 (May), 1986.

March, James G. and Herbert A. Simon, *Organization*, New York: John Wiley &Sons, Inc., 1958.

Mick, David Glen, "Consumer Research and Semiotics: Exploring the Morphology of Signs, Symbols, and Significance", *Journal of Consumer Research*, 13 (Sep.), 1986.

Miller, N. E., Liberalization of Basic SR Concepts: Extensions to Conflict Behavior, Motivation, and Social Learning, in *Psychology*, *A Study of Science*, Volume 2, Sigmund Koch, ed., New York: McGraw-Hill Co, Inc., 1959.

Moyer, Reed ed., *Macro Marketing: A Social Perspective*, New York: John Wiley & Sons Inc., 1972.

Nagle, Thomas, "Economic Foundations for Pricing", *Journal of Business*, 57 (Jan.), 1984.

Nicosia, Francesco M., *Consumer Decision Process: Marketing and Advertising Implications*, Englewood Cliffs, New Jersey: Prentice-Hall, Inc., 1966.

Osgood, C. E., A Behavioristic analysis of perception and language as cognitive phenomena, in *Contemporary Approaches to Cognition: A Symposium Held at the University of Colorado*, Cambridge, Massachusetts: Harvard University Press, 1957a.

Osgood, C. E., Motivational dynamics of language behavior, in *Nebraska Symposium on Motivation*, Marshall R. Jones, ed., Volume 5, Lincoln: Univ. of Nebraska Press, 1957b.

Pessemier, Edgar and Moshe Handelsman, "Temporal Variety in Consumer Behavior", *Journal of Marketing Research*, 21 (Nov.), 1984.

Peterson, R. A., Multi-product growth models, in *Research in Marketing*, Jagdish N. Sheth, ed., Volume 1, Greenwich, CT: JAI Press, Inc., 1978.

Petroshius, Susan M. and Kent B. Monroe, "Effect of Product-Line Pricing Characteristics on Product Evaluation", *Journal of Consumer Research*, 13 (Mar.), 1987.

Preston, Ivan L., "A Comment on 'Defining Misleading Advertising' and 'Deception in Advertising'", *Journal of Marketing*, 40 (Jul.), 1976.

Preston, Ivan L., "The Association Model of the Advertising Communication Process", *Journal of Advertising*, 11 (2), 1982.

Rao, Vithala R., "Pricing Research in Marketing: The State of the Art", *Journal of Business*, 57 (Jan.), 1984.

Reibstein, David J. and Hubert Gatignon, "Optimal Product Line Pricing: The Influence of Elasticities and Cross-Elasticities", *Journal of Marketing Research*, 21 (Aug.), 1984.

Rhoades E. L., *Introductory Readings in Marketing*, Chicago: A. W. Shaw Company, 1927.

Robicheaux, Robert A. and Adel I. El-Ansary, "A General Model for Understanding Channel Member Behavior", *Journal of Retailing*, 52 (Winter), 1976/1977.

Robinson P. J. and C. W. Faris, *Industrial buying and Creative Marketing*, Boston: Allyn & Bacon Inc., 1967.

Rogers, Everett M., *Diffusion of Innovations*, New York: The Free Press of Glencoe, 1962.

Rook, Dennis W. and Sidney J. Levy, "Psychological Themes in Consumer Grooming Rituals", *Advances in Consumer Research*, 10 (1), 1983.

Rook, Dennis W., "The Ritual Dimension of Consumer Behavior", *Journal of Consumer Research*, 12 (Dec.), 1985.

Russo, J. Edward., "When Do Advertisements Mislead the Consumer: An Answer from Experimental Psychology", *Advances in Consumer Research*, 3

(1), 1976.

Schultz, Don E. , Stanley I. Tannenbaum & Robert F. Lauterborn, *Integrated Marketing Communications*, NTC Publishing Group, 1993.

Sheth, Jagdish N. and Peter L. Wright, eds. , *Marketing Analysis for Societal Problems*, *Urbana-Champaign*: *Bureau of Economic and Business Research*, College of Commerce and Business Administration, University of Illinois, 1974.

Sheth, Jagdish N. , "A Model of Industrial Buyer Behavior", *Journal of Marketing*, 37 (October), 1973.

Sheth, Jagdish N. , "A Theory of Family Buying Decisions", in *Models of Buyer Behavior*: *Conceptual*, *Quantitative*, *and Empirical*, Jagdish N. Sheth, ed. , New York: Harper & Row, Publishers, Inc. , 1974b.

Sheth, Jagdish N. , "The Surpluses and Shortages in Consumer Behavior Theory and Research", *Journal of the Academy Marketing Science*, 7 (Fall), 1979b.

Spratlen, Thaddeus H. , "The Challenge of a Humanistic Orientation in Marketing", in *Society and Marketing*, Norman Kangun, ed. , New York: Harper and Row, 1970.

Steiner, Robert L. , "The Prejudice against Marketing", *Journal of Marketing*, 40 (Jul.), 1976.

Sujan, Harish. , "Smarter Versus Harder: An Exploratory Attributional Analysis of Salespeople's Motivation", *Journal of Marketing Research*, 239 (Feb.), 1986.

Tull, Donald S. , Van R. Wood, Dale Duhan, Tom Gillpatrick, Kim R. Robertson and James G. Helgeson, " 'Leveraged' Decision Making in Advertising: The Flat Maximum Principle and Its Implications", *Journal of Marketing Research*, 23 (Feb.), 1986.

Webster, Frederick E. Jr. , "The Changing Role of Marketing in the Corporation", *Journal of Marketing*, 56 (October), 1992.

Weitz, Barton A. , "Effectiveness in Sales Interactions: A Contingency Framework", *Journal of Marketing*, 45 (Winter), 1981.

Weitz, Barton A. , Sujan, Harish and Mita Sujan, "Knowledge, Motivation, and Adaptive Behavior: A Framework for Improving Selling Effectiveness", *Journal of Marketing*, 50 (Oct.), 1986.

West, Richard R. , "What Are the Social Responsibility of Business?" in *Modern Marketing Thought*, J. Howard Westing and Gerald Albaum, eds. , New York: Macmillan, 1974.

Westbrook, Robert A. , "Product / Consumption-Based Affective Responses and Postpurchase Processes", *Journal of Marketing Research*, 24 (Aug.), 1987.

Whyte, William H. , Jr. , "The Web of Word of Mouth", in *Consumer Behavior* (Volume 2): *The Life Cycle and Consumer Behavior*, Lincoln H. Clark, ed. , New York: New York University, 1955.

Williams, Kaylene C. and Rosann L Spiro, "Communication Style in the Salesperson-Customer Dyad", *Journal of Marketing Research*, 22 (Nov.), 1985.

Wright, Peter L. , "Use of Consumer Judgment Models in Promotion Planning", *Journal of Marketing*, 37 (Oct.), 1973.

Wryght, Peter L. , "Use of Consumer Judgment Model in Promotion Planning", *Journal of Marketing*, 37 (October), 1973.

Zakia, Richard D. and Mihai Nadin, "Semitics, Advertising and Marketing", *Journal of Consumer Marketing*, 1 (Spring), 1987.

Zeithaml, Carl P. and Valarie A Zeithaml, "Environmental Management: Revising the Marketing Perspective", *Journal of Marketing*, 48 (Spring), 1984.

Zielinski, Joan and Thomas S. Robertson, "Consumer Behavior Theory: Excesses and Limitations", in *Advances in Consumer Research*, Andrew A. Mitchell, ed. , Volume 9, Ann Arbor, Michigan: Association for Consumer Research, 1982.

Zif, Jehiel, "A Managerial Approach to Macromarketing", *Journal of Marketing*, 44 (Winter), 1980.

Zikmund, W. G. , and W. J. Stanton, "Recycling solid Wastes: A

Channels of Distribution Problem", *Journal of Marketing*, 35（July），1971.

中文参考文献：

白长虹、范秀成、甘源：《基于顾客感知价值的服务企业品牌管理》，《外国经济与管理》2002年第2期。

常志有：《关系营销理论述评》，《云南大学人文社科学报》2000年第3期。

陈启杰：《绿色营销与可持续发展》，《上海财经大学学报》1999年第10期。

陈启杰、楼尊：《论绿色消费模式》，《财经研究》2001年第9期。

恩尼斯等：《营销学经典：权威论文集》，东北财经大学出版社2001年版。

范秀成、杜建刚：《服务质量五维度对服务满意及服务忠诚的影响——基于转型期间中国服务业的一项实证研究》，《管理世界》2006年第6期。

弗勒德：《反思第五项修炼》，中信出版社2004年版。

甘碧群：《重视对市场营销道德的研究》，《商业经济研究》1994年第12期。

甘碧群、符国群：《西方学者对市场营销道德界限的判定》（上），《外国经济与管理》1996年第2期。

甘碧群、符国群：《西方学者对市场营销道德界限的判定》（下），《外国经济与管理》1996年第7期。

甘碧群、欧阳电平：《企业营销道德测试与评价系统研究》，《武汉大学学报》（自然科学版）1998年第1期。

甘碧群：《宏观市场营销研究》，武汉大学出版社1994年版。

郭国庆、牛海鹏、李海洋：《市场营销手册》，企业管理出版社1995年版。

郭贤达、陈荣、谢毅：《如何在服务失败后仍然得到顾客的拥护》，《营销科学学报》2006年第2期。

黄瑾：《市场占有论》，经济科学出版社2000年版。

纪宝成：《市场营销理论的引入与发展》，载《中国商业理论前沿》，郭冬乐、宋则主编，社会科学文献出版社 1998 年版。

井绍平：《绿色营销及其对消费者心理与行为影响的分析》，《管理世界》2004 年第 5 期。

康国伟、王恩胡：《整合营销传播理论与我国企业营销传播工作》，《陕西经贸学院学报》1999 年第 2 期。

科特勒、凯勒：《营销管理：分析、规划和控制》，王永贵等译，格致出版社 2009 年版。

寇小萱：《关于重视营销道德问题研究的系统思考》，《南开管理评论》1999 年第 1 期。

李东进、王大海：《中国大陆营销研究现状及发展趋势——基于JMS 中国营销科学学术会议论文集的内容分析》，《营销科学学报》2008 年第 4 卷第 3 辑。

李飞、王高等：《中国零售业发展历程 1981—2005》，社会科学文献出版社 2005 年版。

李国津：《战略联盟》，天津人民出版社 1997 年版。

李建盛：《走向开放的社会科学》，《北京社会科学》1999 年第1 期。

刘常勇：《网路营销》，《中国软科学》1997 年第 1 期。

刘凤军：《品牌运营论》，经济科学出版社 2000 年版。

刘宇伟：《绿色消费行为整合模型初探》，《社会科学战线》2008 年第 10 期。

刘宇伟：《绿色营销的理论贡献刍议》，《扬州大学商学院学报》1996 年第 3 期。

罗真崑、黄燕、江一舟：《销售学原理与应用》，中国财政经济出版社 1982 年版。

马迎贤：《关系营销若干问题的探讨》，《经营与管理》1999 年第3 期。

牛海鹏、王明止：《90 年代关系营销》，《销售与市场》1995 年第6 期。

佩罗特、麦卡锡：《基础营销学》，梅清豪、周安柱译，上海人民出版社 2000 年版。

全国十所重点大学管理系合编：《市场经营学》，辽宁人民出版社1984年版。

石晓军、李恒金：《网络营销理论框架刍议》，《中国流通经济》1999年第2期。

涂平、谢贵枝合编：《中国营销经典论文（1978—2002年）》，北京大学和香港大学2004年版（非卖品）。

万后芬：《企业必须重视"绿色营销"》，《北京经济了望》1994年第1期。

万后芬：《绿色营销》，高等教育出版社2006年版。

汪纯孝、岑成德、王卫东、朱沆：《顾客满意程度模型研究》，《中山大学学报》（社会科学版）1999年第5期。

王方华等：《服务营销》，山西经济出版社1998年版。

王方华、洪祺琦：《关系营销》，山西经济出版社1998年版。

王方华、吴盛刚、朱彤：《网络营销》，山西经济出版社1998年版。

王方华、张向菁：《绿色营销》，山西经济出版社1998年版。

王方华等：《整合营销》，山西经济出版社1998年版。

王海忠、王晶雪等：《品牌名、原产国、价格对感知质量与购买意向的暗示作用》，《南开管理评论》2007年第10期。

王红卫：《市场营销道德》，《中国流通经济》1998年第4期。

王卫东、汪纯孝、岑成德、朱沆：《顾客满意程度模型研究》，《中山大学学报》（社会科学版）1999年第5期。

王修祥：《论市场经济与绿色营销》，《北京商学院学报》1995年第6期。

曾忠禄：《公司战略联盟组织与运作》，中国发展出版社1999年版。

中国工业科技管理大连培训中心编著：《市场学》，企业管理出版社1981年版。

朱沆、汪纯孝：《饭店服务质量管理重点分析》，《系统工程理论方法应用》1999年第1期。

竺培芬：《论20世纪90年代崛起的整合营销传播学》，《上海交通大学学报》（哲学社会科学版）1998年第2期。

庄贵军、周筱莲:《权力、冲突与合作:中国工商企业之间渠道行为的实证研究》,《管理世界》2002 年第 3 期。

邹德强、王高等:《功能性价值和象征性价值对品牌忠诚的影响——性别差异和品牌差异的调节作用》,《南开管理评论》2007 年第 10 期。

致　　谢

　　二十多年前在扬州我有幸聆听陈启杰先生的授课，使我初识营销学。先生对中国企业改革和管理的目标和道路切中要害的阐述、务实开拓精神和满腔热忱给我留下了深刻的印象。1993年，当我迈进上海财经大学攻读硕士学位之时，先生在美国留学。1994年，先生向我们传授带回的最新管理理论，像一股清风吹拂，使我们茅塞顿开。先生带领我们承担上海市哲学社会科学重点课题研究任务，从提纲、结构到具体写作，先生用系统论的观点和方法指导我们，让我感到先生学识之渊博、思维之敏捷、研究之严谨、为人之诚恳。1998年当来上海拜见先生，向他表述想追随先生从事营销理论研究时，他首先询问我的健康状况，先生发自内心的关怀让我永生铭记。

　　1999年在向往、热情、偏激与挫折的交织中，我开始了博士研究生的学习生活。先生要求我们做到的，他首先身体力行，不断学习、研究、总结。先生对人生、学术的众多观点，像一股股清澈的甘泉，必将使我受益终身。在承担繁忙的行政事务之际，先生仍因时制宜，精心地给我们授课，带领我们承担几项部级课题，使我们更好地领悟营销学的真谛。学习期间，先生还在生活上给予我许多帮助。三年间，先生教我学术研究，谋我未来发展，忧我身体健康，此情此景，历历在目。从选题到背景、从文字到结构、从内容到形式，先生对我的这部书稿倾注了大量心血，先生崇高的师德、正直的人品和渊博的知识，时时鞭策我加倍努力。本次研究的许多思想直接受惠于先生，是先生的开导、鼓励和点拨让我能够沿着这条道路走下去。本书即将付梓，深感挂一漏万多，深思熟虑寡。本次研究的舛误由我负责。

在上海财经大学学习期间受益于众多老师的悉心教诲。颜光华教授讲授《管理学名著》，生动与系统共生，使我领悟管理学的精深；杨公朴教授讲授《中国经济管理》，严谨与开放并蓄，使我领略产业经济学的博大；夏大慰教授讲授《产业组织理论》，睿智与通达俱全，使我体会产业组织理论的深邃；晁纲令教授讲授《服务营销研究》，敏锐与精辟共存，使我洞悉营销学的精细；陈信康教授讲授《营销战略研究》，高深与务实兼备，使我感受战略研究的宏大。如果在读期间我有所长进，无不是诸位教授悉心教诲的折射。

我要特别感谢扬州大学的陈耀教授、陈晓明教授、蒋乃华教授、钱忠好教授、王新驰教授、秦信方教授、谢科进教授、李庆钧教授、余海鹏教授、钱斌副教授、汤学俊副教授、马建敏副教授等领导的支持和营销系的所有老师在经济上、时间上和精神上给予我资助、保证和鼓励，我将终生难忘。恭请诸位领导和老师接受我的诚挚谢意。

父母和岳父母对我的关怀和奉献体贴入微、呕心沥血、不求回报，岳父在病危之时仍希望我顺利完成学业，他未能等到我毕业就病逝，泪水寄托对老人家的哀思，但愿我的努力能告慰他的在天之灵。兄长刘继业、季德华、季德新多年来指导我成长，企盼我身体健康、学习进步、事业有成，弟妹挂念我、帮助我、支持我。即便语言无法表达我对家人的感激之情，但我仍要感谢他们对我的无私奉献和深切关爱。

最后，我要真切地感谢我的贤妻季德美女士。在同甘共苦的岁月中，她任劳任怨地操持家务，真心诚意地对待父母、弟妹，仔细周到地照顾我和孩子，使我拥有一个幸福的家庭，让我潜心研究、安心工作。她勤勤恳恳地工作，独自照顾年幼的女儿，其中付出的辛苦可想而知，但她仍不让我分心担忧家中琐事，时时勉励我不懈努力奋斗，并始终牵挂我的健康。我十分感谢上天赐予一位如此美丽善良的妻子，我会忠诚地呵护她。我要感谢刘天贶，聪明伶俐的女儿给予我前进的动力。

刘宇伟

2011 年 7 月